KB078824

실전 테마 민법

실전 테마 민법

ⓒ 김성훈, 2020

초판 1쇄 발행 2020년 10월 10일

지은이   김성훈
펴낸이   이기봉
편집   좋은땅 편집팀
펴낸곳   도서출판 좋은땅
주소   서울 마포구 성지길 25 보광빌딩 2층
전화   02)374-8616~7
팩스   02)374-8614
이메일   gworldbook@naver.com
홈페이지   www.g-world.co.kr

ISBN 979-11-6536-826-5 (03360)

이 도서의 국립중앙도서관 출판예정도서목록(CIP)은 서지정보유통지원시스템 홈페이지(http://seoji.nl.go.kr)와 국가자료공동목록시스템(http://www.nl.go.kr/kolisnet)에서 이용하실 수 있습니다. (CIP제어번호 : CIP2020040336)

실전 테마 민법

김 성 훈 지 음

김변서당 공인중개사 1차 수험서
2020. 7. 31. 시행 주택임대차보호법 개정안 반영

LAWYER KIM'S VILLAGE SCHOOL · LAWYER KIM'S VILLAGE SCHOOL · LAWYER KIM'S VILLAGE SCHOOL

좋은땅

　엄청난 범위의 민법을 저인망식으로 공부하여 점수를 얻는 방식은 비효율적이면서도 불확실하다. 본 교재는 최소한의 시간 투자로 안정적인 합격점을 받기 위한 현실적 고민의 결과물이다. 그 고민은 저자가 사법시험 고시생이던 2003년, 공인중개사를 목표로 하는 지인들을 돕기 위해 강의안을 만들면서 시작되었다. 여기에 변호사 개업 후 경험한 10여 년의 실무경험을 더하였다.

　본 교재의 목적은 만점 합격이 아니다. 실무상 의미나 수험 적합성이 낮은 내용은 과감히 배제하였다. 양을 줄이면서도 사례나 연습문제로 기초법리에 대한 이해를 높여 민법 전체에 대한 응용력을 높였다. 쟁점을 테마별로 구성한 것도 학습의 효율성과 응용력을 높이기 위한 장치이다. 테마별 OX 문제는 이론학습의 연속이므로 반복해 음미하면 법리의 완성도가 높아질 것이다. 이러한 특성으로 인해 꼭 공인중개사 시험이 아니더라도 민법 입문자의 리걸 마인드(Legal mind) 형성에 많은 도움이 될 것이다. 익숙해진 이론은 삭제해 나가고 이해를 위해 보강이 필요한 내용은 첨가하면서 자신만의 교재로 다듬으면 든든한 무기가 될 것이다.

　양이 적어 보인다고 불안해할 필요는 없다. 공부 대상이 많은 것은 착시효과를 줄 수 있지만 자격증 시험에서의 성과는 하나라도 정확히 아는지 여부에 달렸다. 이론학습의 양을 줄이고 지식의 정확도와 집중도를 높여 실전 훈련을 반복하는 것이 합격의 지름길이다. 불안감에 공부량을 늘리는 실수만은 범하지 말아야 한다.

　목표 달성을 위해 중요한 것은 중간에 포기하지 않는 것이다. 그 포기의 고민을 최대한 늦추기 위한 간절함도 본 교재에 아울러 담았다. 본 교재를 만드는 과정도 나 자신과의 고독한 대화의 연속이었다. 누군가의 도움과 희생이 따를 수밖에 없었다. 김변서당 제자들(김세기, 우소이, 추봉균, 문윤창, 정마리, 안병만, 김영숙, 송은주, 박지희, 이정안, 차은영, 차은애)의 도움에 특별히 감사드린다. 많은 분의 수고와 인내의 기록이지만 또 다른 누군가에게는 한 치 앞도 보이지 않는 민법 공부에 작은 등불이 되고 등대가 되기를 희망한다.

눈에 넣어도 아프지 않을 효원이, 하윤이가 이 책으로 공부할 날을 소망하며, 교재 출판을 응원하고 지원해 준 나연이에게 이 책을 바친다.

2020. 2. 김변서당 연구실에서

목차

제1편	기본체계	
[테마 1]	사람(권리주체)	14
[테마 2]	물건 : 물권의 객체	31
[테마 3]	권리	42

제2편	계약편	

제1장 계약총론

[테마 4]	계약의 성립	56
[테마 5]	계약의 종류	67
[테마 6]	동시이행의 항변권	74
[테마 7]	위험부담	85
[테마 8]	계약의 해제/해지	91
[테마 9]	제3자를 위한 계약	108

제2장 계약각론

[테마 10]	매매	114
[테마 11]	계약금	123
[테마 12]	교환	136
[테마 13]	임대차	138
[테마 14]	주택임대차	150
[테마 15]	상가건물임대차	164

제3편	법률행위(의사표시)	
[테마 16]	법률행위와 의사표시	176
[테마 17]	법률행위의 목적	185
[테마 18]	의사표시의 하자	199
[테마 19]	대리(의사표시 확장/보완)	
		215
[테마 20]	무효와 취소	235
[테마 21]	법률행위의 부관(조건과 기한)	
		248

제4편	물권편	

제1장 물권총론

[테마 22]	물권효력	260
[테마 23]	물권변동	273
[테마 24]	부동산등기	283
[테마 25]	부동산실명법	293

제2장 물권각론

[테마 26]	점유/점유권	300
[테마 27]	소유권	309
[테마 28]	지상권	325
[테마 29]	전세권	335
[테마 30]	유치권	344
[테마 31]	저당권	356

제5편	공부방법론	377

공인중개사 시험에 있어 민법의 중요성

공인중개사 시험은 하루에 1차(오전), 2차(오후)가 동시에 치러지는데, 1차 합격자에 한하여 2차 채점을 한다. 1차 합격자는 다음 연도에 2차 시험 응시자격이 주어진다.

구분	시험 과목	문항 수	시험 시간	시험 방법	기준
1차 시험 1교시 (2과목)	1. 부동산학개론(부동산감정평가론 포함) 2. 민법 및 민사특별법 중 부동산중개 관련 규정	과목당 40문항 (1~80번)	100분 (09:30~11:10)	객관식 5지 선택형	모든 과목 40점 이상 전 과목 평균 60점 이상
2차 시험 1교시 (2과목)	1. 공인중개사의 업무 및 부동산 거래신고 등에 관한 법령 및 중개실무 2. 부동산공법 중 부동산중개에 관련되는 규정	과목당 40문항 (1~80번)	100분 (13:00~14:40)		
2차 시험 2교시 (1과목)	1. 부동산공시에 관한 법령(부동산등기법, 공간정보의 구축 및 관리 등에 관한 법률) 및 부동산 관련 세법	40문항 (1~40번)	50분 (15:30~16:20)		

민법은 1차 과목 중 하나이다. 그러나 공인중개사 시험에 있어 민법의 지위는 단순한 출제과목 하나에 머무르지 않는다. 1차 합격에 있어 반드시 넘어야 할 산이기도 하지만 다른 1차 과목인 부동산학개론에도 민법 이론이 상당 부분 포함되었다. 2차 1교시 중개업법은 민법의 계약법을 기반으로 하며, 2차 2교시 부동산등기법과 공간정보의 구축 및 관리 등에 관한 법률(구 지적법)도 민법 물권편의 연속이다. 이렇듯 민법은 공인중개사 시험 전반에 그 법리가 연결되어 학습의 효율성과 품질을 좌우한다. 따라서 민법공부를 잘해 두면 공인중개사 학습에도 유익도 크지만, 실무상 문제에 직면했을 때 이를 해결하는 도구이기도 하다.

그러나 수험현실에서는 시간 부족으로 문제도 제대로 풀지 못해 과락하는 경우가 많다. 이는 민법이라는 과목에 대한 전체적인 구도를 간과하고 접근했기 때문으로 보인다. 그래서 민법 과목은 과락만 면하고 부동산학개론에서 고득점을 노리는 전략이 등장하기도 한다. 이는 학습전략으로도 적절하지 않지만 실무에 있어 공인중개사의 자질 하락을 초래하는 하나의 원인이라 생각된다.

공인중개사는 민법을 회피할 수 있는 직업이 아니다. 반면 민법을 제대로 공부해 두면 시험에서는 안정적인 성적을 보장해 주는 도구가 될 뿐만 아니라 실무에서 전문성 축적을 돕는 강력한 무기가 된다. 또한 시험이 아니더라도 일상생활에서 상당히 쓸모 있는 과목이므로 제대로만 한다면 민법을 공부하는 시간은 결코 헛되지 않을 것이다.

그렇다면 민법은 무엇인가?

민법 공부에 들어가기 전에 위 질문에 대한 답을 하지 못하는 상태로 무작정 민법공부에 들어간다면 실패할 확률이 높다. 민법은 그 끝을 알 수 없을 만큼 방대하기 때문에 방향 설정 없이 뛰어드는 것은 망망대해에 몸을 던진 것과 같기 때문이다.

민법은, 수천 년간 많은 사람의 이성과 경험과 갈등이 녹아 다듬어진 하나의 질서로서, 그 속에는 세계의 역사와 철학, 정치, 경제, 종교, 문화 등이 녹아 있는 방대한 결정체이다.

여러분은 민법을 공부하는 이유가 이러한 세계사, 정치, 경제, 문화, 종교 등에 대한 호기심 해소에 있는가?

아마도 아닐 것이다.
시험 합격이 목적일 것이다.

그렇다면 분명히 여러분은 이 질문에 대한 답을 정리하고 민법 공부를 시작해야 한다.

민법은 무엇인가?

민법은 무엇에 대해 공부하는 것인가?

민법을 공부하는 목적은 무엇인가?

민법은 권리의 움직임(발생, 변경, 소멸)을 설명한다.

여러분에게 황금열쇠가 하나 있다고 하자.

그 황금열쇠가 사용되는 곳은 다양하지만 공통점은 모두 내가 얻고자 하는 것을 가져준다. 더 매력적인 것은, 내가 황금열쇠를 사용하는 것을 누군가 방해를 한다면 국가가 군대까지 보내서 황금열쇠 사용을 도와준다. 여러분은 이러한 황금열쇠를 갖고 싶지 않은가?

한편, 누군가 황금열쇠를 가지고 있다는 사실이 나에게 심각한 문제가 될 수 있다. 그 황금열쇠로 내 집이나 금고를 열 수도 있기 때문이다. 그렇다면, 누가 나를 향한 황금열쇠를 가지고 있는지 알고 싶지 않은가? 그 사람의 황금열쇠를 없애고 싶은 마음이 들지 않은가?

위에서 말한 황금열쇠를 법률용어로 '**권리(權利)**'라고 한다.

권리에 대해 군이 정의를 내리자면, "일정한 이익을 누릴 수 있도록 법이 인정한 힘"을 말한다. 여기서 말한 '이익'은 경제적 이익(재산권)이 될 수도 있고, 신분적 이익(신분권)이 될 수도 있다. 민법상 재산권의 양대산맥은 물권과 채권이며, 신분권은 친족권, 상속권으로 나뉜다.

민법상 권리(權利)			
재산권		신분권	
물권	채권	친족권	상속권

우리는 위 권리 중 재산권을 위주로 공부할 것이다.

민법의 목적(법률효과).

모든 법은 그 목적이 있다. 법이 이루고자 하는 목적을 법률용어로 '법률효과'라고 부른다. 헌법의 목적은 국가질서와 국민의 기본권 보장에 있다. 형법은 범죄자의 처벌을 목적으로 한다. 민법도 그 목적, 즉 법률효과가 있다.

일반인 사이의 권리 변동(발생, 변경, 소멸)이 민법의 목적(법률효과)이다. 민법은 사인 간에 변동하는 권리를 쫓아 이를 설명하고 규정하는 법이다. 따라서, 민법의 세계에서 모든 관심은 권리의 움직임이다.

정리하자면, 민법은

권리의 발생, 변경, 소멸에 관하여 공부하는 법이다.
제1편에서는 위 권리와 권리를 갖는 사람(권리주체), 권리의 대상(권리객체, 물건과 급부)에 관해 설명하며 민법의 문을 열고자 한다.

제1편

기본체계

(사람, 물건, 권리)

[테마 1] 사람(권리주체)

　민법에는 두 사람이 산다. '자연인'과 '법인'이다. 자연인은 자연계의 사람을 민법의 세계로 데려다 놓은 것을 말하고, 법인이란 민법의 세계에서 인위적으로 만들어 낸 사람이다.

　민법은 권리에 대한 법이므로, 민법세계의 사람은 권리의 주인이다. 권리의 주인이라는 의미로 민법에서는 '권리능력'이라는 표현을 사용한다.

I　권리능력

　권리를 가질 수 있는 자격을 '권리능력'이라고 한다. 민법의 세계에서 '능력'이라는 말은 '자격' 또는 '지위'를 말한다. 따라서 권리능력이란 권리의 주인이 될 수 있는 사람(人)에 대한 이야기다.

　민법에는 두 사람이 살고 있다. 남자와 여자도 아니요, 흑인과 백인도 아니다. 그 두 사람은 자연인(自然人)과 법인(法人)이다. 자연인은 생물학적 사람이 민법에 들어온 것이고, 법인은 민법에서 만들어 낸 사람이다.

　이 둘은 민법의 세계에서 자연스레 공존하며 동등한 지위를 가지고 살고 있다. 다만, 자연인은 그 탄생과 사망이 자연현상에 맡겨져 따로 설명할 필요가 없지만, 법인은 그 출생과 사망과 기능(머리의 기능, 팔다리의 기능, 심장의 기능 등)을 모두 만들어야 하므로 민법전에 이에 대한 규정이 많다는 차이가 있다.

민법상 권리능력자 두 사람 이외에 강아지나 고양이, 소나무, 외계인, 기타 모든 물체는 사람이 아니라 물건이다. 물건은 권리의 주체가 될 수 없다.

사람도 사망하면 권리능력을 상실하고 물건이 되며, 그가 보유했던 권리는 법이 강제로 일정한 권리능력자에게 상속시킨다. 고도의 우수한 외계인도 민법의 세계에서는 물건이다. 강아지에게 재산을 증여한다는 자연계의 이벤트가 있을 수 있으나 물건(강아지)은 권리능력이 없기 때문에 상속권이라는 권리를 가질 수 없다.

권리능력 없는 물건의 법률행위는 민법상 아무런 효력이 없다(**무효**).

1. 자연인

자연인이란 출생과 성장과 사망이 자연적으로 일어나는 생물학적 사람을 민법세계의 권리주체로 등장시킨 것이다. 자연인은 출생부터 사망까지 권리능력을 가진다. 즉, 생존하는 동안 민법세계의 주인공이 된다.

> **민법 제3조(권리능력의 존속기간)** ① 사람은 생존하는 동안 권리와 의무의 주체가 된다.

2. 법인(사단법인, 재단법인)

법인은 민법의 세상에서 법이 인위적으로 만들어 낸 사람이다. 법이 법인의 머리와 팔다리, 내장기관까지 만들고 또 사망에 해당하는 청산절차까지 상세히 규정해야 한다. 따라서 법인에 대한 규정은 매우 방대하다(제31조~제97조에 이른다). 이렇게 각 규정에 따른 설립절차를 거친 후 법인등기를 하면 법인이 탄생한다. '법인등기'는 사람으로 비유하면 '출생'과 같은 것이다. 법인의 실체가 있더라도 '법인등기'를 하지 않으면 출생하지 않은 것이므로 민법상 '사람'이 아니다. 이에 대한 일정한 예외에 대해서는 'VI. 태아와 비법인사단'에서 설명한다.

자연인에 남자와 여자가 있다면, 법인에는 사단법인과 재단법인이 있다.

사단법인은 법인의 구성이 자연인(사람의 단체)인 경우를 말한다.

재단법인은 법인의 구성이 재산(재산의 집단)인 경우를 말한다.

민법에서 남녀의 법적지위는 동일하므로 구별실익이 없고, 법인도 구성에 있어 차이는 있지만 사단과 재단의 법적지위는 동일하다. 그래서 민법에는 네 사람(남자, 여자, 사단법인, 재단법인)이 산다고 표현하지 않고 두 사람(자연인, 법인)이 산다고 표현하는 것이다.

사단법인이 영리성을 가지면 '회사(영리사단법인)'라고 하는데 회사는 민법이 아닌 상법의 적용을 받는다(자연인도 상인인 경우에는 민법이 아닌 상법을 적용받는다. 상법은 민법의 특별법이다). 법인이 영리성을 가진다는 말은 법인의 수익을 구성원이 나누어 가진다는 의미이지 법인 자체가 영리활동을 한다는 의미가 아니다. 즉, 법인이 영리활동을 하더라도 그 수익을 구성원에게 배당하지 않으면 비영리법인이다. 이러한 의미에서 구성원이 없이 재산이 권리주체인 재단법인은 반드시 비영리법인이다. 영리활동을 하더라도 그 수익을 배당할 구성원(구성원이란 법인이 계약상 사용하는 직원을 이야기 하는 것이 아니다. 주주 등 법인을 구성하는 구성요소를 말한다)이 존재하지 않기 때문이다.

II 의사능력

자, 권리능력이 있으면 권리를 가질 자격이 된다. 그렇지만 자격이 된다는 것과 실제 가져도 문제가 없다는 것은 다른 개념이다.

5살 아기도 1억 원 상당의 주택을 소유할 수 있다. 이는 권리능력에 관한 문제이며 사람(자연인)인 이상 권리를 가질 자격이 되니까 5살 아기에게 권리(소유권)를 인정하는 것은 문제가 없다.

그렇지만 위 소유권과 관련된 제반 법률관계를 그대로 인정해도 되는지는 별개의 문제이다. 이 아기가 옆집 아저씨에게 그 주택을 증여하는 경우 이를 모두 인정할 수 있을까? 깊은 고민이 되는 지점이다. 따라서 권리능력은 인정하되 의사결정과 표시에 있어서는 일정한 제한을 둘 필요가 있다. 이때 등장하는 개념이 의사능력이다.

'의사능력'이란 일정한 법률효과를 위한 생각과 판단을 할 수 있는 자격을 말한다. 갓난아기나 만취한 사람은 의사판단과 의사결정을 할 능력이 없다. 이들의 법률행위를 민법의 세계에서 그대로 인정하는 것은 적절치 않다(**무효**). 갓난아기가 자동차 계약서에 서명하더라도 이 계약은 민법의 세계에서는 무효가 된다.

그렇다면 10살 아이는? 18살은? 어떤 나이부터 갓난아기와 다르게 판단할까? 30살이지만 지능이 낮은 사람은? 35살이고 지능도 높지만 술에 만취되어 판단능력이 없는 사람은? 갓난아기와 다르다고 판단할까? 이렇게 의사능력 여부에 대한 판단은 단순한 문제가 아니다. 의사능력을 판단하는 객관적이고 명백한 기준이 없기 때문이다. 따라서 의사능력은 의사표시 당시 그 당사자를 '관찰'하여 소급적으로 판단하게 된다. 아직 의사결정을 할 수 없는 미숙한 나이인지, 음주나 정신질환에 의해 의사결정을 할 수 없었는지 구체적인 관찰절차를 따른다. 이렇게 개별 사안에 대해 의사결정 당시 당사자의 상태를 살펴 그 의사표시의 효력을 논하는 것이 의사표시 영역이다. 획일적 기준이 없다는 점이 행위능력과 다른 가장 큰 차이점이다.

Ⅲ (법률)행위능력

1. 개념

의사능력이 있다 하더라도 법률행위에 따라 그대로 효력을 인정하는 것이 곤란한 경우가 있다. 예를 들어 15세 미성년자가 자신이 먹을 과자를 용돈으로 사는 것은 굳이 민법의 세계에서도 문제 삼을 이유가 없다. 그러나 천만 원짜리 오토바이를 구입하는 계약은 경우가 다르다. 중학생에게 천만 원의 채무를 부담시키는 것이 적절하지 않다는 것이다. 따라서 비록 의사능력은 있지만 일정한 나이에 이르기까지는 그 법률행위를 법정대리인의 관리 하에 둘 필요가 있다.

한편, 비록 성년이지만 질병이나 고령 등으로 사무처리 능력에 장애가 발생하여 단순히 의사능력의 영역에만 맡기는 것이 부적절한 경우가 있을 수 있다. 이 경우 법원과 법정대리인에 의해 제도적 관리가 필요할 수 있다.

위와 같이 법률행위에 일정한 제한을 둘 필요가 있는 사람들의 법률행위에 대해서는 일단 유효로 하되 취소권을 주어 법률행위를 무효로 돌릴 수 있는 선택권을 부여하고 있다.

이렇게, 그의 법률행위가 일단은 유효하지만 나중에 **취소**될 수 있는 상태(유동적 유효)인 사람을 제한능력자(과거에는 '행위무능력자'라 하였다)라 한다. 우리 민법은 법률 행위 능력(줄여서 '행위능력')이 있는 사람의 행위만을 확정적 유효로 본다. 따라서 제한능력자와 체결한 법률행위는 취소될 수 있는 불안전성을 내포하고 있다. 이는 전적으로 제한능력자를 보호하기 위한 제도이며, 상대방은 계약의 취소 가능성이라는 불안함을 감수하게 된다.

2. 제한능력 공시의 필요성

이러한 이유로 법률행위 능력은 일반 거래 질서에 중대한 영향을 미친다. 따라서 이를 일일이 관찰하여 거래한다면 일반인의 경제활동은 매우 경색될 것이다. 거래 상대방은 당사자의 행위능력 여부에 따라 장래 취소될 수 있다는 불안감에 시달려야 한다. 이를 해소하기 위해 행위능력은 누구나 쉽게 알 수 있도록 미리 그 기준과 공시 방법을 정해 외부에 알리게 되어 있다. 획일적 기준이나 공시 방법이 없는 의사능력과 근본적 차이다. 즉, 의사능력은 **관찰**에 의해 정하지만, 행위능력은 국가가 획일적 기준을 정해 이를 **공시**한다.

미성년자(우리민법은 19세부터 성년이 된다고 규정한다. 다만 미성년자도 혼인을 하면 성년자로 간주한다.), 피후견인(과거 한정치산자, 금치산자 제도가 변경된 것이다)이 우리 민법상 제한능력자이다.

미성년자 여부는 주민등록증이나 기본증명서 등 여러 공적장부에 나타난 생일로 확인할 수 있고 피후견인은 법원의 심판에 의해 개시되며 공시된다. 아무리 지능이 월등해도 법이 정한 성년(19세)에 이르지 못하면 제한능력자다. 성년인 사람이 아무리 정신적으로 문제가 있어도 법원의 제한능력 선고를 통하지 않고는 완전한 능력자다. 제한능력은 법적 제도에 의해 공식적으로 특정되는 것이므로, 단지 자연적 관찰에 의해 개별적으로 확인하는 의사능력과 근본적 차이가 있다.

3. 법정대리인의 필요성

제한능력 제도는 제한능력자를 보호하기 위한 것이다. 우리 법은 법률행위가 유리하면 그대로 인정하고, 불리하면 취소하여 무효로 돌릴 수 있는 지위를 부여한다. 이렇게 제한능력자의 법률행위에 대해서는 일정한 관리가 필요하며, 이를 위해 제한능력자에게는 반드시 법정대리인이 필요한 것이다. 미성년자와 성년자지만 제한능력자인 경우를 구분해 법정대리인을 설명한다.

가. 미성년자의 법정대리인

원칙적으로 미성년자의 법정대리인은 친권행사자이다. 이를 설명하기 위해 우선 친권에 대해 설명한다.

미성년자의 부모는 미성년자에 관해 친권을 갖는다. 미성년자가 성년이 되면 친권은 사라진다. 즉 친권이란 미성년자가 성년이 될 때까지 잠시 가지게 되는 관리권이라 할 수 있다.

제909조(친권자) ①부모는 미성년자의 친권자가 된다. 양자는 양부모가 친권자가 된다. ②친권은 부모가 혼인 중에는 부모가 공동으로 행사한다. 그러나 부모의 의견이 일치하지 않으면 당사자의 청구에 의하여 가정법원이 이를 정한다. ③부모의 일방이 친권을 행사할 수 없을 때는 다른 일방이 이를 행사한다. ④부모가 이혼한 경우에는 부모의 협의로 친권을 행사할 자를 정하고, 협의를 할 수 없거나 협의가 이루어지지 않는 경우에는 당사자의 청구에 의해 가정법원이 정한다.

친권의 내용으로 보호교양권(제913조), 거소지정권(914조), 징계권(915조) 등이 있다.

친권자의 개념과 친권행사자의 개념을 구별해 보자.

부모 모두에게 친권이 있더라도 이를 행사하는 사람이 부모 모두가 되는 것은 아니다. 부모가 혼인 중에는 공동으로 행사하지만 법원에 청구해 한 명이 할 수 있다. 이혼할 때는 협의로 정하거나 법원에 의해 결정된다. 따라서 친권자와 친권행사자가 반드시 일치하는 것은 아니다.

우리 법은 '친권행사자'를 미성년자의 '법정대리인'으로 삼고 있다.

제911조(미성년자의 법정대리인) 친권을 행사하는 부 또는 모는 미성년자의 법정대리인이 된다.

법정대리인은 미성년자의 재산에 관한 법률행위에 대해 **재산관리권과 대리권**을 갖고,

제920조(자의 재산에 관한 친권자의 대리권) 법정대리인인 친권자는 자의 재산에 관한 법률행위에 대하여 **그 자**를 대리한다. 그러나 **그 자**의 행위를 목적으로 하는 채무를 부담할 경우에는 본인의 동의를 얻어야 한다.

미성년자 행위에 대한 **동의권과 취소권**을 갖는다.

제5조(미성년자의 능력) ①미성년자가 법률행위를 함에는 법정대리인의 동의를 얻어야 한다. 그러나 권리만을 얻거나 의무만을 면하는 행위는 그러하지 아니하다. ②전항의 규정을 위반한 행위는 취소할 수 있다.

한편, 미성년자에 대하여 친권자가 없거나 친권자가 법률행위의 대리권 및 재산관리권을 행사할 수 없는 때(미성년자를 유기하고 야반도주 등)에는 후견인이 법정대리인이 된다.

나. 피후견인의 법정대리인

후견인은 피후견인의 법정대리인이 되고(제938조 제1항), 피후견인의 **재산관리권과 대리권**을 갖는다.

제949조(재산관리권과 대리권) 후견인은 피후견인의 재산을 관리하고 그 재산에 관한 법률행위에 대하여 피후견인을 대리한다. 단, 그 자의 행위를 목적으로 하는 채무를 부담할 경우에는 본인의 동의를 얻어야 한다.

피후견인은 다음과 같은 3가지 경우가 있다.

1) 피한정후견인

질병, 장애, 노령 등으로 인한 정신적 제약으로 사무처리 능력이 **부족**한 사람
법률행위의 범위를 정해 한정후견인의 동의를 받아야 하고,
동의 받지 않은 행위에 대해 법정대리인(한정후견인)은 취소할 수 있다.

2) 피성년후견인

질병, 장애, 노령 등으로 인한 정신적 제약으로 사무처리 능력이 **지속적으로 결여**된 사람
법정대리인(성년후견인)은 피성년후견인의 행위를 취소할 수 있다. 단독으로 법률행위
를 할 수 없으므로 법정대리인의 동의권은 없다.

3) 피특정후견인

질병, 장애, 노령 등으로 인한 정신적 제약으로 일시적 또는 특정 사무에 관한 후원이 필
요한 사람. 피특정후견인의 법률행위는 취소대상이 아니다. 따라서 편의상 법률행위 취소
와 관련한 부분에 있어 피특정후견인은 제한능력자에서 배제한다.

4. 제한능력자의 법률행위 처리 방법

가. 취소권 발생

제한능력자의 법률행위는 제한능력자 본인이나 대리인이 취소할 수 있다. 제한능력자
본인도 해당 법률행위를 벗어나기 위해 단독으로 취소권을 행사할 수 있다는 점을 주의해
야 한다. 이와 달리 취소권 포기의 효과가 있는 추인권은 취소권자가 취소 원인을 벗어야
만 가능하다.

이렇게 취소권이 행사되면 계약은 소급하여 무효가 된다. 이미 주고받은 것이 있다면 무효의 효과로서 부당이득이 되어 상대방에게 모두 반환해야 한다. 그러나 이러한 반환에 있어 제한능력자에게 부여하는 혜택이 있다. 제한능력자는 받은 것을 모두 반환할 필요가 없이 현존이익만 반환한다. 즉, 이미 유흥비 등으로 소비해 버린 것이 있다면 반환할 필요가 없다. 제한능력자를 두텁게 보호하는 것이다. 따라서 제한능력자의 상대방은 거래 시 상대방의 무능력 여부를 잘 살펴야 하고, 이런 이유에서 국가는 제한능력자를 획일적 기준으로 정해 공시하는 것이다.

나. 추인

취소할 수 있는 법률행위는 제한능력자와 법정대리인이 취소할 수 있다. 추인하면 취소권이 소멸하므로 추인은 곧 취소권 포기가 된다. 따라서 제한능력자가 추인하는 경우에는 취소의 원인이 소멸한 후에 해야 하는데(제144조), 제한능력자가 취소 원인을 벗는다는 것은 제한능력을 벗어나 능력자가 되는 것이므로 미성년자는 성년이 되고, 피후견인은 후견 종료가 된 경우를 말한다.

[행위능력 연습 사례]

17세 안병만은 자신이 가진 자전거를 자전거 가게에 가서 20만 원에 팔았다. 병만이는 자전거 판 돈 20만 원 중 15만 원을 가지고 친구들과 흥청망청 유흥비로 썼다. 다음날 병만이는 자전거 판 것을 후회하고 자전거 가게에 가서 자전거 매매계약을 취소하고 자전거를 돌려 달라고 했다. 그러자 자전거 가게 주인은 20만 원을 돌려 달라고 했고, 병만이는 5만 원만 남았다며 이걸 받고 자전거를 돌려 달라고 한다. 병만이는 자전거를 돌려받을 수 있는가?

→ 결론 : 병만이는 쓰고 남은 돈 5만 원만 반환하면 자전거를 돌려받을 수 있다.

병만이는 미성년자로서 자전거매매 계약을 취소할 수 있다. 이렇게 취소되면 계약은 무효가 되어 서로 받은 것이 있다면 부당이득으로 상대방에게 반환해야 한다. 이때, 미성년자의 반환범위에 특칙이 있다. 미성년자는 행위무능력자이므로 그 취소로 부당이득을 반환하는 경우에는 현존이익만 반환하면 된다. 쓰고 남은 돈만 반환하면 된다는 것이다. 미성년자에 대한 강력한 특혜이다. 이러한 손실을 피하려면 거래 상대방이 무능력자인지 확인할 필요가 있고, 그래서 국가는 무능력자를 획일적 기준으로 정해 공시하고 있다.

참고로, 만약 병만이가 유흥비로 사용하지 않고 생활비로 사용했다면 얼마를 반환해야 하나? 이 경우에는 20만 원 전액을 반환해야 한다. '현존이익'이란 소비해 사용하고 남은 경우를 말하는데, 유흥비는 소비해 사라진 돈이 맞지만 생활비는 생활비로 사용했어야 할 다른 돈이 절약된 것으로 보기 때문에 현존이익이 남은 것으로 본다.

다. 제한능력자 상대방의 권리

제한능력자와 거래한 상대방은 제한능력자가 언제든 취소할 수 있는 유동적 상태를 감수해야 하고, 만약 취소되는 경우 현존이익 반환만 받을 수 있는 불안한 지위에 놓이게 된다. 이러한 불확실한 상태를 마냥 기다리게 하는 것은 가혹하다. 따라서 상대방이 먼저 법률관계를 확정적으로 정리할 수 있는 절차를 마련해 두었다.

1) 최고권(확답 촉구권)

상대방은 1개월 이상의 기간을 정하여 취소할 수 있는 법률행위를 추인할 것인지 여부의 확답을 촉구할 수 있다. 그 기간 내에 확답을 **발송**하지 않으면 **추인**한 것으로 간주한다. 확답 촉구는 제한능력자 본인이나 법정대리인에게 할 수 있으나 제한능력자에게 하는 경우에는 능력자가 된 후에 촉구 절차를 진행해야 한다. 왜냐하면 확답하지 않으면 추인간주 되는데 추인은 취소권을 포기하는 것이므로 제한능력자 보호에 공백이 발생하기 때문이다.

2) 철회권과 거절권

계약의 경우 상대방이 선의(제한능력자임을 몰랐을 경우)인 경우에는 제한능력자가 추인하기 전까지 스스로 의사표시를 **철회**하여 법률행위의 구속에서 벗어날 수 있다. 자신이 의사표시를 한 것이 아니라 제한능력자의 단독행위가 있은 경우에는 이를 거절할 수 있다. 철회와 거절은 해당 법률행위가 계약인지 제한능력자의 단독행위인지에 따른 용어의 차이다.

Ⅳ 책임능력(불법행위능력)

책임능력이란, 법률행위 영역이 아닌 불법행위 영역에 있어 배상책임을 누가 부담하는지에 관한 이야기다. 예를 들어 갓난아기가 자동차 구입계약을 하는 것은 법률행위의 영역으로서 의사능력, 행위능력의 문제이다. 그러나 갓난아기가 다른 사람을 때려 피해를 입힌 경우는 법률행위가 아닌 사건의 영역이다. 이 경우 배상책임을 부담하는 자격을 책임능력이라 한다.

자기 책임 원칙에 따르면 불법행위에 대해서는 행위자 본인이 책임을 져야 한다. 따라서 행위자가 곧 책임능력자다. 그런데 갓난아기에게 배상책임을 지우면 피해자 보호가 어렵다. 갓난아기가 배상할 능력이 없을 것이며 부모는 법적 책임을 회피하면 그만이기 때문이다. 따라서 우리 민법은 행위자책임의 일정한 예외를 두고 있는바, 행위자의 배상능력 문제로 피해자 보호가 충분하지 못한 경우 책임무능력자의 보호자를 배상책임자로 인정하는 규정들을 마련하고 있다(공인중개사 시험은 민법 중 계약법을 대상으로 하므로 책임능력은 시험 범위에서 제외되어 있다).

V 법인의 능력

위와 같은 권리능력, 의사능력, 행위능력은 자연인에 관하여 그 구별이 의의가 있다. 왜냐하면, 생명체인 자연인은 출생에서부터 사망에 이르기까지 생물학적인 성장을 하고 질병이 들기도 하고, 교육을 받기도 하고, 불의의 사고를 당하기도 하는 등 많은 변수 속에 살아가기 때문에, 이를 점을 배제하고 통일된 법적 지위를 인정할 수가 없는 것이다. 법은 어디까지나 사람의 생활에 유익이 되기 위해 만든 삶의 도구일 뿐이다. 즉, 복잡하지만 현실에 맞게 법이 따라가야 할 부분이다.

그런데, 법인의 경우 사정이 다르다.

법인은 법이 만든 인공사람(人)이다. 따라서, 성장이라는 단계를 거치지 않고 탄생 즉시 성장은 완성한다. 술을 먹지도 않고 잠을 자지도 않으며 학교에 다니지 않아도 된다. 즉, 법인은 탄생 즉시 모든 능력을 동등한 수준으로 갖게 된다.

법인의 권리능력 = 의사능력 = 행위능력 = 책임능력

VI 태아와 비법인사단

1. 태아

자연인은 출생을 통해 권리능력을 갖게 된다. 그런데 자연인은 완성체로 태어나는 것이 아니라 출생 전 태아 단계를 거친다. 이러한 태아 단계에서 만약 법률문제가 발생하면 어떻게 처리할까? 이에 대해 우리 민법은 태아를 민법상 사람으로 인정하는 것은 아니지만 상속이나 불법행위에서는 사람처럼 간주하여 보호하는 입장을 취하고 있다.

2. 비법인사단

법인등기를 하지 않았지만 법인에 준하는 조직체계(대표자, 의결기관, 집행기관, 소유재산의 존재)를 갖추고 법률행위를 하는 경우가 있다. 교회, 종중, 동호회, 재건축조합, 집합건물의 관리단, 기타 등기만 하지 않았을 뿐 독자적 활동이 가능한 정도의 체계를 갖춘 사람의 단체이다. 이를 "비법인 사단" 또는 "권리능력 없는 사단"이라 한다. 비법인 사단은 법인등기를 통해 보장되는 법적 지위를 제외하면 재산을 보유할 수도 있고 소송주체도 되는 등 상당한 범위에서 법인에 준하는 권리주체가 된다. 비법인사단의 소유 관계는 "총유"이다[테마 27 참조].

비법인사단은 완전한 조직과 기능을 갖추어 실체가 있는 단체를 말한다. 법인등기를 하지 않았다는 점 말고는 완전한 법인과 아무런 차이가 없다. 다만, 법인은 법인등기를 하지 않으면 권리 능력자가 되지 못하므로 이 원칙을 고수하면 엄연히 실체가 있는 단체의 경제 및 법률 활동을 외면해야 하는 문제가 있다. 이에 권리능력의 예외를 두어 법적 규율을 하는 것이다.

1. 지구상의 사람보다 월등한 지능의 외계인이 지구에 온다면 권리능력을 갖는다.[1]

2. 정신병 증세가 매우 심하여 도저히 법률행위를 할 수 없는 성인은 제한능력자이다.[2]

3. 제한능력자의 법률행위는 무효이다.[3]

4. 5살 아기가 법률행위를 하였다면 이는 무효 사유이자 동시에 취소할 수 있다.[4]

5. 성년은 행위능력자이지만 의사무능력자일 수 있다.[5]

6. 19세 미만이라도 지능이 월등히 뛰어나고 사정상 소년가장으로 살아온 사람은 행위능력자이다.[6]

7. 20세 대학생의 부모는 그 누구도 친권자가 아니다.[7]

8. 제한능력자가 자신의 법률행위를 취소하여 자신이 받은 급부를 부당이득으로 반환할 때 현존이익만 반환하면 된다.[8]

9. 법인은 권리능력, 의사능력, 행위능력, 책임능력이 모두 동일하다.[9]

---

1   X : 자연인과 법인을 제외하면 모두 물건이다. 외계인은 민법상 물건이다.

2   X : 행위능력은 '상태'가 아니라 '공시'가 핵심이다. 법원에 의해 피후견인이 개시되어 공시되기 전에는 제한능력자가 될 수 없다. 상태를 관찰해 '의사무능력'이 될 수는 있다. 다만 실무상 의사무능력을 증명하는 것은 매우 어렵다.

3   X : 제한능력자의 법률행위는 제한능력자에게 유리하면 선택하고 불리하면 배척할 기회를 준다. 이것이 '취소'이다. 제한능력자의 행위는 '취소'사유이다. 이와 달리 의사무능력은 당사자 스스로 유불리조차 판단할 수 없는 영역의 문제이다. 따라서 의사무능력 상태로 관찰되면 그냥 '무효'다. 무효는 선택의 여지가 없으나 취소는 무효로 돌릴 수 있는 선택권을 취소권자에게 준다는 점에서 차이가 있다.

4   O : 의사무능력이자 동시에 19세 미만 미성년자이기 때문에 무효와 취소를 선택적으로 주장할 수 있다. 이렇게 여러 법률효과를 중복하여 주장할 수 있는 경우를 권리경합이라 한다[테마 3 참조].

5   O : 미성년을 벗어났으면 행위능력자가 되지만 정신병을 앓거나 술에 만취하는 등 의사표시 당시 의사표시 능력이 저하된 경우라면 의사무능력자가 될 수 있다.

6   X : 행위능력 여부는 공시에 따라 판단된다. 미성년자는 아무리 똑똑해도 제한능력자다. 똑똑하다고 나이가 바뀌는 것이 아니지 않는가? 행위능력은 공시된 기준에 맞는지 여부만 판단한다. '공시'가 중요한 거지 '현실'이 중요한 것이 아니다. 현실이 중요한 것은 '의사능력'이다.

7   O : 20세 대학생은 완전한 행위능력자다. '친권'이라는 것은 미성년자의 관리자일 뿐이다. 그 이상도 이하도 아니다. 따라서 19세 이상인 성년자에게 친권자라는 개념은 존재하지 않는다.

8   O : 취소권이 행사되면 법률행위는 무효가 된다. 따라서 이미 받은 것이 있으면 법률상 원인이 없던 것이 되어 부당이득이 되고, 이는 상대에게 반환해야 하는데 받은 것을 전부 돌려주는 것이 원칙이다. 다만 우리 법은 제한능력자 보호를 위해 제한능력자가 부당이득을 반환할 때는 쓰고 남은 것만(현존이익) 돌려줘도 된다고 규정하고 있다. 상대방은 자신이 거래하는 당사자가 제한능력자인지 반드시 확인할 필요가 있고, 이로 인해 국가는 제한능력자의 범위를 정하여 공시하고 있다.

9   O : 자연인과 달리 생물학적 성장과 상태가 없기 때문에 모든 능력이 동일하다.

10. 재단법인은 절대 영리법인이 될 수 없다.[10]

11. 미성년자는 자신의 법률행위를 법정대리인의 동의 없이 자유롭게 취소할 수 있다.[11]

12. 미성년자의 법정대리인은 미성년자를 대리하여 미성년자를 당사자로 하는 계약을 체결할 수 있다.[12]

13. 제한능력자의 상대방은 자신이 거래한 사람이 제한능력자라는 사실을 몰랐을 경우에만 철회권을 행사할 수 있다.[13]

14. 미성년자의 상대방이 2개월 이내에 추인 여부를 말해 달라고 촉구하였으나 미성년자의 법정대리인이 이에 대해 침묵한 상태에서 2개월이 지났다면 추인을 거절한 것으로 본다.[14]

15. 부모가 아닌 사람은 미성년자의 법정대리인이 될 수 없다.[15]

16. 미성년자가 친권자의 동의 없이 다른 사람의 대리인이 되는 경우 그 대리행위는 취소할 수 있다.[16]

17. 제한능력자는 자신의 행위를 자유롭게 추인할 수 있다.[17]

10　O : '영리'성을 가진다는 것은 법인의 이익을 구성원이 나눠 갖는 것(배당)을 말한다. 재단법인의 구성은 사람이 아니라 재산 자체이므로 법인의 이익을 나눠 가질 구성원이 없으므로 태생적으로 영리성을 가질 수 없다. 법인이 채용해 사용하는 직원과 구성원의 개념을 혼동하지 말아야 한다. 직원에게 급여를 주는 것은 법인의 활동의 일환이지 이익배당이 아니다.

11　O : 제한능력자의 취소권은 제한능력자를 보호하기 위한 장치이다. 따라서 취소권 행사는 제한능력자 본인이 자유롭게 할 수 있으며 법정대리인의 동의는 필요 없다. 취소권 행사로 인해 제한능력자가 받는 불이익이 전혀 없기 때문이다. 취소권 행사로 인한 무효의 효과로 부당이득 반환을 하는 경우라도 현존이익만 반환하면 되므로 제한능력자의 취소권 행사를 제한할 아무런 이유가 없다.

12　O : 미성년자를 포함한 제한능력자의 법정대리인은 제한능력자의 법률행위를 대리할 수 있다. 그 효과는 제한능력자가 받는다.

13　O : 선의(제한능력자라는 사실을 몰랐던) 상대방에게 계약에서 벗어날 수 있는 철회권이 인정된다.

14　X : 추인한 것으로 본다.

15　X : 미성년자의 친권행사자는 법정대리인이 되고 친권행사자는 부모쌍방 또는 일방이 되는 것이 원칙이다. 그러나 부모가 어떤 이유로 없거나 친권자로 부적절한 경우에는 법원의 결정으로 법정대리인이 선임되는데(부모가 없다고 미성년자의 법정대리를 공백으로 둘 수는 없다) 이를 '후견인'이라 한다.

16　X : 대리행위는 완전히 유효하다. 대리제도[테마 19]에 따르면 대리인의 행위에 대한 효과를 대리인이 전혀 받지 않고 대리인을 선임한 사람이 모두 받는다. 따라서 대리인은 행위능력자가 아니라도 상관이 없다. 아무런 법률효과를 받지 않기 때문에 제한능력자가 위험에 빠질 일이 없기 때문에 제한능력자 보호에 영향을 주지 않는다. 제한능력자를 대리인으로 삼은 위임인이 위험할 수 있을 뿐이다. 그 사람이 자신의 위험을 감수하고 제한능력자를 사용한 것이므로 제한능력자의 대리행위를 막을 필요는 없다. 또한 제한능력자가 타인의 대리인이 되는 것은 그 타인이 단독행위로 선임하면(수권행위) 되고 제한능력자의 동의가 필요한 것이 아니므로 절차적으로도 문제가 없다. 따라서 제한능력자가 타인의 대리인으로 한 행위는 확정적으로 유효하며 취소대상이 아니다.

17　X : 추인권은 취소권 포기의 효과가 있다. 취소권행사는 제한능력자 보호를 위한 것이므로 제한능력자가 단독으로 행사

18. 제한능력자가 취소 원인이 있는 법률행위로 얻은 금전을 유흥비로 모든 소비한 경우 법률행위가 취소되었을 때 반환 의무가 없다.[18]

19. 미성년자가 취소 원인이 있는 법률행위로 얻은 금전을 생활비로 사용한 경우 법률행위가 취소되었을 때 받은 금전 전부를 반환해야 한다.[19]

20. 미성년자 상대방의 확답촉구권은 미성년자가 성년이 되기 전에는 법정대리인에게만 할 수 있다.[20]

할 수 있지만, 이러한 취소권을 포기하는 것은 제한능력자를 위험에 빠지게 할 수 있다. 따라서 제한능력자는 단독으로 추인할 수 없고, 다만 제한능력자가 취소원인을 벗은 경우(능력자가 된 경우)에는 법정대리인의 개념이 없어지고 단독으로 추인할 수 있다.

18 O : 제한능력자의 행위가 취소되는 경우 제한능력자는 받은 급부 중 현존이익만 반환하면 되는데 유흥비로 소비해 버린 경우 현존이익이 없으므로 반환의무가 없게 된다. 반면 상대방은 자신이 받은 급부를 모두 반환해야 한다. 제한능력자와의 법률행위는 피하는 것이 상책이다.

19 O : 생활비로 소비한 것은 원래 생활비로 지출하려던 다른 금전 지출을 절약한 것이므로 현존이익이 있다고 본다. 따라서 이 경우에는 받은 금전 모두가 현존이익이 되어 이를 반환해야 한다. 위 문제와 대비해 결과적으로 보면 유흥비로 써 버리면 반환의무가 면제되고, 착실하게 생활비로 쓰면 모두 반환하는 결과가 되는 것이다. 현존이익의 개념을 이해하기 위해 대비되는 예를 들었다. 이에 대해 깊이 들어가 당부를 논하며 시간소비 하지 않기를 바란다. 갈 길이 멀다. 합격한 다음에 해도 늦지 않다.

20 O : 추인의 효과가 발생할 수 있기 때문에 제한능력자 보호를 위해 제한능력자에 대한 최고는 능력자가 된 이후에 하도록 규정되어 있다.

[테마 2] 물건 : 물권의 객체

Ⅰ 물건

1. 물건의 정의(민법 98조)

물건은 "유체물 및 전기 기타 관리할 수 있는 자연력"을 말한다(민법제98조). 유체물의 반대말은 무체물로서 모양과 형태가 없어 만지지 못하는 것은 물건이 아니다. 다만, 무체물 중에서 전기 등 관리할 수 있는 자연력은 법률관계에 있어 일정한 가치가 있고 관리의 필요성이 있으므로 예외적으로 물건으로 인정한다.

물건은 독립성이 있어야 한다. 물건에 대한 직접적이고 배타적이고 절대적인 지배권인 물권은 그 특성상 하나의 물건에 하나만 있어야 하므로(하나의 물건에 두 지배자가 있을 수 없다–일물일권주의) 그 독립성이 희미하면 곤란하다. 따라서, 물건의 독립성은 곧 물권의 성립에 결정적 영향을 미친다. 그러나, 물건의 일부분에도 경제적 필요성이 있고 그 구분을 명확히 할 수 있는 방법이 있다면 물권의 성립도 가능하다. 예를 들면, 부동산의 일부에 대한 전세권(기타 용익물권)이 가능하고, 나무에 달린 열매나 산에 자라는 수목의 집단은 명인방법이라는 관습 또는 특별법에 의해 별도의 권리의 객체가 될 수 있다.

물건의 집합(집합물)도 마찬가지로 하나의 권리객체로 삼을 수 있다. 대표적인 것이 공장저당법에 따른 공장저당권이다. 물권[테마 22]에서 상세히 다룬다.

2. 물건의 종류(민법 99조) : 물건에는 부동산과 동산이 있다.

물건에는 부동산과 동산이 있다.

부동산은 주로 가치가 크면서도 이동성이 적어 공시(등기부에 등기)하기가 쉽다는 장점 때문에 동산과 관리 방법을 다르게 한다. 다만, 동산 중에서도 가치가 크고 이동성이 적은 경우(선박, 자동차 등) 부동산과 유사하게 관리(공적장부에 등록)하는 경우가 있다.

· 부동산 : 토지 및 그 정착물(제99조 제1항)
· 동산 : 부동산을 제외한 나머지 물건(제99조 제2항)

누군가 당신에게,

"물건이 무엇입니까?"라고 물어본다면,
"동산과 부동산을 말합니다."라고 대답하면 된다.

"그러면 '동산'은 무엇입니까?"라고 물어본다면,
"물건에서 부동산을 제외하면 모두 동산입니다"라고 대답하면 된다.

"그렇다면, '부동산'은 무엇입니까?"라고 물어본다면,
"토지 및 그 정착물입니다"라고 대답하면 된다.

토지와 그 정착물은 하나의 '부동산'이다. 토지에 나무가 있고 그 나무에 나뭇잎이 붙어 있다면 그 나무와 나뭇잎은 별개의 물건이 아니라 토지의 연속인 부동산이다.

다만, 정착물이라 하더라도 토지에 부합하지 않고 별개의 독립적 물건이 되는 예외들이 있다. 농작물, 건물, 명인방법 갖춘 과실 등이다.

3. 부동산의 개수

가. 토지

토지를 독립성을 갖춘 물건으로 판단해 한 개, 두 개 이렇게 세려고 하면 부자연스러운 점이 있다. 땅은 국경을 초월해 연결되기도 하고, 섬처럼 고립되어 있기도 하다. 어쩌면, 토지라는 것은 인간이 있기도 전에 이미 있던 것으로서 인간이 권리의 객체로 삼겠다는 생각 자체가 무리한 것인지도 모르겠다. 신의 영역에 인간이 깃대를 꽂으려는 시도일지도 모른다. 그래서 부자연스러운 것일 수 있다.

아무튼, 인간은 토지를 소유하고 싶다. 그렇다면 토지를 관리하기 위한 별도의 아이디어를 생각해야 한다. 토지의 개수를 합리적이고 타당하게 셀 수 있는 방법을 고안해야 한다.

결국, 인간이 생각해 낸 방법은 다음과 같다.
광활한 토지에 가상의 선을 긋는다. 남북으로 긋고, 동서로 긋는다. 이렇게 하면 바둑판 모양의 격자가 생긴다. 이러한 격자 하나하나를 한 개의 물건으로 보는 것이다. 이렇게 가상의 선으로 잘라낸 각 토지를 "필지(筆地)"라고 하며 각 독립된 물건으로 본다. 또한 각 필지를 구별하기 위해 고유의 번호(지번, 地番)를 부여한다. 즉, 각 필지는 독립된 권리의 객체가 되며 지번으로 구별한다. 번지수 하나가 한 개의 토지를 지칭하는 것이다.

나. 정착물

토지의 정착물은 토지와 독립하여 물건이 되지 않음이 원칙이다. 나뭇잎이나 과일도 분리되기 전에는 토지의 정착물일 뿐이며(토지가 연속된 것이다. 화학적, 물리적인 구성성분이 다르다는 것은 법학이 아닌 과학의 영역이다), 독립적으로 아무런 가치도 갖지 않는다. 분리되는 순간 동산이 되어 별개의 물건이 되고 그 권리자가 누군지 비로소 따진다. 나뭇잎이 떨어지는 순간을 시적으로 표현하면 다음과 같다.

"아, 부동산이 동산으로 변하는구나."

이처럼, 토지 정착물은 별개의 물건이 될 수 없다는 원칙에 대해 일정한 예외가 있다.

1) 건물

건물은 토지에 정착되어 있지만 별개의 물건으로 보는 대표적인 예외이다. 건물은 완벽한 모습은 아니더라도 기둥과 지붕과 주벽 정도만 있으면 독립된 물건이 되며 건축주가 원시적으로 소유권을 취득한다. 건축 수급인이(공사업자) 자신의 노력과 비용으로 건물을 신축한 경우에는 수급인이 원시적으로 소유권을 취득한다는 점은 주의한다.

건물의 일부분에 대해서도 구조상, 이용 상으로 독립된 소유권이 성립하는 경우가 있는데 이를 "구분소유권"이라고 한다. 대표적인 예가 아파트이다. 1동의 아파트가 하나의 건물이며 하나의 권리객체가 되지만, 그 부분을 '호'라는 단위로 나누어 독립된 객체로 다루고 있다.

2) 농작물

1년 주기로 수확하는 농작물에 대해 매우 독특한 판례가 있다. 아무런 권리가 없더라도 남의 토지에 심은 농작물은 항상 경작자의 소유가 된다는 것이다. 1년 주기 농산물이 토지에 미치는 악영향은 적은 데 반해, 경작자들이 대부분 사회적 약자라는 점을 고려해 법리를 탈피해 선고한 판례로 보인다. 결국 토지소유자도 이러한 농작물을 함부로 훼손할 수 없게 된다. 오래된 판례라 같은 사안으로 재판이 진행되면 다른 판단이 나올 수도 있겠으나, 아직 유효하고 특이하여 시험에 자주 출제된다.

3) 수목

남의 토지에 수목을 심으면 그 수목은 토지에 부합하여 토지소유자의 소유가 된다. 토지와 별개 소유가 아니라 토지에 결합해 버리기 때문에 심은 사람에게 별도의 권리가 인정되지 않는다. 다만, 타인 소유 토지에 대한 사용권(일정한 계약에 의해)이 있는 자는 자신이 심은 나무의 소유권을 가진다. 따라서, 토지 소유자도 훼손이나 방해를 하지 못한다.

수목을 권리객체로 삼기 위해서는 일정한 표시(공시)를 해야 하는데, 대표적인 것이 관습적으로 인정되는 명인방법이라는 방법이다. 입목에 새끼줄을 치고 푯말을 세우는 등의 방법을 통칭해 "명인방법"이라고 한다. 이름은 거창하지만 실제로는 매우 토속적인 공시방법이다.

4) 분리되지 않은 열매(과실)

분리되면 분리할 당시 권리자에게 귀속된다. 토지 소유자의 권리가 되는 것이 원칙이겠지만 토지임대차 기타 계약관계에서 수목을 심었다면 그 사람이 수취권자가 된다. 분리되지 않은 열매는 토지의 일부이므로 별개 물건이 될 수 없다. 다만 계약이나 기타 방법으로 일정한 표시(명인방법)를 하는 경우 수취하지 않은 상태에서도 별개의 물건으로 간주해 거래 대상으로 삼을 수 있다.

4. 물건의 취득, 처분, 권리관계

가. 주물과 종물

동일소유자가 물건의 일반적인 용법을 위해 자기소유의 다른 물건을 부속시키는 경우 그 부속물을 종물이라고 한다. 흔히 드는 예가 노 젓는 배에서 배와 노의 관계이다. <u>종물은</u>

별개의 독립된 물건이다. 즉, 종물이 주물의 구성 부분이 아니다. 주물과 종물을 논하는 이유이다. 별개의 물건이지만 같이 취급되는 특성을 설명하는 것이다. 즉, 주물을 처분하는 경우 종물에 대한 별도의 합의 없이도 종물도 처분된다는 특징이 있는 것이다(제100조 제2항). 배에 대해서만 계약을 체결해도 노가 당연히 매매대상에 포함된다는 개념이다. 같은 원리로 주물에 저당권이 설정된 경우 종물에도 저당권의 효력이 미친다. 저당권 설정 후의 종물에도 당연히 저당권의 효력이 미친다. 임의규정이므로 다른 합의가 가능하다.

유사한 법리로 권리 상호 간에도 이 같은 원리가 적용된다. 예를 들면, 건물의 소유권을 취득하면 그 건물을 위한 지상권도 당연히 취득하는 경우이다. 현대에 와서 주물종물 이론은 물건 자체보다는 권리 사이에서 더 의미가 크다.

〈관련 판례 : 95다52864〉

저당권의 효력이 저당부동산에 부합된 물건과 종물에 미친다는 민법 제358조 본문을 유추하여 보면, 건물에 대한 저당권의 효력은 그 건물에 종된 권리인 건물의 소유를 목적으로 하는 지상권에도 미치므로, 건물에 대한 저당권이 실행되어 경락인이 그 건물의 소유권을 취득하였다면 경락 후 건물을 철거한다는 등의 매각조건에서 경매 되었다는 등 특별한 사정이 없는 한, 경락인은 건물소유를 위한 지상권도 민법 제187조에 따라 등기 없이 당연히 취득하게 되고, 한편 이 경우에 경락인이 건물을 제3자에게 양도한 때에는 특별한 사정이 없는 한 민법 제100조 제2항의 유추적용에 의하여 건물과 함께 종된 권리인 지상권도 양도하기로 한 것으로 봄이 상당하다.

나. 원물과 과실

물건으로부터 생기는 경제적 수익을 과실(열매, 果實)이라고 하며, 이러한 과실을 생기게 하는 물건을 원물(元物)이라고 한다. 과실은 천연과실과 법정과실로 나뉜다.

1) 천연과실

'물건'의 **용법**에 따른 산출물로서 별도의 물건을 말한다. 나무의 열매, 젖소에서 나오는 우유 등이 예이다. 소유권과 관련해서는 분리할 당시 수취권자가 취득한다. 수취권자로서는 소유자가 일반이지만(제211조), 소유권자와의 계약관계상 소유자에 우선하는 과실수취권자가 존재할 수 있다(임차권자, 지상권자 등).

2) 법정과실

'물건'의 **사용대가**로 받은 물건을 말한다. 부동산 임대료, 돈의 이자와 같은 것을 말한다. 노동의 대가(급여)나 권리사용의 대가(사용료)는 법정과실이 아니다. 소유와 관련해서는 존속기간의 일수의 비율로 취득한다. 예를 들어 한 달 임대료가 30만 원이면 10일 사용대가는 10만 원이 되는 것이다.

다. 부합

1) 부동산 부합(제256조)

부동산의 소유자는 그 부동산에 부합한 물건의 소유권을 취득한다. 그러나 타인의 권원에 의하여 부속된 것은 그러하지 아니하다.

2) 동산 간 부합(제257조), 혼화(제258조)

동산과 동산이 부합하여 훼손하지 아니하면 분리할 수 없거나 그 분리에 과다한 비용을 요할 경우에는 그 합성물의 소유권은 주된 동산의 소유자에게 속한다. 부합한 동산의 주종을 구별할 수 없는 때에는 동산의 소유자는 부합 당시 가액 비율로 합성물을 공유한다.

부합은 물리적 결합을 말하고 혼화는 물건이 섞여 있는 것을 말한다. 혼화에도 부합과 같은 원리가 적용된다.

라. 가공

타인의 동산을 가공한 때에는 그 물건의 소유권은 원재료의 소유자에게 속한다. 그러나 가공으로 인한 가액의 증가가 원재료의 가액보다 현저히 다액인 때에는 가공자 소유로 한다.

마. 무주물의 귀속

주인 없는 동산을 소유의 의사로 점유한 자는 그 소유권을 취득한다. 야생의 동산은 무주물로 하고, 잡아서 키우는 야생동물도 다시 야생상태로 돌아가면 주인이 없는 것으로 한다. 예를 들어, 강에서 잡은 물고기는 잡은 사람의 소유이다.

부동산은 동산과 다르다. 주인 없는 부동산은 국유이다.

바. 유실물 습득

유실물은 법률(유실물법)에 정한 바에 의하여 공고한 후 1년 이내에 그 소유자가 권리를 주장하지 않으면 습득자가 그 소유권을 취득한다.

사. 매장물 발견

매장물은 법률이 정하는 바에 의하여 공고한 후 1년 이내에 그 소유자가 권리를 주장하지 않으면 발견자가 그 소유권을 취득한다. 그러나 타인의 토지 기타 물건으로부터 발견한 매장물은 그 토지 기타 물건의 소유자와 발견자가 절반하여 취득한다.

아. 문화재

매장물 중 학술, 기예 또는 고고의 중요한 자료가 되는 물건은 국유로 한다. 다만 문화재가 발견된 토지나 물건의 소유자는 국가에 보상을 청구할 수 있다.

II 물건의 지배형태

물건의 소유자를 생각해 보자. 물건을 소유한 사람은 그 누구의 간섭 없이 자신의 물건을 직접적으로 사용하고, 이익을 얻으며, 처분할 수 있다. 나아가 이러한 권리는 자신을 제외한 이 세상 모두에게 주장할 수 있는 절대적 권리이다.

반면, 물건의 소유자가 아닌 사람이 다른 사람이 소유하고 있는 물건을 사용하기 위해서는 그 사람의 협조가 있어야 하며 때로는 그 허락에 대해 일정한 대가를 지불해야 한다.

앞의 형태를 물건에 대한 직접적 지배라고 하고, 뒤의 형태를 간접적 지배라고 한다. 간접적 지배의 핵심은 **직접적 지배자의 협력행위**가 필요하다는 점이다. 따라서 간접적 지배는 직접적 지배자에 대한 '요청' 또는 '청구'의 형태로 이루어진다.

자기 물건에 대한 직접적 지배의 대표적 형태는 '소유'이며, 남의 물건에 대한 간접적지배의 대표적인 것이 '임대차'이다. 소유권은 지배권적 성격을 가지고 있고, 임차권은 청구권적 성격을 가지고 있다. 소유권은 물권이며 임차권은 채권이다. 결국, 물건을 직접 지배하는지 간접적인 배려를 통해 이용하지는 물권과 채권에 대한 이해와 연결되어 있다.

재산권의 대표는 물권과 채권이다. 우리 공부의 대상인 권리들이다.

Ⅲ   '급부'에 대한 이해

물권의 객체는 물건 그 자체이다. 물건 그 자체에 대한 직접적 지배권이 곧 물권이다.
채권의 객체는 '급부'라고 표현한다.

'급부'란 무엇인가?
급부란 "직접적 지배자의 협력**행위**"를 말한다. 즉, 급부의 본질은 상대방의 '행위'이다.

금전채권을 예를 들면,
금전채권이라는 채권의 객체는 '금전'인가? 아니다.
금전이라는 물건을 객체로 하려면 채권이 아닌 물권(소유권)자가 되어야 한다.
다시 말하지만, 채권의 객체는 행위이다.

그렇다면 금전채권의 객체는 무엇인가? 어떤 행위인가?
금전을 지급하는 행위(급부)이다.
즉, 금전채권자는 금전에 대한 직접적인 권리를 가지고 있지 않고 다만 금전소유자에게
금전을 지급하는 행위(급부)를 해 줄 것을 요구할 수 있을 뿐이다.
그래서 채권을 행위청구권이라고 하는 것이며, 금전소유자라는 특정인에 대해서만 청
구할 수 있는 상대적 권리라고 하는 것이다.

결국, 직접적 지배인지 간접적 청구인지만 다를 뿐 권리객체의 중요 쟁점은 '물건'에 대
한 이해로 모인다고 할 수 있다(물론 채권이 물건에 대한 간접적 행위청구만을 내용으로
한다는 의미는 아니다. 물건과 무관한 행위청구권도 존재한다).

21. 물건 중 토지를 제외한 것이 동산이다.[21]

22. 노동의 대가나 권리사용의 대가는 법정과실이 아니다.[22]

23. 어떤 할머니가 다른 사람의 토지에 무단으로 고구마를 심은 경우라도 고구마의 소유권은 할머니에게 있으므로 토지소유자가 이를 훼손할 수 없다.[23]

24. 아파트의 전유부분을 처분하면 그에 따른 대지사용권도 당연히 처분된다.[24]

25. 하나의 필지에 여러 개의 지번이 붙을 수 있다.[25]

26. 종물은 주물의 처분에 따르므로 별개의 물건이 아니다.[26]

27. 법정과실은 존속기간 비율로 취득한다.[27]

28. 건물에 대한 저당권의 효력은 건물소유를 위한 지상권에도 당연히 미친다.[28]

---

21 X : 물건 = 부동산 + 동산. 즉, 동산은 부동산을 제외한 물건이다.

22 O : 법정과실은 '물건'의 사용대가로 받은 '물건'을 말한다. '노동'이나 '권리'는 물건이 아니므로 이에 대한 대가는 법정과실이 아니다.

23 O : 훼손하면 형사상 손괴죄, 민사상 손해배상 책임을 부담한다.

24 O : 주물종물 이론은 권리관계에도 적용된다. 공동주택의 대지사용권은 전유부분의 처분에 따르는 종된권리이다.

25 X : 하나의 필지에 하나의 지번이 부여된다.

26 X : 별개의 물건이 아니라면 주물, 종물을 논할 필요가 없다. 별개 물건인데도 다른 물건의 처분에 따라가므로 논의의 의미가 있는 것이다.

27 O

28 O : 권리사이에 종물이론이 유추적용 된다.

[테마 3] 권리

I 개요

민법은 권리에 관한 법이다. 민법에 대한 설명은 누구에게(권리주체) 어떤 권리가(권리객체) 발생, 변경, 소멸하는지에 대한 내용으로 가득하다. 권리와 동전의 양면 관계에 있는 용어는 '의무'이다. 따라서, 권리에 관해 설명하는 것은 자연스럽게 그 뒷면에 있는 의무에 관한 설명을 포함하는 것이다. 만약 의무를 중심으로 민법을 설명한다고 하면 그 뒷면에 있는 권리에 관해 설명하는 것이다. 이러한 권리와 의무의 상호관계를 "법률관계"라고 칭한다. 이러한 법률관계에 대해 권리나 의무 어느 한쪽을 중심으로 설명하는가는 취향의 문제이며 선택의 문제이다. 다만, 우리 민법은 권리를 중심으로 규정되어 있으니 이를 따라 권리를 중심으로 설명할 것이나 혼용될 수 있음을 감안할 필요가 있다.

II 분류

권리에 대한 분류는 권리를 이해하기 위한 수단에 불과하므로 크게 예민하게 생각할 필요는 없다. 우리가 어떤 사람을 알기 위해 그 사람이 남자인지 여자인지, 아이인지 어른인지, 직업은 무엇인지 등 기초정보가 필요하다. 이러한 정보는 처음 그 사람을 모르는 상태에서 이해하는 데 도움이 되는 것은 분명하다. 하지만 대략적이고 간접적인 이러한 정보가 모두 옳은 것은 아니며 결국 가까이 두고 친해져 지내다 보면 알게 되는 됨됨이가 핵심이다.

민법에서 권리는 재산상 권리, 신분상 권리로 분류할 수 있다. 우리가 다루고자 하는 민사상 권리는 주로 재산상 권리를 말한다. 재산적 이익을 목적으로 하는 권리로서 '**물권**'과 '**채권**'이 있다. 민법공부의 대부분은 이러한 재산권 공부에 치중된다. 즉, 재산적 이득을 위한 황금열쇠에 관해 공부한다는 것이다. 따라서 '물권'과 '채권'은 재산권의 양대산맥이며 민법공부의 주된 목적이기도 하다.

물권은 물건을 객체로 하는 권리, 채권은 사람의 행동을 객체로 하는 권리이다.

[재산권의 성격에 대한 부연설명]

'물권'은 지배권적 성격과 절대권적 성격을 가지고 있다.

〈지배권〉

타인의 협조가 필요 없이 직접 영향력을 행사할 수 있다는 의미

〈절대권〉

나를 제외한 나머지 모두에게 영향력을 행사할 수 있다는 의미

이와 달리 '채권'은 청구권적 성격과 상대권적 성격을 가지고 있다.

〈청구권〉

권리의 실현을 타인에게 일정한 행위를 간접적으로 요구하는 방법으로 해야 한다는 의미

〈상대권〉

특정인에 대해서만 영향력을 행사할 수 있다는 의미

이러한 채권의 성격에서 그 정의가 나온다. 즉, 채권의 정의는 이렇다.

"특정인이 특정인에 대해 특정한 행위를 청구할 수 있는 권리"

---

1. 물건 - [테마 2]

2. 물권법정주의 - [테마 22]

'물권'은 법률과 관습법 등 '법'에 의해서만 정해진다.

물권이 가진 성격(절대적, 배타적, 지배적)으로 인해 민법세계에 미치는 영향이 매우 크므로 물권은 국가가 직접 정하거나(법률) 확인(관습법)해 준다. 따라서, 물권은 절대로 개인이 임의로 만들거나 소멸시킬 수 없다.

민법에는 8개의 물권이 규정되어 있고(점유권, 소유권, 지상권, 지역권, 전세권, 유치권, 질권, 저당권), 관습법상 인정되는 물권도 있다(법정지상권, 분묘기지권 등).

Ⅳ 사람(행동)에 대한 권리(채권 : 債權)

채권이란, 특정인이 특정인에 대해 특정한 행위를 요구하는 권리를 말한다.

1. 채(債)에 대해 : 사람의 특정한 행위(급부)

사람은 소유할 수 없다. 즉 사람 자체를 물권의 객체로 삼을 수 없고, 다만 그 사람의 특정한 행위를 요구할 수 있을 뿐이다.

채권의 채(債)라는 글자는 사람(人)과 책임(責)으로 구성되어 있다. 즉, 사람이 지켜야 할 책임을 말하며 그 책임이란 일정한 행위를 말한다. 따라서 채권이란 사람의 특정한 행위를 요구하는 권리라 할 수 있다. 이렇게 채권은 특정한 의무를 요구받는 사람이 정해져 있

다. 그래서 이러한 표준적 채권을 사람을 지정한 채권이라는 의미로 '지명채권(指名債權)'
이라 한다.

  - 금전채권 : 특정인에게 금전의 지급이라는 행위를 요구하는 권리
  - 강의채권 : 학원에게 돈을 지급한 경우 강사에게 강의행위를 요구하는 권리
  - 도급채권 : 특정인에게 일정한 일을 하는 행위를 요구하는 권리
  - 소유권이전등기채권 : 매도인에게 부동산 등기이전 행위를 요구하는 권리

이러한 행위청구권은 눈에 구체적으로 보이지 않는다. 채권의 존재는 당사자 사이에서
만 알 수 있는 것이 원칙이기 때문이다. 따라서 물권과 달리 채권의 양도는 복잡하고 제한
적인 방법에 의하는데, 양도인이 채무자에게 채권양도 통지를 하는 것이 그것이다. 이러한
양도방법 자체도 외부에서 쉽게 확인하기 어렵다. 부동산물권이 등기의 이전에 의해 외부
에서 명백히 인식할 수 있는 것과 다르다.

이러한 채권의 양도성을 개선하기 위한 여러 아이디어가 고안되어 왔다. 대표적인 것이
종이에 채권을 새기는 것이다. 이렇게 채권이 적힌 종이를 '증권'이라 하고, 그 채권을 증권
화 채권이라 한다. 증권은 채권의 양도성을 높이기 위한 방법의 하나이다.

예를 들어, B가 종이에 "B는 이 종이를 가져오는 사람에게 천만 원을 지급하겠습니다."
라고 적어서 A에게 줬다고 가정할 때, A가 이를 C에게 주는 방법으로 수월하게 채권을 양
도할 수 있다. B는 그것이 누구든 마지막 이름이 적힌 사람이 위 종이를 가져올 때 천만 원
을 주면 된다.

이보다 더 양도성을 높이는 방법이 있다. 증권에 사람을 기재하지 않는 것이다. 증권은
자유롭게 거래되어 최종소지자가 누구든 채무자에게 제시하면 채무이행이 되는 구조의
채권이다. 채무자가 당초 그 증권을 소지한 사람이 누구든 채권자로 인정하겠다는 전제하

에 발행하는 것이다. 채권자가 기재되어 있지 않다는 의미에서 '무기명채권'이라 한다. 영화표, 상품권, 승차권, 상품쿠폰 등 무기명채권의 예는 많다. 영화표를 사서 누구에게 주든, 그것이 몇 번에 걸쳐 거래되든 마지막에 소지한 사람이 영화표 발행자(영화관)에게 제시하면 영화표에 녹아 있는 채권(영화를 보여 달라는 <u>행위</u>를 요구할 수 있는 권리)을 행사할 수 있는 것이다.

2. 채권의 성격

① 상대권 : 특정인에 대해서만 그 행위를 요구할 수 있다. 이와 달리 물권은 절대권이다. 절대란 말은 권리행사를 특정인이 아닌 모두에게 할 수 있다는 의미이다.

② 청구권 : 특정한 행위를 요구할 수 있을 뿐, 그 행위나 행위자를 지배할 수 없다. 이와 달리 물권은 지배권으로서 모든 침해자를 배제하고 물건에 대한 직접적이고 배타적인 권리를 행사할 수 있다.

3. 발생원인(법률요건)

① 법률행위 : 계약자유 원칙상 <u>계약</u>(법률행위)을 통해 무한히 만들어 낼 수 있다. 법률에 의해서만 규정되는 물권(물권법정주의)과 근본적인 차이가 있다.

② 법률규정 : 계약이 없는 공백상황(사건, 사고)을 대비해 법률규정이 채권발생 원인을 규정해 두고 있다(사무관리, 부당이득, 불법행위의 손해배상).

V 형성권

민법상 권리를 권리대상이 아닌 <u>효력</u>으로 분류할 때 형성권이라는 독특한 권리를 소개할 필요가 있다. 형성권을 설명하기 위해 이를 핵폭탄에 비유하기도 한다. 일반적 권리를 황금열쇠로 비유한다면 형성권은 다이아몬드 열쇠에 비유해도 좋을 것이다.

형성권 행사는 상대방의 동의나 도움이 필요 없다. 형성권 행사를 폭탄 투하에 비유할수도 있겠다. 폭탄을 던지듯 형성권을 행사하면 그 즉시 효과가 발생한다. 상대방은 그 효과를 그대로 받아들여야 하고, 그 효과는 형성권을 행사한 당사자도 거둘 수 없다. 이미 폭탄이 터진 다음에 시간을 되돌릴 수 없는 것과 같다.

형성권을 별도의 목차로 설명하는 것은 형성권에 대한 이해가 민법지식 향상에 많은 도움이 되기 때문이다. 우리 민법 여러 곳에 형성권이 분포되어 있는데 이를 발견할 때마다여기 설명한 내용을 대입하면 일일이 따로 공부하는 수고를 덜 수 있다. 형성권은 그 수가많지 않다. 보물찾기하듯 민법 여러 곳에 흩어진 형성권 찾는 재미를 느껴보길 희망한다.

1. 개념

형성권은 일방적인 의사표시로 법률효과를 발생시킬 수 있는 권리이며 '가능권'이라고표현하기도 한다. 법률효과는 법의 궁극적인 목적인데, 이러한 엄청난 결과를 단독으로 유발할 수 있는 막강한 권리가 형성권이다. 채권의 경우 상대방의 자발적인 이행이나 협조가 있어야 하지만 형성권은 다르다. 마치 핵폭탄을 들고 다니는 것과 같다. 그래서 누가 어떤 경우에 이러한 권리를 갖는지 매우 엄격하게 검토해야 하고 그 사용과 소멸에 대해 매우 진지하게 접근할 필요가 있다.

2. 형성권 법정주의(법정형성권 원칙, 약정형성권 예외)

이러한 파괴력 때문에 형성권의 발생은 법이 엄격하게 규정하고 있다. 누구에게 어떤 형성권이 있는지를 판단하기 위해서는 해당 법률을 정확히 찾아 그 요건이 충족되었는지 살펴야 한다. 법정해제권, 취소권 등이 대표적이다.

다만 형성권을 법이 정해 두었다는 것은 상대방의 동의 없는 상태에서는 법의 엄격한 규정을 따라야 한다는 의미이다. 만약 상대방과의 합의나 약속이 있다면 그것에 의해 형성권을 취득하는 것은 자유이다(계약자유의 원칙). 이러한 약속에 의해 만들어진 형성권을 약정형성권이라 한다. 약정해제권이 이에 해당한다. 약정형성권을 함부로 남발하는 것은 미래의 법률지위를 불안하게 하므로 주의해야 한다.

3. 제척기간

이처럼 형성권은 일방적인 의사표시로 법률관계에 영향을 주므로 이를 가진 사람에 의해 불안한 상태가 지속될 수 있다. 따라서 법은 형성권에 대해 일정한 수명(권리의 존속기간)을 지정해 두었는데 이를 '제척기간'이라 한다.

대표적인 제척기간으로서 법정해제권의 제척기간은 10년이다[테마 8 참조]. 제척기간은 권리의 수명이므로 그 수명이 다하면 이유를 불문하고 소멸한다. 제척기간은 법이 정한 권리의 수명이므로, 법원은 당사자의 주장이 없더라도 이를 직권으로 고려해서 판단할 수 있다.

법은 법원의 영역이다. 사실의 주장이 당사자의 영역인 것과 다르다. 사실의 주장은 변론사항으로서 당사자가 주장하지 않으면 법원은 이를 재판에 반영할 수 없다. 그러나 법의 영역은 당사자가 아니라 법원이 직권으로 조사하고 고려해야 한다.

이와 관련해 제척기간과 유사해 보이지만 전혀 다른 개념의 소멸시효에 대한 이해가 필요하다. 제척기간은 권리에 대해 법이 정해 놓은 수명이다. 이는 법의 영역이며 당사자가 이를 주장하거나 증명할 필요가 없다. 주로 형성권에서 문제된다.

이와 달리 소멸시효는 권리를 가지고 있음에도 행사하지 않는 자(권리 위에 잠자는 자)에 대한 제재로 일정한 기간이 지나면 그 권리행사를 막는 개념이다. 주로 청구권(채권)에서 문제된다. 권리행사를 했는지 여부에 대한 것은 법이 아닌 사실의 영역이다. 그래서 제척기간을 법이 직권으로 고려하는 것과 달리, 소멸시효는 당사자가 변론을 통해 주장 입증해야 법원이 고려한다. 소멸시효가 완성되어 권리가 소멸했더라도 당사자가 이를 변론하지 않으면 법원은 권리소멸 효과를 고려할 수 없다.

권리행사를 했는지 여부가 쟁점인 소멸시효는 그 기간이 완성되기 전에 당사자가 권리행사를 하면 시효는 중단되고 처음부터 다시 시효를 계산한다. 그러나 제척기간은 이러한 중단의 개념이 없다. 그 기간이 지나면 수명을 다해 권리가 소멸한다.

4. 조건, 기한에 배타적

형성권 행사에 조건이나 기한을 붙이는 것이 금지된다. 형성권은 법이 엄격히 정해 놓은 모습 그대로 행사해야 한다. 조건과 기한을 붙이면 법이 정해 둔 형성권의 모습을 법이 인정하지 않는 모습으로 훼손할 우려가 있고, 이 경우 상대방은 심각한 위험에 노출될 수 있다.

5. 주체의 종속성

형성권은 사람의 피부와 같아서 이를 그 사람과 분리하여 이전할 수 없다. 이를 '일신전속성'이라 한다. 예를 들어 계약 당사자로서 상대방의 채무불이행으로 법정해제권을 보유하게 되었다면, 이러한 해제권의 행사는 당사자가 해야 한다. 해제권만 다른 사람에게 양도할 수 없는 것이다.

6. 상대방 있는 단독행위

형성권의 행사는 일방적 의사표시에 의한다. 상대의 동의나 승낙이 필요 없다. 따라서 형성권의 행사는 단독행위이다. 형성권은 상대의 의사와 무관하게 일방의 행사로 법률효과를 발생시키는 강력한 힘이 있다.

7. 불가분성

형성권은 쪼갤 수 없다. 형성권의 행사는 당사자가 여럿인 경우 모두로부터 모두에게 해야 한다. 해제권의 불가분성은 특별한 규정이 있다(테마 8).

8. 종류

해제(지)권, 취소권, 상계권, 선택권, 환매권, 예약완결권, 포기권, ~매수청구권, ~증감청구권, ~소멸청구권 등이 있다. 공부하면서 찾게 되는 형성권을 이곳에 추가하면 효율적 공부가 될 것이다. 보물을 찾아 상자에 넣는 기분을 맛보기 바란다.

Ⅵ 권리경합

한 사람이 여러 개의 황금열쇠(권리)를 가진 것을 경합이라고 한다. 상대방이 계약을 위반했을 때 채무불이행에 의한 손해배상청구권과 불법행위에 의한 손해배상청구권을 동시에 갖게 되는데 이러한 경우를 권리경합이라 하며 권리자는 이를 선택적으로 또는 동시에 사용할 수 있다. 통정허위표시에 의한 무효 주장과 사해행위취소를 동시에 하는 경우도 권리경합에 속한다.

주의할 것은, '법조경합'이라는 개념이다.
모순적인 표현이지만 '법조경합'은 권리경합이 아니다. 가짜경합이다.
겉으로 보기에는 경합으로 보이지만 사실은 경합이 아니다. 두 개로 보이지만 하나라는 의미이다. 주로 특별법과 일반법이 동시에 적용되는 경우 발생하는데, 이 경우 특별법만 적용되고 일반법은 배제되므로 법률효과는 한 개만 있다. 겉으로는 두 개처럼 보일 뿐이다. '법조경합'은 권리경합이 아니다.

VII 권리변동 – 민법의 법률효과

1. 권리발생

가. 절대적 발생(원시취득)

존재하지 않던 권리가 새로 만들어지는 것이며, 권리의 주체 입장에서는 원시취득이 된다. 선점(252조), 습득(253조), 시효취득(245조), 선의취득(249조), 발견, 첨부, 매매에 기한 채권 취득 등이 이에 속한다. 원시취득의 경우 취득 전의 권리에 관한 사유는 취득자의 권리에 영향을 주지 않는다. 당연히 권리가 새로 생기는 것이므로 현재의 권리자 입장에서 그 권리는 아무런 흠이 없는 무결점 순수상태가 되어야 한다.

이와 관련해 '경매'에 의한 취득이 원시취득인지 승계취득인지에 대해 법리적 다툼이 있었는데 최근 법원은 이에 대해 승계취득임을 확실히 하였다.

나. 상대적 발생(승계취득)

취득 전의 권리에 관한 사유(권리의 흠결이나 제한사항 등)를 포함해 권리가 그대로 승계되는 것을 말하며 다음과 같이 분류할 수 있다.

1) 이전적 승계, 설정적 승계

매매로 소유권을 취득하는 경우 소유권의 이전적 승계취득이 발생하고, 저당권 설정에 의한 저당권 취득의 경우 설정적 승계가 발생한다.

2) 특정승계, 포괄승계

특정물에 대한 매매 등 개개의 취득원인에 따라 개개의 권리가 승계되는 경우를 특정승계라 하고, 상속처럼 하나의 원인으로 다수의 권리가 승계되는 경우를 포괄승계라고 한다.

2. 권리 변경

권리가 동일성을 유지하면서 주체, 내용, 작용에 관하여 변경을 받는 것이다. 주체의 변경은 권리의 승계에 해당한다(위 승계취득 참조).

내용의 변경은 성질이 변경되는 경우(채권이 손해배상으로 변경)와 수량이 변경되는 경우(제한물권의 변경)가 있다.

작용의 변경은 저당권의 순위변경(2순위에서 1순위로 순위 상승) 등이 있다.

3. 권리 소멸

권리의 발생과 대응하여 절대적 소멸과 상대적 소멸로 구분할 수 있다.
채권이 변제, 소멸시효, 혼동, 포기, 수용, 면제 등으로 소멸하는 것은 절대적 소멸이며, 주체가 변경되어 승계되는 경우 이전 권리자 입장에서는 권리의 상대적 소멸이 된다.

29. 사람이 사망하여 권리가 상속되는 것은 법률행위에 의한 권리변동이다.[29]

30. 절대권이란 특정인에게 절대적으로 행사할 수 있는 권리이다.[30]

31. 형성권의 행사는 상대방의 동의가 있어야 한다.[31]

32. 금전채권이란 금전을 직접적으로 지배할 수 있는 권리를 말한다.[32]

33. 사람은 권리의 객체로 할 수 없지만 사람의 행동은 권리의 객체로 삼을 수 있다.[33]

34. 법원 경매에 의한 부동산취득은 원시취득이다.[34]

35. 법조경합은 권리경합이 아니다.[35]

36. 부동산 매매에서 매도인이 매수인에게 부동산 소유권을 이전하여 소유권을 상실하는 것은 소유권의 절대적 소멸이다.[36]

37. 민법상 재산권은 물권과 채권이 있다.[37]

---

29 X : 법률규정에 의한 권리변동이다. 사망을 인간의 의사에 의한 합의로 할 수는 없다. 사망은 사건이고, 그 사건에 해당하는 법률규정에 따라 법률효과가 발생할 뿐이다. 물론 사망을 전제로 피상속인이 자유의사에 의해 재산을 증여할 수 있다. 이를 '유증'이라 하며 이는 법률행위에 의한 재산 증여이지 법률규정에 의한 상속은 아니다.

30 X : 절대권은 그 누구에게나 행사할 수 있는 권리라는 의미이다. 상대권의 반대말이다.

31 X : 형성권 행사는 일방적으로 할 수 있는 것이 특징이다. 핵폭탄에 비유한다. 그 법률효과를 위해서는 그냥 던지는(행사) 행위만 하면 그만이다. 또한 일방적 행위로 일단 법률효과가 발생해 버리면 권리행사자도 이를 철회할 수 없다.

32 X : 채권은 행위요구권이다. 소유권 등 물권이 직접지배권인 것과 다르다. 따라서 금전채권은 상대방에게 돈을 나에게 주는 행위를 요구하는 정도의 권리이지 돈에 대한 지배권이 아니다. 돈에 대한 지배권은 물권인 소유권자에게 있다.

33 O : 사람의 행위를 '급부'라고 한다. 채권에 있어 '채'가 급부를 지칭한다. 즉 사람의 행위를 객체로 삼는 권리가 채권이다.

34 X : 선순위 용익권 등 승계되는 권리가 있으므로 승계취득이다.

35 O : 겉으로는 권리가 경합하여 선택적으로 행사할 수 있을 것으로 보이지만, 일반법과 특별법처럼 특별법 우선의 원칙에 따라 일반법이 배제되는 경우 경합하지 않는다. 이렇게 외형만 경합일 뿐 실제는 권리가 하나인 경우를 법조경합이라 한다. 즉, 법조경합은 실질적으로 권리경합이 아니다.

36 X : 주체가 변경될 뿐 권리 자체가 사라진 것은 아니므로 상대적 소멸이 된다. 이에 대응해 매수인이 권리를 취득하는 것은 다른 사람의 권리를 이어 받기 때문에 승계취득이다.

37 O : 다만 민법을 벗어나면 다양한 재산권이 있다(예, 지적재산권).

제2편

계약법

[테마 4]　계약의 성립

Ⅰ　계약이란?

　계약이란 당사자의 자유의사에 의한 법적 의미를 가진 합의를 말한다. 계약은 당사자가 일치해야 하고(주관적 합치), 계약내용의 본질적 부분이 일치(객관적 합치)해야 한다. 사람과 내용에 있어 완전한 합의가 계약이다. 대표적인 채권발생 원인(법률요건)이다.

계약 = 약속 = 합의

〈관련 판례〉
계약이 성립하기 위하여는 당사자 사이에 의사의 합치가 있을 것이 요구되고 이러한 의사의 합치는 당해 계약의 내용을 이루는 모든 사항에 관하여 있어야 하는 것은 아니나 그 본질적 사항이나 중요사항에 관하여는 구체적으로 의사의 합치가 있거나 적어도 장래 구체적으로 특정할 수 있는 기준과 방법 등에 관한 합의는 있어야 한다(대법원 2001. 3. 23. 2000다51650).

　따라서, 의식적이든 무의식적이든 계약의 본질적 내용에 불합의가 있다면 계약은 성립하지 않는다(무효). 계약의 본질은 합의이며 약속이다.

누구(계약 대상의 자유)와 어떤 내용(내용의 자유)의 계약을 할 것인지는 권리주체의 자유영역에 속하며 국가가 간섭할 수 없는 것이 원칙이다(계약자유의 원칙). 따라서 계약의 종류는 제한이 없다. 이 순간에도 수많은 사람이 수많은 내용의 합의를 하고 있다. 우리 민법은 이러한 계약자유를 근간으로 발달되어 왔다.

II 약속은 지켜져야 한다

계약 체결은 자유이다. 한편, 이는 동전의 양면이다. 계약에 대한 책임도 평등하다. 즉, 약속(계약)은 자유지만 일단 약속을 하면 책임과 구속의 영역으로 들어간다. 만약 당사자가 약속을 지키지 않으면(계약을 위반하면) 그 약속이행을 위해 당사자는 국가의 강제력을 요청할 수 있다. 참고로 이와 관련된 민사집행법 규정을 소개한다.

> **민사집행법 제5조(집행관의 강제력 사용)** ① 집행관은 집행하기 위해 필요한 경우에는 채무자의 주거, 창고 그 밖의 장소를 수색하고, 잠근 문과 기구를 여는 등 적절한 조치를 할 수 있다. ② 제1항의 경우에 저항을 받으면 집행관은 경찰 또는 **국군**의 원조를 요청할 수 있다.

당사자가 약속을 지키지 않으면 상대방은 법원에 소속된 집행관에게 강제조치(강제집행)를 요구할 수 있다. 저항하면 경찰과 군대의 강제력에 굴복해야 할 수도 있다. 이렇듯 계약은 자유지만, 일단 계약이 성립하면 벗어날 수 없다. 세상은 계약 전후로 자유의 영역과 구속의 영역으로 달라진다. 그래서 계약 성립 시점은 매우 중요하다. 계약이 성립했는지 여부, 성립했다면 언제인지에 모든 신경을 집중해야 한다. 본 테마는 이것을 공부하는 것이다.

1. 계약이 이루어지는 모습(계약 성립 모습)은 크게 3가지

① 청약 + 승낙(민법 제527조~제531조)

② 청약 + 청약(교차청약, 제533조)

③ 청약 + 행위(의사실현에 의한 계약체결, 제532조)

2. 청약의 구속력

청약은 계약 체결을 위한 출발점으로써 계약 내용에 대한 구체적이고 확정적인 의사표시를 말한다. 승낙(OK)만 하면 즉시 효력이 발생할 수 있을 정도로 구체적이며 확정적이어야 한다.

청약이 청약자를 떠나면 승낙자의 영역이다. 승낙여부를 결정하기 위한 시간을 보장해야 하기 때문이다. 따라서 이미 발송한 청약은 청약자가 임의로 철회하지 못한다. 이것을 '청약의 구속력(민법 제527조)'이라 한다.

청약과 구별해야 하는 것이 있는데 바로 '청약의 유인'이다. 청약은 승낙만 있으면 바로 효력이 발생하는 확정적 의사표시라야 하는데, 이러한 청약을 할 수 있는 환경을 제공하는 것을 청약의 유인이라 한다. 예를 들어, 대형 마트 진열대에 상품을 진열해 놓는 것은 청약인가? 아니면 청약의 유인인가? 만약 청약이라면 고객의 승낙만 있으면 즉시 계약이 체결되므로 진열대에 있는 상품을 선택하면 계약이 성립한다. 그러나 이를 청약의 유인이라 본다면 고객이 상품을 선택해 계산대에 놓는 행위가 청약이 되고, 이에 대해 결제하는 행위가 승낙된다. 통상 마트의 상품 진열 행위와 아파트 분양광고는 고객이 상품을 고르기만 하면 즉시 계약이 성립된다기보다 이에 대해 구매하겠다는 고객의 구체적 의사표시를 하도록 유도하는 역할을 하므로 청약의 유인으로 볼 수 있다. 아파트 분양광고의 경우, 이를 청약으로 본다면 이를 보고 모델하우스에 방문하는 행위가 승낙의 의미를 가질 수 있다. 그러나 분양광고를 청약의 유인으로 본다면 고객이 분양받겠다는 의사표시를 하고 이에 대해 분양사가 동의한 경우 계약이 체결된다. 청약과 청약의 유인은 구체적이고 확정적 의사로서 이에 대해 승낙만 하면 즉시 합의(계약)에 이르는지 여부로 판단한다.

3. 승낙적격 안에 도달 못 한 청약의 운명

가. 원칙 : 청약의 실효

청약을 철회하지 못하는 상태에서 언제까지 승낙을 기다려야 하는가? 청약이 승낙을 기다려 주는 기간을 '청약기간', 또는 '승낙적격'이라 한다. 승낙적격 안에 승낙이 오면 계약이 체결된다. 승낙이 승낙적격을 지나 도달한 경우 청약은 실효된다. 즉, 연착된 승낙은 이미 청약이 소멸한 후에 도달한 것이라서 계약은 체결되지 않는다.

승낙적격은 청약자가 청약할 당시 정하는 것이 일반적이다. 청약을 하면서 "1주일 안에 승낙을 주세요"라고 하는 경우이다. 만약 청약자가 구체적으로 승낙적격을 정하지 않는 경우를 대비해 우리 민법은 '상당한 기간'을 승낙적격으로 한다고 규정하고 있다. 상당한 기간은 청약의 내용에 따라 다양하게 결정되며 사건이 발생했을 때 법원이 결정한다.

나. 예외 : 사고연착 모델

연착된 승낙으로는 계약을 체결시킬 수 없다. 여기에 중대한 예외가 있다. 즉 승낙이 연착되었지만 계약이 체결되는 경우가 있다. 이른바 '사고연착' 모델이다.

'사고연착'이란, 승낙자가 충분한 시간을 두고 승낙을 발송했기 때문에 통상의 경우라면 승낙적격 안에 도달해야 하지만, 어떤 이유인지 승낙이 늦게 배달되어 승낙기간을 넘긴 경우를 말한다. 승낙자는 당연히 승낙이 제때 도달되었다고 생각하는데(계약체결), 청약자의 입장에서는 청약이 실효된 다음에 승낙이 도달한 것이다(계약무산). 이렇게 계약이 체결되었는지 여부에 대해 당사자 사이에 다른 생각을 할 수 있어 이를 바로 잡을 필요가 있다.

이러한 사고연착 모델에 있어서 우리 민법은 '계약체결'을 선택하였다. 즉, 승낙이 연착되었음에도 불구하고 이상 없이 계약이 체결되는 예외적 경우이다. 단, 청약자가 승낙자에게 연착통지를 하면 계약이 체결되지 않는 예외를 두었다.

정리하면,
사고연착 모델에서는 비록 승낙이 승낙적격을 지나 지연도달 되더라도 청약은 실효되지 않고 무사히 계약이 성립한다. 청약자가 계약 성립을 막으려면 승낙자에게 지연통지를 해야만 한다. 지연통지를 하지 않은 이상 계약은 성립해 버린다는 점을 잘 정리하자.

주의할 것은, 이렇게 청약자에게 승낙지연 통지를 해야 하는 상황은 '사고연착'이라는 비정상적인 상황에 국한된 것이라는 점이다. 사고연착 모델이 아닌 일반적 상황에서는 연착된 승낙은 청약이 실효된 이후에 도달된 것으로서 효력이 없다.

4. 승낙의 재활용

가. 연착된 승낙

승낙적격이 지난 승낙은 이미 청약이 실효된 이후이므로 계약체결의 효과는 없다. 승낙에 대응하는 청약이 이미 소멸했으므로 합의란 것이 있을 수 없다. 다만 청약자가 이를 새로운 청약으로 보고 이에 대해 승낙의 의사표시를 하면 계약이 체결된다. 결국 합의에 도달했기 때문에 그 시점에 계약은 체결된 것이다.

나. 변경된 승낙

내용을 변경한 승낙도 계약체결의 효력은 없다. 계약체결은 위한 승낙은 청약의 내용 그 대로 합의하는 내용이라야 하기 때문이다. 그러나 변경된 승낙에 대해 청약자가 마음에 든다면 이를 새로운 청약으로 보고 동의한다는 내용의 승낙을 하면 계약은 체결된다. 변 경된 내용에 대해 합의가 이루어졌기 때문에 계약이 체결된 것이다.

Ⅳ 계약체결 시점

1. 청약 + 승낙에 의한 계약 성립

합의(계약)는 최소 두 사람 이상을 전제로 하는데, 두 사람이 마주본 상태에서는 청약이 나 승낙 또는 행위를 표시하는 즉시 상대방이 인식한다. 법적으로는 의사표시가 '발송' 즉 시 '도달' 한다고 표현한다. 이렇게 발송 즉시 도달하는 상황(서로 대화하는 사이라고 하여 '대화자'라 한다)에서는 승낙하는 순간 합의가 되므로 특별히 합의시점이 문제될 일은 없 다.

그러나 멀리 떨어져서 의사표시를 하는 경우에는 의사표시의 '발송'과 '도달'에 시차가 발생한다. 이를 위 '대화자'와 구별하여 '격지자'라고 표현한다. 이때는 승낙자가 승낙한 때 와 승낙이 청약자에게 도달할 때 중 언제를 합의시점으로 삼을지 문제될 수 있다.

이에 대해 우리 민법은 다음과 같이 규정하고 있다.

"격지자간의 계약은 승낙의 통지를 발송한 때에 성립한다(민법 제531조)"

의사표시 효력은 원칙적으로 도달주의에 따른다. 즉 모든 의사표시는 상대방에게 도달된 경우 효력이 발생한다는 것이다. 하지만 승낙은 독특하다. 승낙은 그 의사표시가 발송된 때 효력(계약 성립)이 발생한다. 이러한 독특한 몇 개의 예외가 우리 민법에 존재한다. 등장할 때마다 체크하여 정리할 필요가 있다.

주의할 것이 있다. 계약의 체결여부와 체결시점은 다른 문제라는 것이다. 승낙이 승낙적격 안에 청약자에게 도달해야 계약이 체결된다. 다만 계약체결 시점은 그 승낙이 발송된 순간이다. 이를 법률적 용어로 표현하면 다음과 같다.

"계약은 승낙이 승낙적격 안에 도달하지 못한 경우를 해제조건으로 하여
승낙 발송 시에 성립한다."

따라서, 계약이 성립했는지 확인하려면 승낙이 승낙기간 내에 청약자에게 도달했는지만 보면 된다. 계약이 언제 성립했는지 그 시점을 확인하려면 승낙 발송 시를 확인하면 된다.

2. 청약 + 청약에 의한 계약 성립(교차청약)

당사자가 동일한 내용으로 서로 청약한 경우 **각 청약이 상대방에게 도달한 시점**에 계약이 성립한다. 그 시점에 '합의'가 확인되었기 때문이다.

부동산매매계약에서 매도인이 매수인에게 자기 주택을 1억에 팔겠다는 청약을 우편물로 보냈는데, 이를 모르는 매수인도 매도인에게 같은 주택을 1억 원에 사겠다는 청약을 보냈다면, 계약 당사자와 계약 내용이 동일하므로 각 청약이 상대방에게 도달하면 별도의

승낙이 없더라도 합의가 이루어진 것이다. 계약체결 시점은 서로의 청약이 상대방에게 각각 도달된 시점이다.

3. 청약 + 행동에 의한 계약 성립(의사실현에 의한 계약)

청약자의 의사표시나 관습에 의하여 승낙의 통지가 필요하지 아니한 경우에는 계약은 승낙의 **의사표시로 인정되는 사실(행동)이 있는 때**에 성립한다. 부동산매매계약의 예에서 매수인이 매도인에게 주택을 1억 원에 사고 싶다고 청약했는데 매도인이 별도의 승낙은 없이 소유권이전등기 서류를 매수인에게 제공한 경우 계약이 체결된 것으로 본다.

[계약 성립 연습 사례]

김변서당 총무 추봉균은 2019년 5월 1일 김변서당 1기 김세기에게 김세기가 소유하고 있는 평창 주택을 1억 원에 사고 싶은데 만약 동의하면 제안서를 받은 후 1주일 이내에 회신해 달라는 우편물을 발송하였다. 그 우편물은 다음날인 2019년 5월 2일 김세기에게 도달했다. 김세기는 고민 끝에 2019년 5월 9일 청약에 동의하는 내용증명을 발송했고, 이는 2019년 5월 10일 추봉균에게 도달했다.

→ 문제 : 승낙적격은 언제인가? 계약은 체결되었나?
→ 설명 : 2019년 5월 1일부터 1주일 이내에 회신해 달라고 했으므로, 1주일이 되는 2019년 5월 9일이 승낙적격이다. 이 기간 안에 승낙이 도달하면 계약은 성립하지만 2019년 5월 10일 도달했으므로 계약은 성립하지 않았다.

위 사례1에서 다른 모든 사실은 변동 없다는 가정 하에 김세기가 승낙의 의사표시를 청약 받은 날인 2019년 5월 2일 빠른등기 우편으로 발송했다면(2019. 5. 10.도달).

→ 문제 : 계약은 성립하였나? 언제 체결되었나?

→ 설명 : 2019년 5월 2일 빠른 등기로 우편을 발송하면 통상 하루 안에 상대방에게 도달한다. 그렇다면 승낙적격인 2019년 5월 9일 안에 충분히 도달할 수 있도록 발송했음에도 지연 도착된 경우이므로 이른바 **'사고연착'** 모델에 해당한다. 따라서 이 경우에는 계약이 체결된 것이며, 계약이 체결된 시점은 '승낙 발송 시'인 2019년 5월 2일이다. 추봉균이 계약체결을 막기 위해서는 김세기에게 승낙이 연착된 사실을 통지해야 한다.

38. 불특정 다수인에 대한 승낙은 효력이 없다.[38]

39. 청약자가 청약에 "일정기간 내에 이의를 제기하지 않으면 승낙한 것으로 본다."는 뜻을 표시한 경우, 그 기간이 지나면 당연히 그 계약은 성립한다.[39]

40. 격지자 간의 계약에서 청약은 그 통지가 상대방에게 도달한 때에 효력이 발생한다.[40]

41. 청약은 상대방 있는 의사표시이므로 청약할 때 상대방이 특정되어야 한다.[41]

42. 청약은 효력이 발생하기 전에는 철회할 수 있다.[42]

43. 승낙기간을 정하지 않은 청약은 청약자가 1주일 이내에 승낙의 통지를 받지 못하면 효력을 잃는다.[43]

44. 교차청약의 경우 2번째 청약이 상대에게 도달된 때에 계약이 성립한다.[44]

45. 연착된 승낙은 언제나 계약 성립의 효력이 없다.[45]

46. 통상적인 경우라면 승낙기간 내에 도달했을 발송인 때에는 청약자는 지체 없이 연착의 통지를 해야 하며, 연착의 통지를 하지 않으면 계약은 성립하지 않는다.[46]

47. 청약자가 청약의 의사표시를 발송한 후 제한능력자가 되면 청약은 효력을 잃는다.[47]

48. 청약은 청약의 유인과 달리 승낙만 하면 즉시 계약이 체결될 수 있을 정도로 구체적이고 확정적인 의사표시이다.[48]

---

38 O : 승낙은 청약자에 대해 해야 한다.

39 X : 승낙자의 승낙의 자유를 박탈하므로 이러한 형태의 청약은 인정되지 않는다.

40 O : 일부 예외를 제외하면 모든 의사표시는 도달 시에 효력이 발생한다. 청약의 의사표시도 마찬가지다. 일부 예외 중 하나가 바로 '승낙'의 의사표시다. 승낙은 '발송' 시에 계약체결의 효력이 있다. 문제에서는 '청약'의 효력을 묻고 있으므로 일반론에 따라 의사표시 도달 시 효력이 발생한다.

41 X : 승낙과 달리 청약은 불특정 다수인에 대한 청약도 가능하다.

42 X : 청약의 구속력

43 X : '상당한 기간' 안에 승낙을 받지 못하면 청약은 실효된다.

44 O

45 X : 사고연착 모델의 경우 승낙이 연착 되더라도 계약이 성립한다.

46 X : 계약이 성립한다. 연착 통지는 계약 성립을 막기 위해 하는 것이다.

47 X : 의사표시는 효력 발생 당시 유효하면 그 이후 표의자의 상태(제한능력자가 되거나 심지어 사망하더라도)에 영향을 받지 않는다. 표의자를 떠난 의사표시는 더 이상 표의자의 영역이 아니다.

48 O

49. 계약의 본질적 내용에 대해 무의식적 불합의가 있는 경우 계약을 취소할 수 있다.[49]

50. 격지자간의 계약은 승낙의 의사표시가 청약자에게 도달할 때 성립한다.[50]

51. 갑과 을이 모두 A토지에 대해 매매계약을 체결하면서 계약서에 B라고 표시한 경우 A 토지에 대한 계약이 성립한다.[51]

---

49 X : 계약 = 합의. 의식적인 경우는 당연하고 무의식적인 불합의라도 합의가 없다면 계약은 없는 것이다(무효). 일단 계약이 유효하게 성립한 후 취소할 수 있는 경우가 아니라 처음부터 계약은 성립하지 않는다.

50 X : 승낙발송 시 성립

51 O : A토지에 대한 합의가 이루어졌으므로 B로 잘못 표시된 것은 합의에 영향을 미치지 않는다. 계약의 본질은 '합의'이다. 합의가 있는 이상 표시의 잘못으로 인한 영향은 없다. 같은 논리로 표시가 일치하더라도 실질적으로 합의가 없으면 계약은 무효이다.

I 민법상 15개 전형계약

1. **제554조(증여)** 일방이 재산을 상대방에게 <u>무상으로 증여하고 상대방이 동의</u>

2. **제563조(매매)** 일방이 재산권을 상대방에게 이전, 상대방이 대금지급 약정

3. **제596조(교환)** 쌍방이 금전 이외의 재산권을 <u>상호이전할 것을 약정</u>

4. **제598조(소비대차)** 일방이 금전 등 대체물의 **소유권을 이전**하고 상대방은 같은 종류, 품질 및 수량으로 반환할 것을 약정

5. **제609조(사용대차)** 일방이 상대방에게 <u>무상으로 사용, 수익</u>하게 하기 위한 목적물을 인도하고 상대방은 사용, 수익한 후 **그 물건**을 반환할 것을 약정

6. **제618조(임대차)** 일방이 상대방에게 목적물을 사용, 수익하게 하고 상대방이 이에 대하여 차임을 지급할 것을 약정

7. **제655조(고용)** 일방이 <u>노무를 제공</u>하고 상대방이 보수지급 약정

8. **제664조(도급)** 일방이 어느 일을 완성하고 상대방이 그 일의 결과에 보수지급 약정

9. **제674조의2(여행계약)** 한쪽이 상대방에게 운송, 숙박, 관광 그 밖의 여행 관련 <u>용역</u>을 결합하여 제공하고 상대방이 그 대금을 지급하기로 약정

10. **제675조(현상광고)** 광고자가 어느 행위를 한 자에게 일정한 보수를 지급할 의사를 표시하고 이에 응한 자가 광고에 정한 행위를 **완료**

11. **제680조(위임)** 일방이 사무의 처리를 위탁하고 상대방이 승낙

12. **제693조(임치)** 일방이 금전 기타 물건보관을 위탁하고 상대방이 승낙

13. **제703조(조합)** 2인 이상이 상호출자 하여 공동사업을 경영할 것을 약정

14. 제725조(종신정기금) 일방이 자기, 상대방 또는 제삼자의 <u>종신까지 정기로 금전 기타</u>의 물건을 상대방 또는 제삼자에게 지급할 것을 약정

15. 제731조(화해) 당사자가 <u>상호양보</u>하여 <u>분쟁을 종지</u>할 것을 약정

계약체결은 자유의 영역이다. 사적자치원칙에 의해 각 개인의 의사합치만 있으면 성립되므로 계약의 종류를 한정하는 것이 큰 의미가 없을 수 있다. 실제 오늘도 헤아릴 수 없을 정도의 다양한 종류의 계약이 체결되고 소멸되기를 반복하고 있다.

다만 위에 열거한 것처럼 우리 민법에는 15개의 계약을 예시로 들고 있다. 표준적 형태라는 의미로 '전형계약', 또는 이름이 있는 계약이라는 의미로 '유명계약(有名契約)'이라 부른다.

이 15개의 계약은 매우 오래전부터 법에 규정된 것이 많아 현재의 법률상황에 맞지 않는 경우가 있고, 새로 만들어진 특별법이 우선되어 사문화된 경우도 있다. 어디까지나 계약의 이해를 위한 재료일 뿐 이것이 계약의 전부도 아니고 이 또한 법에 정해진 틀에 구속될 필요가 없다(내용을 변형할 수 있다는 뜻이다). 따라서 본 테마에서는 실제 계약의 종류를 논하기보다 민법상 15개 전형계약을 재료 삼아 계약을 성질에 따라 분류하는 형태로 공부한다.

전형계약은 매우 오래전부터 법에 규정된 것이 많아 현재의 법률상황에 맞지 않는 경우가 있고, 새로 만들어진 특별법이 우선되어 사문화 된 경우도 있다. 다만 계약법리를 이해하는 재료로는 활용도가 높으므로 우선 전형계약을 중심으로 계약법을 공부하고, 그 종류가 무한대인 일반계약(무명계약)을 분석하는 능력을 키우면 된다.

자, 이제 15개 전형계약을 그 특성에 따라 분류해 보자.

1. 유상계약(↔ 무상계약)

계약의 내용에 재산상 지출이 필요한 계약을 유상계약이라 한다. 즉, 계약의 내용이 서로 대가(代價)를 치르는 형태를 말한다. 무상계약의 반대이다.

가. 전형계약 중 유상계약(대가를 치르는 계약)
→ 유상계약은 담보책임[테마 10 참조] 법리가 적용된다.

매매(재산권 ↔ 돈), 교환(재산권 ↔ 재산권), 임대차(물건사용 ↔ 차임), 고용(노무 ↔ 돈), 도급(일의 완성 ↔ 돈), 여행계약(용역 ↔ 돈), **현상광고(광고에 응하는 행위 ↔ 보수)**, 조합(출자 ↔ 출자), 화해(양보 ↔ 양보)

[위 대가가 서로 견련관계(어깨를 나란히 하는 관계)로서 발생과 소멸이 연동되는 계약을 쌍무계약이라 하고, 그렇지 않은 경우를 편무계약이라 한다. 위 유상계약 중 현상광고를 제외한 모든 계약은 쌍무계약이다. 쌍무계약은 아래 제2항에서 추가로 설명한다.]

나. 전형계약 중 무상계약(대가 없는 일방적 지출)

1) 증여 : 증여를 유상으로 하면 매매가 되어 계약의 성격이 바뀐다. 따라서 증여계약은 반드시 무상계약일 수밖에 없다. 한편, 부담부증여라는 것이 있다. 증여를 하되 일정한 부담을 부여하는 것이다. 부모가 자식에게 부양의 부담을 안기면서 재산을 증여하는 경우 등이다. 부담부증여는 담보책임의 적용에 있어서 유상계약과 동일하게 취급한다.
2) 사용대차 : 사용대차 계약을 유상으로 하면 임대차가 된다. 따라서 사용대차 계약은 반드시 무상계약일 수밖에 없다.

다. 무상으로 규정되어 있지만 유상계약이 가능한 경우

– 소비대차, 위임, 임치, 종신정기금

2. 쌍무계약(↔ 편무계약)
→ 동시이행항변권[테마 6]과 위험부담[테마 7] 법리가 적용된다.

유상계약 중 각 지출이 서로 대가적 관계인 경우 이를 쌍무계약이라 하고 대가적 관계가 아닌 경우를 편무계약이라 한다. 예를 들어 매매의 경우 재산권과 돈은 서로 대가관계이므로 쌍무계약이다.

대부분의 유상계약은 쌍무계약이며 편무계약인 경우는 그 예를 찾기 힘들다. 그 찾기 힘든 것이 민법상 전형계약 중 하나가 들어 있다. 바로 '현상광고'이다. 매우 특이한 경우이며 그 실효성을 떠나 계약법을 학습함에 있어서는 매우 중요한 도구로 사용되는 것이 현실이다. 편무계약이면서 유일한 유상계약이기 때문이다.

유상계약은 쌍무와 편무를 포함한 개념이다. 따라서 모든 쌍무계약은 유상계약이다. 그러나 모든 유상계약이 쌍무계약인 것은 아니다. 현상광고라는 예외가 존재하기 때문이다.

3. 낙성계약(↔ 요물계약)

합의만 있으면 성립하는 계약이 낙성계약이다. 낙성계약과 달리 계약 성립에 있어 합의 이외에 일정한 급부가 있어야 하는 계약을 요물계약이라 한다.

대부분의 계약은 합의만으로 성립한다. 즉, 낙성계약이 원칙이다. 그런데 민법상 전형계약에 요물계약이 하나 존재하는데, 바로 '현상광고'이다.

['현상광고'는 유상계약이면서 편무계약이라는 예외와, 요물계약이라는 예외적 특성을 모두 가지고 있는 독특한 계약이다. 계약의 종류를 묻는 시험에 자주 출제되는 이유이다.].

전형계약은 아니지만 우리 민법에는 '계약금 계약'이란 것이 있다. 계약금 계약은 합의 이외에 '계약금'을 주고받았을 때만 성립하므로 요물계약이다[테마 11에서 상세히 설명].

4. 계속적계약(↔ 일시적계약)

채무이행이 일정기간 계속되는 경우 계속적 계약이라 한다. 전형계약 중에는 소비대차, 사용대차, 임대차, 고용, 위임, 임치 등이다. 일시적 계약은 해제되었을 경우 주고받은 급부를 상호 원상회복하는 방법으로 처리한다. 그러나 계속적 계약은 계약파기 시 원상회복이 아니라 앞으로 이루어질 의무이행만 중단한다. 따라서 계속적 계약은 일시적 계약의 '해제'와 구별하기 위해 '해지'라고 표현한다.

5. 예약(↔ 본계약) : 본계약을 체결을 약속하는 채권계약

예약도 합의에 의한 것이므로 일반 계약과 동일한 계약의 하나이다. 다만 그 계약의 내용이 특수하다. 본계약을 별도로 체결할(청약과 승낙) 의무를 만들어 내는 계약이며, 이를 본계약과 구별해 '예약'이라고 표현하는 것이다. 본 계약을 체결할 행위가 계약의 목적이므로 명백히 행위(채)청구권이 발생한다. 따라서 예약은 필연적으로 채권계약이 될 수밖에 없다.

〈전형계약의 분류〉

비전형	순번	계약	전형계약(현상광고 제외 모두 낙성계약)	유상		무상	요물
			내용	쌍무	편무		
∞	1	증여	재산권 무상제공 합의			0	
	2	매매	재산권 유상제공 합의	0			
	3	교환	금전 이외 재산권 서로 이전 합의	0			
	4	소비대차	금전 기타 대체물 소유권이전 후 동종, 동량, 동질 물건 반환 합의	△			
	5	사용대차	목적물 사용인도 및 반환 합의			0	
	6	임대차	유상 사용대차	0			
	7	고용	노무 유상 제공 합의	0			
	8	도급	일의 완성과 보수제공 합의	0			
	9	여행	여행용역과 보수제공 합의	0			
	10	현상광고	광고자가 행위완료자에게 보수 지급 의사표시 + 이에 따른 행위완료시 성립		0		0
	11	위임	사무처리 위탁 합의	△			
	12	임치	물건보관 합의	△			
	13	조합	2인 이상 상호출자(동업)	0			
	14	종신정기금	금전기타 대체물 종신까지 지급 약정	△			
	15	화해	서로 양보하여 분쟁종결 합의	0			

△ : 민법규정은 무상계약처럼 규정되어 있지만 유상계약이 가능한 경우이며, 유상계약으로 체결할 경우 쌍무계약이 된다.

52. 부동산매매계약은 유상, 요물계약이다.[52]

53. 모든 쌍무계약은 유상계약이다.[53]

54. 부동산교환계약은 무상, 계속적계약이다.[54]

55. 예약은 채권계약이다.[55]

56. 모든 유상계약은 쌍무계약이다.[56]

57. 전형계약 중 요물계약은 현상광고뿐이다.[57]

58. 사용대차는 언제나 무상계약이다.[58]

59. 부담부증여도 담보책임 법리가 적용된다.[59]

60. 모든 쌍무계약에는 담보책임 법리가 적용된다.[60]

61. 부동산 중개계약은 민법상 전형계약이다.[61]

62. 임대차계약은 일시적 계약이다.[62]

63. 증여계약은 편무, 유상계약이다.[63]

64. 사용대차가 유상성을 가지면 임대차가 된다.[64]

---

52 X : 유상, 낙성계약이다.

53 O

54 X : 유상, 일시적 계약이다.

55 O : 계약체결을 위한 행위청구권을 목적으로 하는 계약이므로 필연적으로 채(행위)권계약이다.

56 X : 유상이지만 편무계약인 경우가 있다(현상광고).

57 O : 전형계약은 아니지만 '계약금계약'도 요물계약이다.

58 O : 사용대차를 유상으로 하면 임대차계약이 되므로 사용대차는 필연적으로 무상계약일 수밖에 없다.

59 O : 증여는 무상계약이므로 담보책임이 적용되지 않지만, 부담부증여는 특성상 유상계약처럼 취급하여 담보책임이 적용된다.

60 O : 모든 쌍무계약은 유상계약이므로 담보책임이 적용된다. 그 이외에 쌍무계약 자체에 적용되는 동시이행항변권과 위험부담 법리도 적용된다.

61 X : 15개 전형계약 중 중개계약은 없다.

62 X : 계속적 계약이다.

63 X : 무상계약

64 O

[이해를 위한 사례]

김변서당 총무 추봉균과 1기 김세기는 김세기가 소유하고 있는 평창 주택을 1억 원에 매매하는 계약을 체결하였는데 그 내용은 다음과 같다.

- 계약체결일 : 2019년 8월 1일
- 계약금 : 1천만 원, 계약 당일 지급
- 중도금 : 4천만 원(지급일 : 2019년 10월 1일)
- 잔금 : 5천만 원(지급일 : 2019년 12월 1일)
- 소유권이전서류 : 위 잔금일 교부

추봉균은 계약 당일 계약금을 지급한 후, 잔금지급일까지 중도금을 지급하지 못했다.

잔금지급일이 1달 지난 2019년 12월 30일 현재 주장 정리
김세기 : 중도금과 잔금을 모두 가져오기 전에는 소유권을 주지 않겠다.
추봉균 : 소유권 주기 전에는 중도금과 잔금을 모두 주지 않겠다.
김세기 : 잔금은 소유권이전서류와 동시이행 해도 되지만 중도금은 이미 변제기가 지났으므로 먼저 지급해야 하고, 그렇지 않으면 중도금에 대한 지연이자가 계속 발생된다.

누구의 말이 맞는가?

영화 등에 보면 은밀한 거래를 하는 사람들 사이에 각 가방을 놓고 말을 건네는 장면이 있다. "물건은 준비됐겠지?" "돈은 준비됐겠지?" 그리고는 가방을 동시에 건네받는다. 동시이행항변의 이미지를 떠올리기 좋은 장면이다.

쌍무계약에 있어 대가관계에 있는 의무가 모두 변제기에 있는 경우, 내 의무만 일방적으로 강요받지 않을(이행지체 책임을 지지 않을) 권능이 동시이행항변권이다.

> **제536조(동시이행의 항변권)** ① 쌍무계약의 당사자 일방은 상대방이 그 채무이행을 제공할 때까지 자기의 채무이행을 거절할 수 있다. 그러나 상대방의 채무가 변제기에 있지 아니하는 때에는 그러하지 아니하다. ② 당사자 일방이 상대방에게 먼저 이행하여야 할 경우에 상대방의 이행이 곤란할 현저한 사유가 있는 때에는 전항 본문과 같다.

동시이행항변권은 쌍무계약의 대표적인 효과로서 동일한 계약에서 발생한 대가관계에 성립한다. 다만 동일한 계약이라도 동시이행항변권을 배제하는 합의가 가능하고, 다른 계약에 의하더라도 동시이행약정을 추가하는 것도 가능하다.

쌍무계약에서 대가관계에 있는 급부는 어느 한쪽이 소멸하면 같이 소멸하고 어느 한쪽만 일방적으로 이행을 강요받지 않는 효과가 있다. 쌍무계약인 부동산매매를 예로 들면, 부동산의 소유권이전과 매매대금은 서로 대가관계이자 동시이행관계이다. 소유권이전 의무가 사라지면 대금지급 의무도 사라지고, 자신의 의무를 이행하지 않은 상태에서 상대방의 의무만 일방적으로 요구할 수 없다.

1. 채무불이행(이행지체) 책임 면제

동시이행 상태에서는 비록 자기 채무가 변제기가 지났더라도 이행지체의 책임(지연손해, 계약해제)을 지지 않는다. 즉, 동시이행 상태에서는 ① 지연손해는 면제되고 ② 상대방의 계약해제권은 차단된다. 이행지체가 되면 상대방은 상당한 기간 이행을 최고한 후 계약을 해제할 수 있다. 따라서 이행지체는 계약해제로 가는 길목에 해당한다. 이행지체 책임이 없다는 것은 계약해제로 가는 길목도 차단된다는 의미이다. 계약해제에 대해서는 [테마 8]에서 다룬다.

부동산매매계약의 예를 들면, 매도인은 매수인에 대해 소유권등기이전 및 인도의무를 부담하고, 매수인은 매도인에 대해 매매대금지급의무를 부담한다. 매매대금은 통상 계약금, 중도금, 잔금 순으로 변제기가 나눠진다.

위 각 당사자의 의무 중 먼저 변제기가 도래하는 의무는 그 기간이 지나면 이행지체 책임을 진다. 구체적으로 매매대금에 대한 지체책임은 이자상당의 금전이 되겠고, 소유권등기이전 및 인도의무에 대한 지체책임은 임대료 상당의 금전일 것이다. 그러나 어느 한쪽이 아니라 양 당사자의 의무가 모두 변제기를 지나면 이러한 지체책임이 중단된다. 대금에 대한 이자나 임대료 상당의 금전을 서로 지급할 의무가 없다. 이것이 동시이행항변권의 효과다. 이러한 변제기 요건의 예외가 '불안의 항변권'이다(아래 'III-2항' 참조).

2. 상계차단

동시이행채권을 자동채권으로 상계하는 것은 금지된다. 상계는 상대방과 사이에 변제기나 액수가 동일한 채권을 서로 상쇄시키는 것을 말하는데, 상대가 동시이행항변을 행사할 수 있는 나의 채권을 상계의 방법으로 소멸시킬 수 없는 것이다. 상계에서 내가 소멸시키고자 하는 채권을 자동채권이라 하므로, 상대방의 동시이행항변권이 붙은 채권을 자동채권으로 상계하는 것을 금지한다고 표현한다.

예를 들어, A가 B에게 자기 토지를 1억 원에 매도한 경우, A는 B에게 소유권이전의무를 부담하고 B로부터 매매대금을 수령할 채권이 있다. 이는 서로 동시이행 관계에 있다. 그런데 위 매매와 별도로 A가 B에게 갚아야 할 채무 5천만 원이 있다면 A의 입장에서는 자신이 B에게 가지고 있는 매매대금 청구권 1억 원(자동채권) 중에서 자신의 채무 5천만 원을 상계하고 5천만 원만 달라고 하는 경우를 생각할 수 있을 것이다. 이것이 금지된다는 것이다. 왜냐하면, B는 소유권이전서류를 받을 때까지 1억 원의 지급을 거부할 권리(동시이행의항변권)가 있다. 그런데 소유권이전서류를 받지 못한 상태에서 5천만 원을 상계 당하면 5천만 원에 해당하는 항변권을 상실하게 되기 때문이다. 구체적으로는 5천만 원에 대한 지연이자 상당의 손해가 될 것이다. A가 이를 상계하기 위해서는 자신의 소유권이전의무를 이행하여 동시이행관계를 해소한 다음에 해야 한다.

자동채권의 반대는 수동채권이다. 나의 동시이행항변권이 붙은 상대방의 채권은 내 입장에서 수동채권이 된다. 상대방은 내 동시이행항변권을 소멸시킬 수 없으나 나 스스로 동시이행항변권을 포기할 자유는 있다. 즉, 채무자가 동시이행항변을 포기하고 수동채권으로 상계하는 것은 가능하다. 위의 예에서 B가 동시이행항변이 붙은 매매대금 지급의무 1억 원에서 자신이 받을 5천만 원의 권리와 상계하는 것은 가능하다. 스스로 동시이행항변권을 포기하는 것은 자유이다.

3. 행사 방법

동시이행의 효과는 특별히 행사하지 않더라도 자동으로 발생한다. 동시이행상태인지 여부를 상대방에게 알리거나 동시이행의 효과를 특정해 밝힐 필요가 없다. 다만 민사재판

절차에서는 변론주의 원칙상 동시이행항변권을 주장하지 않으면 법관이 판단할 수 없으므로 반드시 주장하고 변론해야 한다.

법원에서 동시이행항변 주장을 받아들인 경우 항변권의 효과로서 원고 청구가 기각(원고패소)되는 것이 아니라 일부승소 판결을 한다(선고 주문 : "피고는 원고로부터 소유권이 전등기 서류를 교부 받음과 동시에 매매잔금을 지급하라").

Ⅲ 내용

1. 동시이행관계의 동일성 유지

동시이행 관계의 채권 채무는 동일한 당사자 사이에 얽혀 있다. 계약 당사자가 변경되면 변경된 당사자에게 얽혀 있는 채권 채무도 그대로 이전되어 동시이행 상태는 유지된다.

한쪽 채무가 소멸하면 상대 채무도 소멸하므로 동시이행 상태가 깨지지만, 만약 소멸한 채무가 손해배상 채무 등 다른 채무로 변하면 그 채무와 사이에 동시이행 상태가 유지된다.

2. 변제기의 문제(불안의 항변권)

동시이행항변을 주장하려면 채무가 변제기에 있어야 한다. 변제기에 도달하지 않은 채무를 당장 이행하라고 할 수는 없기 때문이다. 나의 채무가 먼저 변제기에 도달했다면 상대방에게 동시이행을 주장하지 못하고 내 채무를 선이행해야 한다.

이러한 변제기 요건에 예외가 있다. 내가 먼저 채무를 이행하더라도 상대방이 나중에 자신의 채무를 이행하지 못할 현저한 이유가 있을 때는 비록 상대방의 채무가 변제기에 도달하지 않았더라도 동시이행을 주장할 수 있다. 이를 '불안의 항변권'이라 한다.

3. 선이행 의무자의 동시이행 항변권

통상 부동산매매계약에서는 계약금, 중도금, 잔금 순으로 변제기를 설정하고 잔금 지급 시 소유권이전 서류를 교부하는 방식으로 약정한다. 그렇다면 잔금지급과 소유권등기 이전서류 교부는 동시이행관계가 된다. 계약서에 명시적으로 약정하지 않더라도 우리 대법원은 잔금지급과 소유권등기 이전서류 교부를 동시이행관계로 판단하고 있다.

한편, 계약금은 계약 시 지급했다고 가정할 때 주로 중도금 지급의무는 매도인의 소유권 이전 의무와 동시이행 관계가 아니다. 즉, 매수인은 정해진 변제기에 중도금을 지급해야 하고, 만약 불이행하면 지연손해금과 계약해제의 위험이 발생한다. 그런데 계약해제가 되지 않은 상태에서 잔금지급기일에 도달한 경우는 문제가 복잡하다.

잔금지급의무가 소유권이전의무와 동시이행 관계라는 사실은 분명하다. 그러나 이미 이행지체였던 중도금은 어떠한가? 매도인이 여전히 자신의 소유권이전서류 교부를 거부하면서 중도금의 선지급을 요구할 수 있는가? 아니면 중도금도 잔금과 함께 동시이행의 관계에 들어가 이행지체 책임이 중단되는가?

이에 대해 우리 대법원은 비록 계약금과 중도금의 지급을 지체했더라도 일단 잔금지급일에 도달하면 그 전체가 동시이행관계에 들어와 소유권이전서류를 제공받기 전에는 더 이상 지체책임을 부담하지 않는다는 입장이다. 지연손해나 계약해제 등 매우 중요한 쟁점과 연결되므로 반드시 기억해 두자.

4. 동시이행관계 해소

동시이행관계에 있으면 변제기를 지나더라도 이행지체 책임을 지지 않는다. 이행지체 책임은 지연손해금 발생과 계약해제 등이다. 따라서 계약을 속히 진행하려는 쪽은 동시이행관계를 해소하기 위해 상대방을 이행지체 상태로 만들어야 한다. 이렇게 동시이행 관계를 해소하고 상대를 이행지체 상태로 만들기 위해서는 그것과 팽팽하게 엮인 나의 채무를 이행하면 된다.

채무의 이행은, '이행의 제공'이라는 행위와 상대방의 '수령'행위가 결합한 것을 말한다. 문제는 상대가 수령하지 않고 버티는 경우다. 이때는 나의 이행행위 즉 '이행의 제공'만 있으면 동시이행 관계는 깨지고 상대는 이행지체 상태로 진입한다. 부동산매매계약에 있어 이행의 제공이란, 매도인의 입장에서는 소유권이전등기 서류를 준비하여 등기대행 사무소에 비치하고 통지하는 등의 행위이고, 매수인의 입장에서는 매수대금을 준비하였으니 언제든 지급할 수 있도록 계좌번호 등을 달라고 요구하는 행위가 될 것이다.

주의할 점은, 이행의 제공은 계속되어야 하고 만약 이행의 제공을 중단하면 상대방은 다시 동시이행관계를 회복하여 지체책임을 부담하지 않는다. 예를 들어, 법무사 사무실에 등기서류를 맡겨 놓고 상대방에게 통보하였다가 어느 날 다시 그 서류를 회수하는 경우는 이행의 제공이 중단된 것이므로 상대방은 동시이행관계의 보호막을 회복하는 것이다.

목적물이 훼손되는 등 어느 한쪽의 급부가 이행불능되면 동시이행관계는 깨지고 계약관계는 해제나 손해배상으로 처리된다.

1. 법률규정에 의한 예

① 전세권이 소멸 시 전세권자의 목적물인도 및 전세권설정등기 말소의무와 전세권설정자의 전세금반환의무(제317조)

② 계약해제로 인한 雙방의 원상회복의무(제549조, 제583조)

③ 부담부증여에서 雙방의 의무(제561조)

④ 완성된 목적물에 하자가 있는 경우에 수급인의 하자보수의무와 도급인의 보수지급의무(제667조)

⑤ 가등기담보 등에 관한 법률에서 청산금지급채무와 목적부동산의 인도의무(가등기담보법 제4조, 제5조)

2. 판례로 인정되는 경우

① 변제와 영수증교부

- 구별할 것이 변제와 채권증서 교부이다. 채권증서는 반드시 주고받는 것이 아니므로 동시이행이 될 수 없으나, 금전을 수령한 경우 영수증 교부는 의무이므로 동시이행 관계를 인정한다.

② 매수인의 잔대금지급의무와 매도인의 소유권이전등기의무

③ 임대차종료 후 임대인의 임차보증금반환의무와 임차인의 목적물반환의무

- 주택임대차에서 임대인의 임대차보증금 반환의무와 임차인의 임차권등기 말소의무는 동시이행 관계가 아니다. 보증금을 반환받은 후에 임차권등기를 말소하면 되므로 보증금반환이 선이행의무이다.

- 같은 원리로 저당채무 변제와 저당권설정등기 말소의 경우도, 채무를 먼저 변제해야 저당권말소 의무가 발생한다. 따라서 채무변제가 선이행의무이므로 동시이행관계가 될

수 없다.

④ 계약이 무효취소된 경우 부당이득반환의무

⑤ 구분소유적 공유관계가 해소되는 경우 공유지분권자간의 지분이전등기 의무(구분소유적 공유관계의 개념에 대해서는 [테마 27 소유권] 참조)

[동시이행항변권 연습사례 풀이]

제시된 사례에서 누구의 말이 맞는가?

매수인 추봉균의 말이 맞다.

즉, 비록 중도금이 이행지체 중이라도 잔금지급일이 지나는 순간 잔금과 함께 동시이행 관계에 돌입한다. 김세기는 자신의 의무(소유권이전서류 교부)를 이행하지 않은 상태에서 추봉균에게 먼저 잔금은 물론 중도금의 선지급도 요구할 수 없다.

이런 것이 싫었다면 김세기는 중도금이 이행지체 중에 있을 때 계약해제를 했어야 한다. 또한 지금이라도 김세기는 자신의 의무를 이행하여 동시이행관계를 해소하고 추봉균의 중도금 및 잔금지급 의무를 이행지체에 빠트릴 수 있다(지연손해청구, 계약해제 가능).

동시이행의 효과로 인해 중도금에 대한 지연이자는 중도금 지급일 다음 날인 2019년 10월 2일부터 잔금지급일이자 동시이행관계의 경계선인 2019년 12월 1일의 전날(2019년 11월 30일)까지만 발생한다.

65. 동시이행관계에 있는 쌍방의 채무 중 어느 한 채무가 이행불능되어 손해배상채무로 바뀌는 경우, 동시이행의 항변권은 소멸한다.[65]

66. 선이행의무자가 이행을 지체하는 동안에 상대방의 채무의 변제기가 도래한 경우, 특별한 사정이 없는 한 쌍방의 의무는 동시이행관계가 된다.[66]

67. 계약해제로 인한 당사자 상호 간의 원상회복의무는 동시이행관계다.[67]

68. 임차권등기명령에 의해 등기된 임차권등기말소의무와 보증금반환의무는 동시이행관계다.[68]

69. 임대차 종료 후 보증금을 반환받지 못한 임차인이 동시이행의 항변권에 기하여 임차목적물을 점유하는 것은 계약이 종료된 이후의 점유이므로 불법행위가 된다.[69]

70. 동시이행항변권은 당사자의 주장이 없어도 법원이 직권 고려한다.[70]

71. 채권자의 이행청구소송에서 채무자가 주장한 동시이행의 항변이 받아들여진 경우, 채권자는 전부 패소판결을 받게 된다.[71]

72. 동시이행관계에 있는 어느 일방의 채권이 양도되더라도 그 동일성이 인정되는 한 동시이행관계는 존속한다.[72]

73. 일방당사자가 선이행의무를 부담하더라도 상대방의 채무이행이 곤란할 현저한 사유가 있는 경우에는 동시이행항변권을 행사할 수 있다.[73]

74. 변제와 채권증서 반환은 동시이행관계이다.[74]

---

65 X : 변동된 손해배상채무에 그대로 이전되어 유지된다.

66 O

67 O

68 X : 보증금 반환이 선이행의무이다. 보증금 받은 다음 임차권등기를 말소해 주면 된다.

69 X : 동시이행항변권도 권리이고, 권리행사는 불법행위가 되지 않는다.

70 X : 동시이행의 효과는 주장 없이도 되지만, 재판에서는 그 효과를 반드시 변론해야 한다(변론주의).

71 X : 일부승소. 판결주문은 다음과 같다. "피고는 원고에게 매매대금을 받음과 동시에 소유권이전등기 절차를 이행하라."

72 O : 양수한 사람과 사이에 채권채무 관계가 그대로 이전하므로

73 O : 불안의 항변권

74 X : 영수증과 달리 채권증서 교부는 의무가 아니다.

75. 계약이 무효 또는 취소되는 경우 상호 부당이득반환의무는 동시이행관계이다.[75]

76. 동시이행의 항변권을 배제하는 당사자 사이의 특약은 유효하다.[76]

77. 동시이행 관계를 해소하기 위해서는 대가관계에 있는 의무를 이행해야 하는데 이를 상대가 수령하지 않으면 동시이행관계는 해소되지 않는다.[77]

78. 부동산 매도인이 소유권이전서류를 법무사사무실에 맡기고 매수인에게 일단 통보하면 그 후 서류를 회수해도 동시이행관계는 회복되지 않는다.[78]

---

75 O

76 O : 배제 또는 다른 계약에 의해 설정하는 것도 가능하다.

77 X : 상대방의 수령여부와 무관하게 언제든 수령할 수 있을 정도로 제공행위만 하면 된다.

78 X : 이행의 제공은 계속되어야 동시이행관계를 깰 수 있다. 서류를 회수하면 동시이행이 회복되어 상대방에게 이행지체 책임을 물을 수 없다.

[이해를 위한 사례]

김변서당 총무 추봉균과 1기 김세기는 김세기가 소유하고 있는 평창 주택을 1억 원에 매매하는 계약을 체결하였는데 그 내용은 다음과 같다.

- 계약체결일 : 2019년 8월 1일
- 계약금 : 1천만 원, 계약 당일 지급
- 중도금 : 4천만 원(지급일 : 2019년 10월 1일)
- 잔금 : 5천만 원(지급일 : 2019년 12월 1일)
- 소유권이전서류 : 위 잔금일 교부

추봉균은 계약 당일 계약금 1,000만 원을 지급 완료하였다. 이사는 소유권이전등기가 완료되면 하기로 했다.

그런데 중도금 지급을 앞두고 있던 2019년 9월 1일 강력한 태풍이 평창지역을 지나면서 위 매매대상 주택이 무너져 기둥만 남았다. 추봉균은 매매대상 주택이 무너졌으니 계약은 불능이 되었고, 따라서 이미 지급한 계약금을 돌려 달라고 했다.
김세기는 일단 계약을 체결했으니 계약의 구속력으로 인해 기둥만 남은 상태에서 중도금과 잔금을 주고 주택 소유권을 이전해 가라고 한다.

누구의 말이 맞는가?

> **제537조(채무자위험부담주의)** 쌍무계약의 당사자 일방의 채무가 당사자 쌍방의 책임 없는 사유로 이행할 수 없게 된 때에는 채무자는 상대방의 이행을 청구하지 못한다.

계약 체결 이후 당사자 쌍방 그 누구의 책임도 아닌 상황에서 대가 관계에 있는 채무가 이행불능이 된 경우(후발적 불능), 이로 인한 계약의 효과를 어떻게 정리할 것인지, 불능이 될 채무에 대한 부담을 누가 띠인게 할 것인지가 '위험부담'의 문제이다. 이행불능에 누군가의 책임이 개입되었다면 문제해결은 쉽다. 책임 있는 사람에게 그 위험을 떠안기면 된다. 그러나 아무도 책임이 없이 발생한 이행불능은 누구를 희생시킬지 결단이 필요한 부분이다.

우리 민법은 '채무자'가 그 위험을 떠안는다고 규정하고 있다.

위 연습사례에서 태풍에 의한 피해는 매매당사자 그 누구의 잘못도 아니다. 그래서 위험부담의 사례에 해당한다. 그렇다면 무너진 주택에 대한 손실은 누가 떠안는가? 즉 위험부담의 당사자가 누구인가? 채무자이다.

주택의 소유권을 이전해 줄 의무는 매도인인 김세기에게 있다. 즉 주택에 대한 채무자는 김세기이다. 따라서 무너진 주택에 대한 손실은 매도인 김세기가 떠안는다. 매수인 추봉균은 무너진 주택으로 인한 손실(위험)에서 자유롭다. 따라서 계약금 등 계약상 의무의 일환으로 지급한 급부가 있다면 그 반환을 청구할 수 있다. 사례에서 추봉균의 말이 맞다.

II 적용 범위

위험부담은 계약 당사자 누구에게도 잘못이 없이 후발적 불능이 되는 경우에 적용된다.

→ 후발적 불능이 아닌 원시적 불능(계약체결 전 발생한 문제가 계약 이후 드러난 경우)은 '담보책임'의 문제이지 위험부담과 무관하다.

→ 후발적 불능 중 채무자의 책임이 있는 경우는 '채무불이행'의 문제이지 위험부담과 무관하다. 채무불이행은 채무자가 손해배상이나 계약해제의 책임을 진다.

→ 후발적 불능 중 채권자의 책임이 있는 경우는 아래 조문(제538조)과 같은 '채권자 지체'의 문제이다. 채권자지체의 경우 채무자는 위험부담을 하지 않으므로 채권자에게 반대급부 이행을 청구할 수 있다. 위 예에서 태풍이 아니라 매수인이 잘못해서 집에 화재가 발생한 경우, 매도인은 매매대금을 달라고 요구할 수 있다.

> **제538조(채권자귀책사유로 인한 이행불능)** ① 쌍무계약의 당사자 일방의 채무가 채권자의 책임 있는 사유로 이행할 수 없게 된 때에는 채무자는 상대방의 이행을 청구할 수 있다. 채권자의 수령지체 중에 당사자 쌍방의 책임 없는 사유로 이행할 수 없게 된 때에도 같다. ② 전항의 경우에 채무자는 자기의 채무를 면함으로써 이익을 얻은 때(ex, 면제된 양도소득세)에는 이를 채권자에게 상환하여야 한다.

III 위험부담의 효과

1. 채무소멸 및 부당이득 반환

채무자가 계약체결 후 이행 전에 발생한 위험을 떠안기 때문에, 그 사이 그 누구의 잘못도 아닌 이유로 채무불이행이 되는 경우 반대채무를 청구할 수 없다. 결과적으로 위험이 이전되기 전에 불능이 발생하면 양 채무는 모두 소멸한다. 따라서 만약 <u>계약금 등 받은 것이 있으면 반환해야 한다</u>. 부당이득이 되기 때문이다.

2. 위험부담 이전

만약 채무자가 채무를 이행했다면 위험부담은 이행받은 사람이 부담한다. 이를 위험부담의 이전이라 한다. 부동산매매에 있어서는 등기 **또는** 인도가 된 경우에 위험이 이전된다. 등기나 인도를 받은 경우에는 그 받은 사람이 위험을 부담하므로 부동산이 소실된 경우라도 자신의 매매대금은 지급해야 한다. 위 연습사례에서 만약 추봉균이 이사를 한 상태이거나 등기를 넘겨받은 상태에서 태풍이 불었다면, 주택이 소실되었더라도 추봉균은 매매대금을 지급해야 한다.

3. 대상청구권

만약 불능이 된 대상물을 대신하여 발생한 <u>보험금, 수용금 등이 있으면 그 보험금, 수용금 등을 계약 대상물로 하여 청구할 수 있다.</u> 이를 대상청구권이라 한다. 위 연습사례에서 만약 매도인 김세기가 주택에 화재보험을 가입해 두었고 주택소실로 보험금이 발생했다면 추봉균은 매매대금을 지급하면서 주택 대신 보험금을 지급해 달라고 청구할 수 있다. 보험금이 매매대금보다 고액인 경우 대상청구권 행사의 실익이 있을 것이다.

[이해를 위한 설명 : 쌍무계약에서 채권자, 채무자]

계약은 대표적인 채권 발생 원인이다. 계약을 통해 당사자는 각각 '채권자'와 '채무자'의 지위를 갖는데 쌍무계약에서는 양 당사자가 각 급부에 대해 채권자와 채무자의 지위를 교차하여 갖는다.

예를 들어, 부동산매매계약을 체결하면 매도인은 대금청구권이라는 채권을 갖는 채권자, 매수인은 부동산소유권이전 청구권이라는 채권을 갖는 채권자가 된다. 한편 각 채권의 상대방은 해당 채권의 채무자가 된다. 이렇게 서로 교차하는 채권·채무 관계에서 동시이행항변권이 발생한다.

쌍무계약에서 법률효과를 논할 때 반드시 교차하는 채권·채무 관계 중 어떤 것에 대한 것인지 특정해야 혼란을 피할 수 있다. 부동산매매계약에 있어 매매대금청구권의 채권자는 매도인을 말한다. 소유권이전등기청구권의 채권자인 매수인과 '채권자'라는 용어가 혼용될 수 있어 주의해야 한다.

	채권	당사자 지위		관계
		매도인	매수인	
1	매매대금 청구권	채권자	채무자	동시이행
2	부동산소유권 이전등기청구권	채무자	채권자	

79. 갑이 을의 주택을 1억에 매수하기로 계약을 체결한 후 갑과 을의 책임 없는 사유로 주택이 소실된 경우, 을은 갑에게 매매대금의 지급을 청구할 수 없다.[79]

80. 갑이 을의 주택을 1억에 매수하기로 계약을 체결한 후 갑과 을의 책임 없는 사유로 주택이 소실된 경우, 을이 계약금을 수령하였다면 갑은 그 반환을 청구할 수 있다.[80]

81. 갑이 을의 주택을 1억에 매수하기로 계약을 체결한 후 우선 이사를 하였다. 그 후 갑과 을의 책임 없는 사유로 주택이 소실된 경우, 을이 계약금을 수령하였다면 갑은 그 반환을 청구할 수 있다.[81]

82. 계약체결 전에 목적물에 하자가 발생하였으나 계약체결 이후 그 하자가 발견된 경우에는 위험부담법리가 적용되지 않는다.[82]

83. 후발적불능이라도 당사자의 책임이 개입된 경우에는 위험부담이 적용되지 않는다.[83]

84. 편무계약은 위험부담의 원리가 적용되지 않는다.[84]

85. 당사자일방이 대상청구권을 행사하려면 상대방에 대하여 반대급부를 이행해야 한다.[85]

86. 부동산매수인의 수령지체 중 양 당사자의 책임 없는 사유로 부동산이 소실된 경우 매도인은 매매대금을 청구할 수 없다.[86]

---

79 O : 채무자가 위험부담

80 O : 위험부담 법리에 의해 양 채무는 소멸하므로, 채무 없이 지급한 계약금은 원인 없이 지급된 것이므로 부당이득이 되어 반환요구가 가능하다.

81 X : 부동산을 인도받으면 위험도 매수인에게 이전한다. 따라서 갑에게 위험부담이 전가되어 계약금 반환을 청구할 수 없다.

82 O : 위험부담은 계약체결 후에 발생한 불능(후발적 불능)에 적용된다. 계약 전 하자의 문제는 담보책임이 적용된다.

83 O : 위험부담은 당사자가 아무런 잘못이 없는 불가항력에 의해 불능이 된 경우에만 적용된다. 만약 당사자의 책임이 개입되면 이는 채무불이행책임 또는 채권자지체(538조) 책임이 적용된다.

84 O : 쌍무계약의 특징이다. 동시이행항변권과 위험부담이 쌍무계약의 특징이다.

85 O : 대상물과 동시이행관계가 유지되므로 그 이행을 청구하려면 대가관계에 있는 의무를 이행해야 한다. 그 대상물에 매매계약이 성립하는 것으로 보면 된다.

86 X : 매수인이 수령지체 중에 발생한 불능에 대해서는 지체책임이 있는 매수인이 진다. 위험부담은 양 당사자 모두 책임이 없는 경우에 적용된다. 따라서 매수인의 지체 중 발생한 손실은 매도인이 떠안을 의무가 없고 매수인에게 매매대금을 청구할 수 있다.

[이해를 위한 사례]

김변서당 총무 추봉균과 1기 김세기는 김세기가 소유하고 있는 평창 주택을 1억 원에 매매하는 계약을 체결하였는데 그 내용은 다음과 같다.

- 계약체결일 : 2019년 8월 1일
- 계약금 : 1천만 원, 계약 당일 지급
- 중도금 : 4천만 원(지급일 : 2019년 10월 1일)
- 잔금 : 5천만 원(지급일 : 2019년 12월 1일)
- 소유권이전서류 : 위 잔금일 교부

추봉균은 계약 당일 계약금, 2019년 10월 1일에 중도금 4천만 원을 모두 지급하였다. 다만 기존에 세 들어 살던 집에서 일찍 이사를 나와야 하는 관계로 매도인 김세기에게 부탁하여 잔금지급일 이전에 소유권을 이전받고 이사도 완료하였다. 그런데 추봉균은 잔금지급일까지 잔금을 마련하지 못한 채 해를 넘겼다. 그러자 김세기는 2020년 1월 15일 추봉균에게 내용증명으로 1주일 이내에 잔금을 지급해 달라고 촉구하였고 그 내용증명은 다음 날 추봉균에게 도달되었다. 그러나 추봉균은 그 기간 내에도 잔금을 지급하지 못했다. 김세기는 2020년 2월 1일 추봉균에게 계약해제권을 행사하고 원상회복으로 주택의 소유권을 반환해 달라고 요구했다.

한편 추봉균은 계약이 해제된 이후인 2020년 2월 15일 평창 주택을 같은 조기축구 회원이자 김변서당 1기인 문윤창에게 1억 원에 매도하고 소유권이전등기까지 완료하였다. 추봉균이 계약해제 사실을 숨겼기 때문에 문윤창도 김세기가 계약해제권을 행사한 사실을 몰랐다.

김세기는 문윤창에게 말하기를, 추봉균과 사이의 매매계약이 해제되었으니 이에 근거해 이전받은 주택 소유권을 자신에게 돌려 달라고 요구하였다. 문윤창은 이 요구를 거부할 수 있는가?

Ⅰ   계약의 구속에서 벗어나는 경우

1. 개요

계약체결은 자유지만, 일단 체결된 계약을 벗어나는 것은 원칙적으로 금지된다. 계약은 체결하는 것보다 이행의 책임 또는 구속에서 벗어나는 것이 더 어렵고 중요하다. 계약에서 빠져나오지 못하는 이상 자신의 채무를 이행해야 하는데, 이를 이행하지 못하면 채무불이행 책임을 부담한다. 채무불이행책임의 대표적인 효과는 지연손해금을 배상하거나 계약해제(법정해제)를 당하는 것 등이다.

본 테마에서는 이러한 채무불이행의 효과인 법정해제를 다룰 예정이다. 다만 이해를 돕기 위해 계약에서 빠져나올 수 있는 경우, 즉 계약이 해소되는 경우들을 전체적으로 정리해 보았다.

2. 계약이 해소되는 경우

가. 채무불이행에 따른 법정해제(지)권 발생 → 행사

가장 대표적인 계약해제의 형태이며 어느 일방의 채무불이행(고의, 과실로 인한 계약불이행)을 전제로 한다. 이행지체에서는 반드시 독촉(이행최고) 절차를 거쳐야 해제권이 발생하고, 원상회복의 경우 금전은 받은 날부터 이자 가산, 손해발생 시 별도의 배상책임 발생, 소급효와 제3자 보호 등의 효과가 있다.

나. 당사자 사이에 합의한 약정해제(지)권 발생 → 행사

약정해제권은 채무불이행과 무관하므로 채무이행의 독촉(최고) 없이 해제할 수 있고 손해배상 규정은 배제된다. 나머지는 법정해제권과 동일하다.

다. 합의해제(지)[계약해제(지) 계약]

채무불이행과 무관하게 새로운 합의로 기존 합의(계약)를 없던 것으로 돌리는 것을 말한다. 따라서 채무불이행에 의한 법정해제권과 관련된 **손해배상**과, **받은 날부터 지연이자** 규정은 배제된다. 계약을 없던 것으로 돌린 후 후속조치를 어떻게 할 것인지는 당사자가 자유롭게 합의하면 된다. 다만 계약을 없던 것으로 돌리는 효과인 소급효와 이로 인한 제3자 보호규정은 합의해제에도 적용된다. 일반 계약과 해제계약이 다른 점이다. 한편 판례는 합의해제를 명시적으로 한 경우 말고도 묵시적인 합의해제를 인정한다.

라. 해약금(계약금) 해제

계약체결 당시 계약금, 보증금 등 금전을 수수한 경우, 교부자는 이를 포기하고 수령자는 배액(받은 것에 같은 금액을 더한 금액)을 반환하면 계약에서 벗어날 수 있다. 채무불이행과 무관하며 따라서 채무불이행자의 책임을 묻는 것이 아니라, 계약금 등 일정한 금전적 손실을 스스로 감수하고 계약을 빠져나오는 독특한 방법이다. 채무불이행과 무관하므로 별도의 손해배상, 원상회복, 지연이자 등도 무관하다. → [테마 11]에서 자세히 다룬다.

마. 의사표시(청약, 승낙)의 무효/취소

계약이 전제가 되는 청약 또는 승낙의 의사표시에 어떤 하자(무효, 취소)가 발생한 경우 그 효과로서 계약 자체가 소멸하는 경우가 있다. 비유를 굳이 하자면, 계약의 해제는 이미 태어난 사람이 병이 들거나 노화하여 사망하는 경우를 말하고, 무효와 취소는 사람이 태어나기 전의 어떤 사유로 태어나기 전 상태로 되돌리는 것으로 비유할 수 있다.

이미 성립한 계약이 사후적인 문제로 해제되는 것과 별개로, 성립 이전의 사유로 무효취소가 되는 것이 병존할 수 있다. 각 사유에 대해 당사자가 자신에게 유리한 것을 적용하여 법적절차를 진행할 수 있다(권리경합).

예를 들어, 부동산매매계약에서 매수인이 매매부동산을 잘못 파악하여 계약을 체결한 것을 알고 매매대금을 지급하지 않고 버티는 경우, 매도인은 매수인의 대금지급 의무가 불이행되었다는 이유로 계약을 해제할 수 있다. 이와 별도로 매수인은 당초 자신이 착오에 의해 계약을 체결했으므로 이를 취소하여 계약이 없던 상태(무효)로 돌릴 것을 주장할 수 있다. 이처럼 한쪽이 해제권을 행사하고 다른 쪽이 취소권을 행사하는 것이 각각 가능하고, 계약해제로 인한 책임(위약금 배상 등)을 면하거나 덜기 위해 취소를 해야 하는 실익이 있을 수 있다. 의사표시의 무효 취소가 인정되면 타임머신을 타고 돌아가 계약 성립 자체를 없던 것으로 할 수 있으므로, 계약이 일단 성립했다는 전제로 이루어지는 해제의 문제를 차단할 수 있기 때문이다. → [테마 18] 의사표시 하자, [테마 20] 무효와 취소에서 자세히 다룬다.

바. 해제조건 성취, 실권약관 적용

매수인이 중도금을 약속한 날짜에 지급하지 않으면 계약이 해제된 것으로 한다는 특약이 있는 매매계약에서 매수인이 중도금을 지급하지 않으면 계약은 자동 해제된다. → [테마 21] 해제조건은 조건과 기한에서 자세히 다룬다.

* 한편, 일시적 계약에서의 '해제'와 계속적 계약에서의 '해지'는 소급효가 있는지 여부 이외에 내용에 차이가 없으므로, '해제'를 중심으로 설명하고 특별히 '해지'에 필요한 내용은 별도로 언급하는 방법으로 설명한다.

II 법정해제권

1. 법정해제권의 발생 : 채무불이행

채무불이행은 채무자의 잘못(고의 또는 과실)으로 채무이행이 지체되거나(이행지체), 이행이 불가능하게(이행불능) 된 상태를 말한다. 즉, 이행지체와 이행불능에 채무자의 잘못(고의 또는 과실)이 개입된 경우이다. 따라서 이러한 채무자의 잘못에 대한 제재가 필요한데 그중에 하나가 바로 채권자에게 '해제권'을 주는 것이다(다른 제재로는 손해배상 의무가 있다). 이러한 해제권이 법에 규정되어 있기 때문에 '법정해제권'이라 표현한다.

우리 민법은 해제권 발생을 위해 독촉절차(최고)를 반드시 진행해야 하는지 여부를 기준으로 법정해제권 발생요건을 구분하고 있다.

가. 최고(독촉)가 필요한 경우 : 이행지체

채무자가 변제기가 지나도 채무를 이행하지 않는 경우, 채권자는 '상당한 기간'을 정하여 그 이행을 **최고(독촉)**하고, 그럼에도 채무자가 그 기간 내에 이행하지 않는 경우에는 채권자에게 해제권이 발생한다. 여기서 상당한 기간은 계약 내용에 따라 다를 수 있고, 미리 기간을 정하지 않고 최고를 하더라도 분쟁이 생기면 법원에 의해 적정한 기간이 결정된다. 따라서 반드시 최고를 할 때 기간을 정해야 하는 것은 아니다.

최고가 필요한 경우 최고절차를 생략하면 법정해제권이 발생하지 않는다. 발생하지 않는 해제권은 아무리 행사해도 법률효과가 발생하지 않는다. 법정해제권은 강력한 형성권이다. 핵폭탄에 비유되는 형성권이 내 손에 있는지는 매우 중요하다. 눈에 보이지 않는 권리의 세계이기 때문에 요건 파악이 중요하다. 이행지체에서 해제권 발생을 위한 가장 중요한 요건은 법이 정한 '최고(독촉)'절차를 거쳤는지 여부이다. 따라서 이를 증명하기 위해 최고절차는 주로 내용증명 우편으로 진행한다. 최초 내용증명으로 최고(독촉)를 한 뒤, 그럼에도 이행하지 않는 경우 '해제'의 의사표시를 내용증명으로 하는 경우가 일반이다. 일반 속설에 내용증명을 두 번 보낸다는 말이 여기서 기인한 것으로 보인다.

동시이행 관계에서는 단순히 최고(독촉)만으로 부족하고 항변권을 깨기 위해 채권자가 자신의 채무에 대해 이행의 제공을 해야 한다. → [테마 6 참조]

나. 최고(독촉)가 불필요한 경우 : 이행불능, 이행거절, 정기행위

이행불능은 불능이므로 독촉이 필요 없고, 이행거절은 독촉을 무의미하게 하는 행위이고, 정기행위(결혼식에 사용할 음식 주문 등, 특정 시점에 이행이 반드시 필요하여 이행이 지체되는 경우 더 이상 이행이 무의미한 급부)는 지체된 이행은 무의미하기 때문에 각 독촉(최고)이 필요 없다.

[이행지체에서 최고절차를 생략하면 벌어지는 일]

이행지체에서 최고절차가 얼마나 중요한지 보여주는 실제 사례를 소개한다. 본 사례는 형성권(테마 3), 계약의 성립(테마 4), 계약의 종류(테마 5), 동시이행관계(테마 6), 채무불이행과 계약해제(테마 8), 매매(테마 10), 계약금과 손해배상예정(테마 11) 등 중요한 쟁점들이 망라되어 있어 표준사례로 학습해 두길 권장한다. 실제 사례는 복잡하나 학습을 위한 해 편의상 쟁점 위주로 단순화하였다.

김변이 자문하는 부동산개발 회사(A)가 B라는 토지주로부터 20억 원 상당의 토지를 매수하는 계약을 체결하였다. 계약금은 3억으로 하고(위약금 특약도 완료) 잔금은 6개월 이내에 지급하기로 하였다. 그런데 회사의 자금이 부족한 A는 매매대금에 대해 돈이 마련될 때마다 1,000만 원, 3,000만 원, 500만 원 등 조금씩 지급하였다. 그렇게 누적되어 지급된 돈이 1년에 걸쳐 약 5억 원이 되었고 이미 잔금지급 기일 6개월을 넘겨 1년이 지나도록 15억 원의 잔금을 지급하지 못했다. 그 상태로 다시 6개월이 지났다. 즉, 계약 시부터 1년 6월이 지났고, 잔금지급 기일은 이미 1년이 지났으며 여전히 15억 원의 잔금이 남아 있었다.

B는 더 이상 기다리는 것이 무의미하다고 여겨 A에게 계약해제 통보를 하고 해당 토지를 다른 사람에게 매도해 버렸다. 그리고 A에게 계약을 지키지 못한 책임을 물어 그동안 받은 돈 5억 원은 손해배상으로 갈음한다고 통보하였다. 5억 원을 고스란히 잃어야 하는 위기에 봉착했다.

김변은 A회사를 대리하여 오히려 B를 상대로 계약을 해제하고 총 8억 원을 지급하라는 소송을 제기하여 승소하였다. B는 A가 계약을 위반했다며 A가 책임을 져야 한다고 항변했으나 기각당했다. 이유는 무엇일까?

정답은 → '최고' 절차를 간과했기 때문이다. 최고는 단순한 독촉의 의미가 아니라 형성권인 계약해제권을 탄생시키는 핵심요건이다.

A가 계약을 위반한 것은 사실이다. 매매대금을 약속한 변제기에 지급하지 못한 것이다. 금전채권을 변제기에 지급하지 못한 상황은 채무불이행 책임 중 이행지체가 된다. 채무자의 이행지체 상태에서 채권자가 계약해제권을 갖기 위해서는 상당한 기간을 정하여 이행최고(독촉)를 해야 한다. 그럼에도 그 기간 내에 이행이 되지 않으면 형성권인 해제권이 채권자의 손에 탄생한다. 이렇게 탄생한 해제권을 행사(의사표시)하면 드디어 계약이 해제되고, 해제의 책임이 있는 상대방(채무자)은 손해배상의 책임도 부담한다.

자, 위 사례에서 A의 이행지체는 분명하다. 이에 대해 B는 계약해제권을 행사했다. 그런데 B에게는 계약해제권이 없다. 가지고 있지도 않은 폭탄(형성권)을 던진 것이다. 그래서 민법의 세계에서는 아무런 미동도 없다. 민법은 누구에게, 언제, 어떤 권리가 발생하고 변경하고 소멸하는지 찾는 세계라고 하였다. B는 없는 권리를 있다고 믿는 실수를 했다.

B가 계약해제권(형성권)을 갖기 위해서는 A에 대해 상당한 기간을 정해 '최고(독촉)'해야 한다. 더군다나 부동산매매는 쌍무계약이고 이미 변제기를 지나 모든 매매대금 지급의무와 소유권이전의무는 동시이행관계이다. 즉, B는 단순히 매매대금 지급 독촉만 하면 안 되고 자신의 소유권이전서류를 준비해 이행의 제공을 하면서 매매대금 독촉을 해야 한다(테마 6, 동시이행항변권 참조). B는 이러한 절차를 생략했으므로 해제권이 발생하지 않았다. 즉, 계약은 아무런 미동도 없이 유지되고 당사자는 그 구속에서 벗어나지 못한 상태다.

이제 A의 입장에서 보자. 계약이 유지되는 상황에서 B는 매매목적물을 팔아 버렸다. 이는 B의 이행거절 또는 이행불능이다. 즉, B가 채무불이행을 한 것이다. 또한 이행거절과 이행불능은 어느 경우든 '최고(독촉)'절차 없이 계약해제권이 발생한다. 따라서 A가 B에 대하여 한 계약해제권 행사는 유효하다. 나아가 계약해제의 책임은 B가 져야 한다.

B는 없는 해제권을 행사했고, A는 실재하는 해제권을 행사한 것이다.

책임의 범위와 관련해서는. 계약이 해제되면 <u>원상회복</u> 의무가 있으므로 우선 B는 받은 돈 5억 원을 모두 A에게 반환해야 한다. 게다가 <u>받은 날부터 이자까지 붙여서 반환해야 한다</u>(아래 제4항 참조). 이에 더해 <u>위약금 특약에 따라 계약금 상당인 3억 원을 추가로 배상해</u>야 한다(위약금에 대해서는 테마 11 참조). 따라서 총 8억(받은 돈 5억 원 + 위약금 3억 원) 원과 5억에 대해서는 받은 날부터 이자를 붙여 배상해야 한다.

계약해제권은 형성권이다. 누가 갖는지는 핵폭탄을 보유하는 것과 같다. 따라서 해제권이 언제 누구에게 주어지는지 명확히 알아야 한다. 채무불이행에서는 그 핵심요건은 '최고(독촉)'절차이다. 그런데 이렇게 중요한 최고절차가 현실에서는 쉽게 간과되는 경향이 있어 주의를 요한다.

3. 해제권의 성격

가. 해제권은 형성권이다(형성권에 대해서는 테마 3 참조)

형성권은 일방적 행위로 법률효과를 발생시키는 막강한 권리이다. 형성권은 상대방의 동의 없이 행사할 수 있는 일방적 권리이므로 일단 행사자의 손을 떠나면 이를 철회할 방법이 없다(제548조 제2항). 소송에서 형성권 행사를 하였다가 소를 취하하더라도 해제권 행사의 효과는 주워 담을 수 없다.

나. 불가분성(해제권은 쪼갤 수 없다)

> **제547조(해지, 해제권의 불가분성)** ① 당사자의 일방 또는 쌍방이 수인인 경우에는 계약의 해지나 해제는 그 전원으로부터 또는 전원에 대하여 하여야 한다. ② 전 항의 경우에 해지나 해제의 권리가 당사자 1인에 대하여 소멸한 때에는 다른 당사자에 대하여도 소멸한다.

계약의 상대방이 여럿인 경우, 해제권자는 그 전원에 대하여 행사해야 한다. 해제권자가 여럿인 경우에는 해제권 행사도 전원이 해야 한다. 한 명의 해제권이 소멸하면 모두의 해제권이 소멸한다. 이러한 해제권의 불가분성은 형성권 특유의 성격인데 특히 실무상 해제권에서 문제되어 주의를 요한다.

4. 해제권 행사의 효과

> **제548조(해제의 효과, 원상회복의무)** ① 당사자 일방이 계약을 해제한 때에는 각 당사자는 그 상대방에 대하여 원상회복의 의무가 있다. 그러나 제3자의 권리를 해하지 못한다. ② 전 항의 경우에 반환할 금전에는 그 받은 날로부터 이자를 가하여야 한다.

> **제551조(해지, 해제와 손해배상)** 계약의 해지 또는 해제는 손해배상의 청구에 영향을 미치지 아니한다.

가. 소급효

계약은 처음부터 소급적으로 없었던 것이 된다. 그런데 시간을 돌릴 수 없는 이상 '소급효'는 관념적인 현상이다. 따라서 소급효란 실제 계약이 없었던 것이 된다는 의미보다, 계약이 없던 것처럼 정산하고 조정한다는 의미가 맞을 것이다.

나. 미이행 채무소멸

아직 이행하지 않은 채무는 그대로 소멸한다.

다. 이행된 채무의 원상회복

이미 이행된 채무는 서로 반환하여 원상회복한다.

원상회복에는 일정한 원칙이 있다. 원상회복은 원물반환이 원칙이나 원물반환이 불가능하면 가액반환을 한다. 또한 이행된 급부로 인해 얻은 열매(과실)나 이익이 있으면 같이 반환하는데, 금전은 그 받은 날부터 이자를 붙여 함께 반환한다.

물권은 공시 방법과 무관하게 당연히 복귀한다. 즉, 부동산의 경우 이미 등기가 이전된 상태에서 해제권이 행사되는 경우 등기가 회복되기 전이라도 즉시 소유권은 매도인에게 복귀한다(유인설). 따라서 일시적으로 소유권자와 등기명의자가 달라지는 현상이 발생하고, 이를 바로 잡기 위해 소유권자는 등기명의자를 상대로 소유권에 기해 이전등기말소청구권을 행사할 수 있다.

그런데 계약해제 전에 등기명의자는 등기가 자기 앞으로 되어 있는 것을 기회로 다른 사람에게 부동산을 처분할 수 있다. 이렇게 계약 해제 **전(前)** 새로운 이해관계를 맺은 제3자는 위 규정에 의해 보호된다. 이렇게 제3자가 보호되는 결과 매도인은 계약을 해제하더라도 부동산소유권을 회복하지 못하는 경우가 발생한다. 이를 통해 원상회복이 되지 못한 부분은 손해배상을 통해 보완하는 것이다.

라. 손해배상

회복되지 않는 손해는 배상한다.

5. 해제에 있어 제3자 보호 문제

가. 계약해제 전(前) 새로운 법률관계의 제3자 : 선악불문 보호(민법 제548조 제1항)

매수인이 등기를 이전받은 상황에서 제3자에게 매도하여 소유권을 이전한 후 계약이 해제된 경우, 새로 부동산을 매수한 제3자는 민법 규정에 따라 선악불문(해제 사유가 있었는지를 알았거나 몰랐거나 무관하게) 보호된다.

나. 계약해제 후(後) 반환 전 새로운 법률관계의 제3자 : 선의 제3자 보호(판례)

매수인이 등기를 받은 상태에서 계약이 해제되었는데, 매도인에게 등기를 말소해 주지 않은 상태에서 제3자에게 매도한 경우 그 제3자를 항상 보호하면 부동산을 빼돌리는 것을 돕는 결과가 된다. 따라서 이 경우에는 계약을 해제되었는지 모르는(선의) 경우에만 제3자를 보호해 준다.

6. 해제권 소멸

가. 제척기간 10년

해제권의 성격은 형성권이며(형성권에 대해서는 테마 1 참조), 형성권은 권리 고유의 정해진 수명이 있는데 그 수명이 10년이다. 즉, 형성권은 10년이 지나면 수명을 다해 소멸한다.

나. 최고에 의한 소멸

해제권 행사 기간을 정하지 않은 경우 상대방은 상당한 기간을 정해 해제권을 행사할 것인지 여부의 확답을 해제권자에게 최고할 수 있다. 상대방이 그 기간 안에 해제 통지를 받지 못한 경우 해제권은 소멸한다. 언제 행사될지 모르는 해제권(강력한 형성권)으로 인한 불안한 법률관계를 조속히 정리하려는 취지이다.

다. 해제권자의 귀책사유에 의한 소멸

해제권자의 잘못으로 계약 목적물이 현저히 훼손되거나 이를 반환할 수 없게 된 때 또는 가공이나 개조로 인하여 다른 종류의 물건으로 변경된 때에는 해제권은 소멸한다.

[사례 해설]

결론적으로, 문윤창은 김세기의 주택반환 청구를 거부할 수 있다.

[계약해제의 적법성]

추봉균은 잔금에 대해 이행지체 즉 채무불이행 책임이 있다.

이행지체의 경우 상당한 기간을 정해 독촉(최고)한 뒤 그럼에도 이행하지 않으면 계약해제권이 발생한다. 김세기는 이러한 최고절차를 거쳤으므로 계약해제권(형성권)이 발생하였고, 이를 2020년 2월 1일 행사하였다. 따라서 계약은 적법하게 해제되었다.

[계약해제의 효과]

계약이 해제되면 소급효가 발생하여 물권은 자동으로 복귀한다. 따라서 등기와 무관하게 주택의 소유권은 김세기에게 복귀하는 것이 원칙이다.

[계약해제 전 제3자가 된 자의 보호]

이렇게 물권이 즉시 복귀됨에 있어 새로운 법률관계를 맺은 제3자의 권리를 어떻게 할 것인지 문제될 수 있다. 이에 대해 우리 민법은 계약해제의 의사표시 전에 새로운 법률관계를 체결한 제3자는 해제사유를 알았는지 여부에 불문하고 보호된다(**선악불문 보호**).

[계약해제 후 제3자가 된 자의 보호]

계약해제가 되었음에도 매매부동산이 처분되는 경우가 발생할 수 있다. 이는 민법 제548조가 규정하고 있지 않다. 다만 우리 대법원은 판례를 통해 계약해제 후 새로운 법률관계를 맺은 제3자도 계약해제 사실을 몰랐다면(선의) 보호된다는 입장이다(**선의만 보호**).

본 사례에서 문윤창은 추봉균이 계약해제를 당한 이후에 매매부동산을 매수한 제3자이다. 따라서 계약해제 전에 부동산을 구입한 경우와 달리(이 경우에는 민법 제548조에 의해 선악불문 보호) 계약해제 사실을 모른 경우(선의)에만 보호된다.

그런데 추봉균이 계약해제 사실을 숨겼고 문윤창도 김세기가 계약해제권을 행사한 사실을 몰랐던 경우에 해당하므로 문윤창은 보호되는 제3자에 속한다. 따라서 문윤창은 김세기의 소유권 반환청구를 거부할 수 있다.

87. 계약을 합의해제한 경우에는 민법상 해제의 효과에 따른 제3자 보호규정이 배제된다.[87]

88. 매도인의 이행불능을 이유로 매수인이 계약을 해제하려면 매매대금의 변제제공을 하여야 한다.[88]

89. 공유자가 공유토지에 대한 매매계약을 체결한 경우, 특별한 사정이 없는 한 공유자 중 1인은 다른 공유자와 별개로 자신의 지분에 관하여 매매계약을 해제할 수 있다.[89]

90. 계약이 합의해제된 경우, 특약이 없는 한 반환할 금전에 그 받은 이자를 붙여 지급할 의무가 없다.[90]

91. 계약의 상대방이 여럿인 경우, 해제권자는 그 전원에 대하여 해제권을 행사하여야 한다.[91]

92. 해제의 의사표시가 상대방에게 도달하면 이를 철회하지 못한다.[92]

93. 당사자 일방이 수인인 경우, 그중 1인에 대하여 해지권이 소멸한 때에는 다른 당사자에 대하여도 소멸한다.[93]

94. 계약의 해제는 손해배상의 청구에 영향을 미치지 않는다.[94]

95. 당사자 일방이 정기행위를 일정한 시기에 이행하지 않으면 상대방은 이행의 최고 없이 계약을 해제할 수 있다.[95]

96. 계약이 합의해제된 경우, 다른 사정이 없으면 채무불이행으로 인한 손해배상을 청구할 수 없다.[96]

---

87 X : 합의로 타인의 권리를 해칠 수 없다. 합의해제의 경우에도 제3자 보호는 적용된다.

88 X : 이행불능의 경우 동시이행관계는 깨지므로 최고나 이행의 제공 없이도 계약해제가 가능하다.

89 X : 해제권은 쪼갤 수 없다. 당사자가 여러 명인 경우 계약의 해제는 모두가 해야 한다.

90 O : 합의해제는 합의 내용에 따른다. 이자 지급은 법정해제권 행사에 관한 것이다.

91 O : 해제권은 쪼갤 수 없다(불가분성).

92 O : 형성권인 해제권은 단독행사 할 수 있는 막강한 권리이고, 한번 행사하면 당사자도 이를 거둘 수 없다.

93 O : 불가분성

94 O : 계약해제와 손해배상 청구는 별도로 선택적으로 할 수 있다.

95 O : 정기행위는 이행지체 시 최고를 할 실익이 없다. 이미 이행의 의무가 소멸했기 때문이다. 따라서 새삼 이행을 촉구하는 최고(독촉)가 필요 없다. 이행불능, 이행거절, 정기행위의 경우 최고가 필요 없다.

96 O : 법정해제와 달리 합의해제는 채무불이행과 무관하므로 채무불이행을 전제로 하는 손해배상도 적용되지 않는다.

97. 계약이 적법하게 해제된 후에도 착오를 원인으로 그 계약을 취소할 수 있다.[97]

98. 부동산매매에 있어 계약이 해제된 후에도 매수인에게 등기가 남아 있을 때 해제 사실을 잘 알고 있는 제3자에게 소유권이전등기를 한 경우, 그 제3자는 보호받지 못한다.[98]

99. 매매계약이 해제되기 전에 새로운 법률관계를 체결한 제3자는 선악불문 보호된다.[99]

100. 해제권은 10년이 지나면 시효로 소멸한다.[100]

101. 부동산매매의 매수인이 부동산 등기와 인도를 모두 받아 사용하면서도 1년이 지나도록 매매대금을 지급하지 않았다면, 매도인은 즉시 계약을 해제할 수 있다.[101]

102. 해제권 행사 기간을 정하지 않은 경우 상대방은 상당한 기간을 정해 해제권을 행사할 것인지 여부의 확답을 해제권자에게 최고할 수 있다. 상대방이 그 기간 안에 해제 통지를 받지 못하면 해제권은 유지된다.[102]

103. 계약이 해제되는 경우 원상회복은 원물반환이 원칙이지만 원물반환이 불가능하면 가액반환을 한다.[103]

104. 반환할 급부로 인해 얻은 과실(열매)이나 이익이 있으면 반환해야 하고 금전을 반환할 때는 받은 다음 날부터 이자를 붙여 함께 반환해야 한다.[104]

105. 이행이 가능한 금전채무의 경우에는 채무자가 명백한 이행거절을 하더라도 최고를 해야 해제권이 발생한다.[105]

---

97 O : 해제로 인한 불이익을 피하기 위해 계약 성립 자체가 무효 또는 취소임을 주장할 수 있다.

98 O : 계약해제 후 새로운 법률관계를 맺은 제3자는 선의(즉, 해제사실을 모르는)인 경우에만 보호 받는다. 문제에서 제3자는 해제 사실을 알았으므로 보호받지 못한다.

99 O : 민법 제548조

100 X : 10년이 지나서 소멸하는 것은 맞는데, 시효로 소멸하는 것이 아니라 제척기간 도과로 소멸한다. 소멸시효는 청구권 등에 대해 일정한 기간 권리행사를 게을리하는 자(권리 위에 잠자는 자)의 권리를 소멸시키는 것인데 반해(기간 안에 권리행사를 하면 시효는 중단되고 다시 시작한다), 제척기간은 형성권과 같은 권리의 존속기간 즉, 수명에 해당한다. 해제권은 형성권으로서 10년의 수명을 갖는다.

101 X : 매도인에게 행사할 해제권이 없다. 이행지체 상황에서 매도인이 해제권을 가지려면 상당한 기간을 정해 매수인에게 최고해야 한다. 최고절차를 거치지 않으면 해제권이 발생하지 않으므로 없는 해제권을 행사한 것이다. 아무리 이행지체 기간이 길어도 해제하기 위해서는 먼저 '최고' 절차를 거쳐야 한다.

102 X : 그 기간 안에 해제통지를 받지 못한 경우 해제권은 소멸한다. 언제 행사될지 모르는 해제권으로 인한 불안한 법률관계를 조속히 정리하려는 취지이다.

103 O

104 X : 해제에 의한 원상회복에 있어, 물건을 반환할 때에는 열매(과실)나 이익을 붙여 반환해야 하고 돈은 이자를 붙여 반환한다. 그런데 그 이자는 받은 다음 날이 아니라 받은 날부터 가산한다.

105 X : 명백한 이행거절로 최고가 무의미한 경우는 이행불능과 같이 최고 없이 해제권이 발생한다.

106. 이행불능, 이행거절, 정기행위는 채무불이행의 경우에도 최고 없이 해제할 수 있다.[106]

---

106 O

I 내용

1. 의의

예를 들어, 내 소유 토지를 남에게 판매하면서 그 매매대금은 내가 아닌 내 친구에게 지급하는 내용(제3자 약관)으로 부동산매매계약을 체결하는 것을 말한다. 다만 제3자를 위한 계약이 효력을 발생하기 위해서는 친구가 받아들여야(매수인에 대한 수익의 의사표시)한다.

2. 용어정리

가. 각 당사자 지위

위 예에서 매매대금을 친구에게 지급하라고 요구한 매도인 '나'는 '요약자', 이를 받아들인 '매수인'은 '낙약자'이다. 매매대금을 받는 내 친구는 '수익자(제3자)'라 한다. 계약당사자는 '요역자'와 '낙약자'뿐이다. '수익자'는 계약당사자가 아니다.

매도인이 낙약자일 수 있다. 매수인이 매매대금을 지급하면서 토지소유권을 친구(제3자)에게 주도록 계약한다면, 매도인이 낙약자, 매수인이 요약자가 된다. 이때 친구(제3자)는 매도인에게 수익의 의사표시를 해야 수익자의 지위를 얻는다.

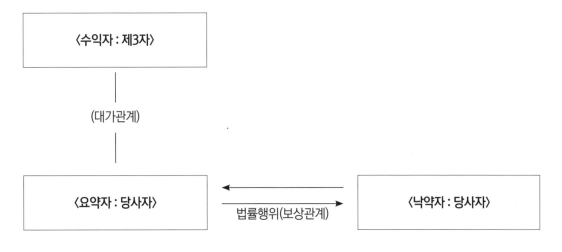

나. 당사자 관계

1) 보상관계(계약관계 ○)

계약당사자인 요약자와 낙약자의 계약관계를 '보상관계'라 한다. 보상관계는 계약의 본질적 내용이므로 보상관계의 흠결이나 하자는 계약의 효력에 영향(채무불이행, 계약해제 등)을 미친다.

2) 대가관계(계약관계 X)

요약자와 수익자의 관계를 '대가관계'라 한다. 대가관계는 요약자와 낙약자 사이에 맺어지는 계약과 무관하며, 대가관계의 존재나 하자는 계약에 아무런 영향을 미치지 않는다.

3. 제3자 약관

가. 제3자(수익자)의 지위 : 누리되 관여하지 않는다

제3자는 수익을 받을 뿐 계약 당사자가 아니므로 **계약 당시에는** 권리능력, 의사능력, 행위능력이 필요 없다. 즉 계약 당시에는 현존하지 않아도 되고 현존하더라도 정신능력이나 행위능력은 계약에 아무런 영향을 미치지 못한다. 다만 수익을 받을 때는 현존하고 특정되어야 한다.

낙약자가 채무불이행하더라도 수익자는 계약해제를 할 수 없고, 해제 시 낙약자의 원상회복도 요약자에게 해야 한다.

새로운 이해관계를 맺은 자가 아니므로 의사표시 하자에 있어 3자에 해당하지 않는다.

나. 수익의 내용 : 채권/물권 불문, 부수적 부담 하에 권리부여도 가능

다. 수익의 시기

제3자가 낙약자에 대해 수익의 의사표시를 한 때(형성권) 수익자의 권리가 확정된다(이때부터 수익자의 지위 발생). 위 의사표시는 묵시적으로도 가능하다. 수익의 내용이 확정되면 수익자는 낙약자에게 직접 그 이행의 청구나 이를 갈음하는 손해배상 청구도 가능하다. 이 경우 낙약자는 요약자와 사이의 계약 내용(기본관계)에 따른 항변을 수익자에게 할 수 있다.

제3자가 수익의 의사표시를 하지 않고 있는 경우(형성권이므로 제척기간 10년), 낙약자는 제3자에 대하여 상당한 기간을 정해 수익을 받아들일지 최고(독촉)하며, 그 기간 내에 확답을 받지 못하면 제3자가 이를 거절한 것으로 본다.

라. 수익의 확정

제3자가 수익의 의사표시(형성권 행사)를 하는 순간 수익자의 권리는 확정된다. 따라서 그 이후에 계약당사자(요약자, 낙약자)는 이를 임의로 변경 또는 소멸시키지 못한다. 즉, 계약을 임의로 합의해제하여도 수익자의 권리는 유지된다. 물론 처음부터 계약 내용에 수익자의 권리를 연동시키는 내용을 포함하거나 수익자가 동의한 경우에는 그에 따라 처리된다.

* 즉, 제3자는 수익의 의사표시를 하여 계약의 효과는 누리지만, 계약의 효력 자체에는 관여하지 못한다.

4. 요약자의 지위

요약자는 계약 당사자로서 낙약자에게 계약이행 청구권이 있고, 제3자의 권리가 확정된 후에도 요약자는 수익자의 동의 없이 단독으로 계약상 권리의 일환으로 계약을 해제할 수 있다.

107. 제3자가 하는 수익의 의사표시 상대방은 요약자이다.[107]

108. 수익자는 계약의 해제권이나 해제를 원인으로 한 원상회복청구권이 없다.[108]

109. 낙약자는 요약자에 대한 동시이행항변권을 이유로 수익자의 이행청구에 대항할 수 없다.[109]

110. 수익의 의사표시를 한 수익자는 낙약자에게 직접 그 이행을 청구할 수 있다.[110]

111. 면책적 채무인수는 제3자를 위한 계약이 아니다.[111]

112. 병존적 채무인수는 제3자를 위한 계약이 아니다.[112]

113. 제3자는 계약 당시 현존하고 있어야 한다.[113]

114. 수익의 의사표시가 있은 후 요약자와 낙약자가 합의해제를 하더라도 수익자의 권리를 빼앗을 수 없다.[114]

115. 수익의 의사표시가 있은 후 어느 당사자의 채무불이행이 있는 경우 상대방은 수익자의 동의 없이도 계약해제를 할 수 있다.[115]

116. 수익의 의사표시가 있은 후 계약이 무효 또는 취소되는 경우 수익자는 선의더라도 보호되는 제3자가 될 수 없다.[116]

117. 수익자는 요약자의 제한능력을 이유로 계약을 취소하지 못한다.[117]

---

107 X : 수익을 줄 사람, 즉 낙약자에게 해야 한다.

108 O : 수익자는 계약당사자가 아니기 때문이다.

109 X : 요약자와 사이에 계약상 발생한 항변을 수익자에게 주장할 수 있다.

110 O : 자기에게 발생한 권리의 행사는 가능하다.

111 O : 제3자에게 새로운 권리를 부여하는 것이 아니라, 기존 채무가 그대로 타인에게 이전할 뿐이므로 제3자가 얻을 '수익'이 존재하지 않는다. 따라서 제3자를 위한 계약이 될 수 없다. 계약의 이행행위만 이전하는 '이행인수'도 제3자에게 새로운 이익이 발생하지 않으므로 마찬가지다.

112 X : 제3자에게 채무를 변제할 채무자가 추가되는 것이므로, 제3자가 얻는 '수익'이 존재한다. 따라서 이는 제3자를 위한 계약에 해당한다.

113 X : 계약당사자가 아니므로 현존할 필요가 없다(권리능력이 없어도 된다). 따라서 장차 태어날 태아나 설립중인 법인도 제3자가 될 수 있다. 다만 수익을 받을 당시에는 특정되어야 한다.

114 O : 당사자가 임의로 합의하여 수익자의 권리를 뺏을 수 없다.

115 O : 계약당사자의 계약상 권리 행사는 수익자의 동의가 필요하지 않다.

116 O : 새로운 이해관계를 맺은 것이 아니기 때문이다.

117 O : 계약당사자가 아니므로 계약을 취소할 수 없다.

118. 제3자는 계약 당시 현존하고 있어야 한다.[118]

119. 낙약자가 상당한 기간을 정하여 제3자에게 수익여부의 확답을 최고하였음에도 그 기간 내에 확답을 받지 못한 때에는 제3자가 수익의 의사를 표시한 것으로 본다.[119]

120. 제3자의 수익의 의사표시 후 특별한 사정이 없다면 낙약자와 요약자의 합의로 제3자의 수익을 변경시킬 수 없다.[120]

---

118 X : 계약 당시에는 권리능력이 없어도 된다. 즉, 현존할 필요가 없다. 수익을 받을 때 현존하고 특정되면 된다.

119 X : 거절한 것으로 본다.

120 O

[테마 10] 매매

I 매매의 기본 개념

> **제563조(매매의 의의)** 매매는 당사자 일방이 재산권을 상대방에게 이전할 것을 약정하고 상대방이 그 대금을 지급할 것을 약정함으로써 그 효력이 생긴다.

1. 개념

매매는 대표적인 낙성, 불요식계약이며 민법의 꽃이다. 매매의 목적물은 '물건'이 아니라 '재산권'이다. 즉 매매는 한쪽 채무가 금전지급으로 이루어진 권리거래이다.

2. 목적물

매매의 목적물은 반드시 현존해야 하는 것은 아니다. 이행기까지 존재하면 되므로 아직 완공되지 않은 아파트의 거래도 가능하다.

타인권리도 매매할 수 있다(남의 집을 내가 매매하는 계약이 가능하다는 의미이다. 계약 자체의 문제와 계약의 이행을 구별할 필요가 있다). 이행기까지 그 권리를 취득해 채무를 이행하면 되기 때문이다. 만약 이를 이행하지 못하면 담보책임이나 채무불이행으로 처리될 뿐 계약 자체가 불가능한 것이 아니다.

3. 비용 분담

매매계약에 관한 비용은 당사자가 합의하면 된다. 다만 합의가 없거나 대립이 있을 때는 쌍방이 균분(동일한 비율)하여 부담한다.

매매계약에 관한 비용이 아니라 채무를 이행하는 데 필요한 변제비용은 채무자가 부담한다.

4. 동일기한의 추정

당사자 일방에 대한 의무이행의 기한이 있는 때에는 상대방의 의무이행에 대하여도 동일한 기한이 있는 것으로 추정한다(제585조).

5. 대금지급 장소

금전지급 장소에 대한 민법의 원칙은 채권자 주소지이다. 즉, 돈을 지급해야 하는 채무자는 채권자가 있는 곳으로 이동하여 지급해야 하는 것이 원칙이다. 채권자에게 가서 지급하는 채무를 '지참채무'라 한다. 민사소송을 제기하는 경우 관할법원을 정하는데도 매우 유용한데, 원칙적으로 피고 주소지를 소송관할로 정하고 있으나 금전지급의 경우는 지참채무이고 변제 장소에도 관할이 인정되므로 채권자는 자신의 주소지 관할 법원에 금전지급 청구소송을 제기할 수 있다.

이러한 지참채무의 예외에 해당하는 규정이 매매에 있는데(민법 제586조), 이에 따르면 매매 목적물의 인도와 동시에 대금을 지급하는 경우에는 그 **인도장소**에서 매매대금을 지급하는 것으로 규정되어 있다.

6. 과실의 귀속, 대금의 이자

매매계약이 있은 후에도 인도하지 아니한 목적물로부터 생긴 과실은 매도인이 갖는다. 여기서 과실은 열매를 말하는데 대표적인 법정과실은 임대수입이다. 즉, 이미 주택을 매도한 경우라도 매수인이 대금을 지급하기 전에는 주택의 임대수입을 매도인이 취해도 된다는 의미이다.

그런데 이미 매도인이 주택을 매수인에게 넘겨준 경우(인도)에는 임대수입을 취할 수 없으므로 이 경우에는 매매대금의 이자를 법정과실로 보아 매도인에게 지급하도록 규정되어 있다(제587조). 부동산매매에 있어 **임대수입**과 대금의 **이자**는 서로 대칭관계에 있는 것이다.

Ⅱ   예약

1. 개념

예약은 본계약을 체결하는 것을 약속하는 계약을 말한다. 예약 자체도 법적 의미 있는 합의이므로 일반적 형태의 계약이지만 그 내용이 본계약을 체결한다는 특징이 있다. 따라서 예약에 의한 합의의 효과로 본계약을 체결해야 하는 구속에 놓이게 된다. 그 구속을 구체화하는 것을 예약완결이라 하고 어느 일방에게 예약완결 권한이 있는 경우 그 예약완결권은 형성권이 된다.

2. 성질

예약도 하나의 법적합의이므로 계약법의 일반원칙에 따른다. 예약을 하면 본계약을 해야 하는 의무를 부담한다. 따라서 예약은 상대방의 계약거절을 방지하는 기능이 있다. 다만 근래에는 채권담보의 수단으로 활용되는 경우가 더 많다.

예약은 본계약 체결이라는 행위요구권을 발생시키는 계약이므로 그 특성상 반드시 채권계약이 된다.

3. 예약완결권

예약의 취지에 따라 본계약 체결을 강제하는 것을 예약완결이라 한다. 예약이 완결된다는 것은 예약의 취지에 따라 매매가 성립한다는 의미이다. 예약을 완결할 권리를 한쪽이 갖는 것을 일방예약, 쌍방이 모두 갖는 것을 쌍방예약이라 한다. 우리 민법은 일방예약을 원칙으로 규정하고 있다(제564조).

예약을 완결하는 권리를 '예약완결권'이라 한다. 예약완결권을 행사하면 즉시 본계약이 체결(예약의 완결)되므로 예약완결권은 형성권이다. 예약완결권 행사 즉시 본계약의 이행을 청구할 수 있다. 부동산물권을 이전할 본계약의 예약완결권은 가등기 할 수 있다.

완결권은 별도 약정이 없으면 10년의 제척기간이 적용된다. 제척기간은 법이 직권으로 고려할 수 있는데, 본계약 상 의무가 이미 불능이 된 경우에는 행사할 예약완결의 대상이 없게 된다.

담보책임은 유상계약의 대표적 특징으로 매매에 규정하고 다른 유상계약에 준용하는 구조로 되어 있다. 이미 성립된 계약이 이행되었는데 나중에 목적물의 하자나 흠결이 발생된 경우, 채무자의 잘못이 있다면 채무불이행으로 처리하면 되는데 채무자가 무과실인 경우 이를 해결할 방법이 없다. 그렇다고 매수인에게 이를 떠안으라고 강요하는 것은 공평하지 않다. 따라서 민법은 공평과 과실 책임을 조화하기 위해 하자나 흠결의 경우를 나눠서 채무자에게 무과실책임을 일부 부담시키는 규정을 방대하게(민법 제568조~584조) 두고 있는데, 이것이 담보책임이다(무과실, 법정책임). 표를 정리하는 것으로 설명을 갈음한다.

| 조문 | 내용 | 매수인 | 담보책임 | | | | 제척기간 |
			대금감액청구권	손해배상청구권	계약해제권	완전물급부청구권	
570	권리전부가 타인에게 속한 경우	선		O	O		
		악			O		
572	권리의 일부가 타인에게 속한 경우	선	O	O	O		1년 (선의: 안 날부터 악의: 법률행위 시부터)
		악	O				
574	수량부족, 일부멸실	선	O	O	O		
		악					
575	제한물권 있는 경우	선		O	O		
		악					
576	저당권, 전세권의 행사	선		O	O		
		악		O	O		

580	특정물 하자담보책임	선		O	O		6월
		악					
581	종류물 하자담보책임	선		O	O	O	
		악					

IV 환매(환매권 유보부 매매)

1. 개념

환매란 매매계약 당시 특약으로 매도인이 다시 매매목적물을 살 수 있는 권리(환매권)를 정하고, 그 기간 안에 환매권을 행사하여 목적물을 다시 사는 것을 말한다. 이러한 환매권을 특약으로 정한 매매를 환매권유보부 매매라고 한다. 환매특약은 반드시 매매계약과 동시에 해야 한다. 다른 계약이나 별도의 특약으로 부동산을 다시 사들일 수는 있으나 이는 재매매 약정이지 환매는 아니다.

환매특약은 매매계약의 종된 계약이므로 매매계약이 해소되면 환매특약도 소멸한다. 환매권은 형성권이며 그 행사는 단독행위이다.

2. 기간제한

환매권 행사기간을 무한히 하면 법률관계가 안정되지 않는다. 그래서 우리 민법은 환매권 행사기간의 상한을 규정하고 있는데, 부동산은 5년 동산은 3년이다. 이를 초과할 수 없고, 연장할 수도 없다. 기간을 정하지 않은 경우 위 기간으로 한다.

3. 비용부담

다른 약정이 없으면 환매권자는 매수인이 부담한 매매대금과 매매에 투입된 비용을 반환하고 환매할 수 있다. 이러한 대금과 비용을 기간 내에 제공하지 않으면 환매권을 상실한다.

목적물의 과실(임차수입 등 법정열매)과 대금의 이자는 상계한 것으로 본다. 매수인이나 전득자가 목적물에 지출한 비용이 있으면 매도인은 이를 상환해야 한다.

4. 등기

부동산매매에서 환매특약은 등기할 수 있고, 등기로 공시하면 제3자에 대하여도 효력이 있으므로 목적물의 전득자에게도 환매권을 행사할 수 있다.

5. 환매권의 대위행사

환매권은 양도성과 재산적 가치가 있기 때문에 환매권자의 채권자는 이를 대위 행사할 수 있다.

121. 매매는 당사자 일방이 물건을 상대방에게 이전하고 상대방이 그 대금을 지급하는 내용의 계약이다.[121]

122. 지상권은 매매의 대상이 될 수 없다.[122]

123. 타인의 권리는 매매대상이 될 수 없다.[123]

124. 매매에 소요되는 비용과 채무이행 비용은 당사자가 같은 비율로 분담한다.[124]

125. 예약은 반드시 채권계약이 된다.[125]

126. 예약완결권은 청구권이다.[126]

127. 환매권 행사기간을 8년으로 정한 경우 5년으로 단축된다.[127]

128. 환매권자는 매수인이 부담한 매매대금과 매매비용을 반환하고 환매할 수 있다.[128]

129. 매매계약이 있은 후에도 매도인은 보유하고 있는 목적물의 임대수입을 취할 수 있다.[129]

130. 담보책임은 법정책임이므로 당사자가 이를 배제하는 약정을 할 수 없다.[130]

131. 매도인의 담보책임은 무과실책임이다.[131]

132. 환매특약은 반드시 매매계약 당시에 매매계약과 동시에 해야 한다.[132]

---

121 X : 매매에서 매도인은 물건이 아닌 '재산권'을 매도한다. 재산권이란 물권과 채권을 말한다. 소유권과 같은 물권을 팔기도 하고, 채권의 매매도 가능하다. 매매는 재산권의 처분행위이다.
122 X : 매매대상은 재산권이다. 지상권도 재산권(물권)이므로 당연히 매매대상이 된다.
123 X : 타인권리도 매매가 가능하다. 계약체결과 계약의 이행은 구별된다. 이행을 못하면 담보책임이나 채무불이행책임으로 처리될 뿐 계약 자체가 불가능한 것은 아니다.
124 X : 매매비용은 균분하지만 변제비용은 변제자가 부담한다.
125 O : 본계약 체결이라는 행위청구권이 발생하는 합의이므로 반드시 채권(행위청구권)계약이 된다.
126 X : 형성권이다. 예약완결권을 행사하면 즉시 본계약 체결이라는 법률효과가 발생한다.
127 O : 환매권의 행사기간은 5년을 초과할 수 없고, 그 이상으로 하면 5년으로 단축된다. 연장할 수도 없다.
128 O
129 O : 단, 목적물을 인도 했다면 임대수입은 얻지 못하지만 매수인으로부터 매매대금의 이자를 받을 수 있다. 결국 매매목적물의 열매(임대수입 등 법정과실 포함)와 매매대금의 이자는 대가관계에 있는 것이다.
130 X : 담보책임은 임의규정으로서 당사자가 이를 배제하는 다른 특약을 할 수 있다.
131 O : 채무자의 고의나 과실을 요건으로 하는 채무불이행책임과 달리 담보책임은 법이 정한 무과실책임이다. 따라서 각 경우에 따라 공평에 부합하도록 다양한 경우를 규정해 두고 있다.
132 O : 다른 약정으로 부동산을 회수하면 이는 재매매예약일 뿐 환매는 아니다.

133. 환매권 행사기간은 부동산은 5년, 동산은 3년을 넘지 못하며 연장할 수도 없다.[133]

134. 환매권자의 채권자는 환매권을 대위행사 할 수 있다.[134]

135. 담보책임은 쌍무계약의 대표적인 성격이다.[135]

136. 매매 목적물의 인도와 동시에 대금을 지급하는 경우에는 그 인도장소에서 매매대금을 지급한다.[136]

---

133 O
134 O
135 X : 유상계약의 대표적인 성격이다. 유상계약 중 쌍무계약이 아닌 경우도 있으므로(현상광고) 쌍무계약이 담보책임의 성격이라는 표현은 정확하지 않다.
136 O

I 논의의 필요성

매매 등 유상계약에서 계약 시 주고받는 금전이 있다. 통상은 '계약금'이라고 부르지만 그 호칭은 어떤 것이든 계약 시 주고받는 돈에 대한 설명을 하고자 한다. 이러한 논의를 하는 이유는, 계약금과 관련된 거래관행과 법률규정 및 그 돈의 실제 법적성격 등이 혼재되어 막상 이를 둘러싼 법률분쟁이 발생했을 경우 계약 당사자가 매우 곤란한 상황을 겪는 일이 많기 때문이다. 게다가 계약금은 통상 거래금액의 10% 내외이므로 거래대상에 따라 그 금액이 고액인 경우가 많다. 계약금에 대한 이해 부족으로 소중한 재산을 잃는 낭패를 당하지 않기 위해서 본 테마는 매우 유용한 지침이 될 것이다.

우리 민법에 "계약금"에 관한 직접적 규정은 없다!

우리가 통상 거래관계에서 주고받는 계약금이라는 돈에 대해 민법상 직접적 규정은 없다. 다만 '계약금'이라는 단어는 한번 등장하는데 바로 '해약금'에 관한 규정이다. '계약금'이라는 단어에 매몰되어 '해약금' 규정을 잘못 해석하지 않도록 우선 '해약금' 규정에 대해 정확히 이해해야 한다. 이에 따르면 계약금은 해약금으로 추정될 뿐이다. 물론 추정이므로 당사자 합의로 다른 약정을 하는 것은 얼마든지 가능하다.

해약금 규정은 매매에 규정되어 있으나 다른 유상계약에도 적용되는데, 특히 실무상 임대차에서 보증금의 일부를 계약금으로 지급하는 경우 이 규정이 적용된다.

> **제565조[해약금]** ① 매매의 당사자 일방이 계약 당시에 금전 기타 물건을 계약금, 보증금 등의 명목으로 상대방에게 교부한 때에는 당사자 간에 다른 약정이 없는 한 당사자의 일방이 이행에 착수할 때까지 교부자는 이를 포기하고 수령자는 그 배액을 상환하여 매매계약을 해제할 수 있다. ② 제551조의 규정(손해배상)은 전항의 경우에 이를 적용하지 아니한다.

위 규정은 '해약금'에 대한 규정이다. 계약 당시 '계약금' '보증금' 등 어떤 명칭이든 돈을 주고받으면 그 법적성격은 '해약금'이다. 명칭에 집중하지 말고 법적성격에 집중하자. 계약 당시 주고받은 금전이 있다면 이는 '해약금'이다. 이제 해약금이 무엇인지 집중해 보자.

1. 해약금의 개념

그럼 해약금이란 무엇인가? 말 그대로 해약하기 위한 돈이다. 해약이란 약속을 해제하는 것, 즉 계약에서 빠져나오는 것을 말한다.

계약총론에서 언급한 바와 같이 약속은 지켜져야 하고, 일단 합의에 이른 이상 당사자는 함부로 그 합의에서 벗어날 수 없다. 합의는 자유지만 그 자유에는 책임이 따르고 특별한 사정이 없으면 그 합의에 구속된다(경찰과 군대의 강제력에 굴복해야 한다). 다만 예외적으로 일정한 경우 계약에서 빠져나오는 경우를 규정해 뒀는데 대표적인 것이 계약해제이다(테마 8 참조). 그러나 계약해제도 채무불이행 등 당사자의 잘못으로 계약을 유지할 수 없는 특별한 경우에만 예외적으로 인정되고, 의사표시의 무효나 취소도 매우 엄격한 범위에서 제한적으로 적용된다.

다만 우리 민법은, 채무불이행이나 무효, 취소 등의 중대한 문제가 없는 경우라도(예를 들어 단순변심), 계약 초기에 스스로 일정한 금전적 손실만 감수하면 계약에서 빠져나올 수 있는 길을 열어 두었다. 이때 감수하는 금전적 손실이 바로 '해약금'이다. 그리고 해약금은 계약 초기 그 명칭을 불문하고 주고받은 금전을 말한다.

2. 해약금 금액은?

명칭 불문 계약 초기 주고받은 금액이 바로 해약금이다. 주로 계약금이라는 명목으로 주고받는 돈이 이에 해당할 것이다. 금액은 당사자가 자유롭게 약정하면 되지만 주로 총 계약대상의 10% 정도를 계약금으로 삼는 경우가 많다. 이러한 주고받은 금액이 계약에서 자유롭고 싶을 때 스스로 감수하면 되는 기준금액이 된다.

3. 해약금 지급방법은?

해약금의 특징은 계약 당시 미리 주고받는다는 것이다. 계약 당시 미리 주고받지 않으면 해약금이 아니다. 따라서 해약금(계약금)에 대한 합의(계약)는 요물계약이다. 요물계약에 대해서는 [테마 5 계약의 종류]에서 설명하였다.

해약금은 계약 시 미리 주고받았으므로 해약금의 교부자는 그 해약금을 그대로 포기하면 된다. 계약의 구속에서 빠져나간다는 의미로 해약금 포기선언을 하면 된다.

그럼 해약금을 받은 사람은 어떠한가? 일단 받은 해약금을 돌려주고 자기 돈으로 해약금과 같은 금액을 추가로 주면 된다. 이를 '배액'을 상환한다고 표현한다. 배액을 상환한다는 것은 이행행위를 하면 되는 것이지(즉, 배액을 마련해 준비해 놓고 언제든 줄 수 있는 형태에서 이를 통보하는 행위를 하면 이행의 제공이 된다.) 상대가 이를 수령하지 않는다고 공탁까지 해야 하는 것은 아니다.

해약금 지급은 이렇게 <u>스스로 포기</u>하거나, <u>스스로 지급</u>하는 것이다. 그 대가로 계약을 탈출해 자유를 얻는 것이다. 계약을 마지막까지 이행하는 것보다 탈출하는 것이 이익이라 판단될 때 사용할 수 있는 제한적 방법이다. 따라서 이는 내가 계약에서 탈출하는 방법일 뿐, 상대방을 계약에서 내몰면서 그 사람에게 교부 받은 금전을 포기하게 하거나, 해약금 상당을 돌려 달라고 요구할 수 있는 것이 아니다.

4. 해약금 해제를 할 수 있는 마지막 기회

이러한 변심에 의한 계약탈출은 해약금을 주고받은 상태에서만 가능하다. 이를 넘어 <u>중도금 지급처럼 추가로 이행의 착수가 있으면 더 이상 해약금 탈출은 불가능하다.</u> 해약금은 서로 아무런 이행이 없기 때문에 해약금 이외에는 더 이상 정산할 것이 없는 경우 딱 그만큼의 손실을 스스로 감수하고 계약탈출을 허용하는 매우 제한적이고 예외적인 경우임을 잊지 말아야 한다.

위와 같이 일방의 이행착수 이전이라는 요건만 해당하면 해약금 해제에 제한이 없다. 계약의 무효나 취소 상황도 영향을 받지 않고, 토지거래허가구역에서의 토지거래(유동적 무효)에서도 해약금 해제는 자유롭다. 심지어 상대가 중도금 등 청구소송을 제기한 경우라도 계약금만 주고받은 상태라면 해약금 해제가 가능하다.

5. 채무불이행과 무관

해약금 해제는 채무불이행과 무관하다. 계약에 아무런 문제가 없고 그 누구의 잘못(채무불이행)도 없는 경우에도 적용된다. 따라서 채무불이행을 전제로 하는 손해배상과 관계가 없는 다른 영역이다. 또한 이행의 착수 이전에 계약을 빠져나오는 것이므로 계약이 해제되더라도 '<u>원상회복</u>'이란 것은 존재하지 않는다. 회복할 대상이 존재하기 전에만 해약금 규정이 적용되므로 당연하다.

지금부터는 전혀 존재평면이 다른 이야기를 한다. 해약금과 무관한 채무불이행의 세상이다. 채무불이행 세상에 있는 '손해배상 예정'에 관한 것이다.

> **민법 제398조(배상액의 예정)** ① 당사자는 채무불이행에 관한 손해배상액을 예정할 수 있다. ② 손해배상의 예정액이 부당히 과다한 경우에는 법원이 적당히 감액할 수 있다. ③ 손해배상액의 예정은 이행의 청구나 계약의 해제에 영향을 미치지 아니한다. ④ 위약금의 약정은 손해배상액의 예정으로 추정한다.

1. 채무불이행에 있어 손해배상

계약 당사자의 채무불이행이 있는 경우, 채권자에겐 계약해제권 이외에 손해배상청구권이 발생한다. 손해배상의 범위와 내용에 대한 증명책임은 채권자에게 있다. 그런데, 실제손해를 증명하는 것은 **매우 매우 매우 매우** 어렵다. 그래서 손해배상 소송에서 손해배상 책임은 있으나 손해의 범위가 증명되지 않아 패소하는 경우도 있다.

그래서 고안해 낸 아이디어가 손해배상의 예정이다. 손해를 일일이 증명하는 수고를 덜고 계약 당시 미리 손해액을 합의해 두는 것이다. 통상은 아래와 같은 형태로 합의가 이루어지고, 어느 한쪽이 계약을 위반한 경우 손해에 대한 별도의 증명 없이 미리 합의한 예정액을 손해로 보고 위약자에게 청구할 수 있다.

ex1) 채무불이행자는 상대방에게 1억 원을 배상한다(정액배상).
ex2) 채무불이행자는 상대방에게 매매대금의 20%를 배상한다(비율배상).
ex3) 채무불이행자는 상대방에게 계약금만큼 배상한다(배상금 인용).

2. 손해배상 예정에 있어 문제점 : 금액이 과한 경우

손해배상 예정이 실제 손해배상을 증명하기 어려운 점을 극복하는 것은 좋지만, 그렇더라도 합의한 예정액이 형평을 잃을 정도로 과도한 것은 실손배상이라는 '손해배상' 영역의 성격상 그대로 두기 어려운 경우가 있다. 이때는 <u>법원이 직권으로 개입하여 합리적 금액으로 감액</u>할 수 있다.

만약 주택을 1억에 매도하는 계약에서 채무불이행에 따른 손해배상 예정액을 5억으로 한 경우라면 합리적 위약금이라 하기 어렵다. 따라서 이러한 경우에는 법원에서 합리적 금액으로 감액할 수 있다.

그럼, 얼마가 합리적인 범위인가? 계약의 종류에 따라 다양하므로 일률적으로 말하기는 곤란하다. 그런데, 대략 거래금액 대비 10% 정도가 손해라고 간주하면 거래 쌍방이 특별히 불만을 가지지 않는 경향이 있고, 실제 거래에서도 빈번히 거래대금의 10%를 손해배상 예정으로 하는 경우가 많다. 법원도 거래금액의 10%를 기준으로 손해배상 예정액을 조정하는 경향이 강하다.

그런데 통상적인 계약금도 거래대금의 10% 정도로 하는 경우가 많다. 따라서 계약금에 대해 손해배상예정으로 삼는다는 위약금특약을 하는 경우가 많다. 이렇게 계약금을 위약금으로 하는 특약이 있으면 이를 손해배상예정으로 하여 법원의 직권감액을 인정한다.

테마 8에 설명한 실제 사례의 설명을 조금 보강한다.

해당 사례에서 총 매매대금은 20억 원인데 계약금은 3억으로 하였고, 이를 근거로 위약금을 3억으로 하였다. 그런데 20억 거래에서 위약금 3억 원은 다소 높은 금액이다. 통상적인 거래에서는 거래금액의 10% 정도를 계약금으로 하고 같은 금액에 위약금 특약을 하는 것이 일반적이다. 법원도 이러한 추세에 맞게 위약금을 거래대금의 10% 정도로 제한하는 경향이 있다. 따라서 본 사례에서 B가 그나마 손해를 줄이는 방법으로는 위약금 3억 원이 과하므로 직권감액을 법원에 요청하는 것이다. 법원은 2억 원 상당으로 감액할 가능성이 높고 B는 1억이라도 손해를 줄일 수 있다. 실제 사례에서도 법원은 거래금액의 10% 상당으로 위약금을 감액하여 판결하였다.

위 사례는 형성권(테마 3), 계약의 성립(테마 4), 계약의 종류(테마 5), 동시이행관계(테마 6), 채무불이행과 계약해제(테마 8), 매매(테마 10), 계약금과 손해배상예정(테마 11) 등 중요한 쟁점들이 망라되어 있어 표준사례로 학습해 두길 적극 권장한다.

3. 위약금 = 손해배상예정

'위약금'이란 계약을 위반한 경우 지급하는 돈이라는 의미이다. 계약을 위반한다는 것은 채무불이행을 말한다. 즉, 계약위반에 대한 책임을 묻는 손해배상 개념이다. 위약금은 당사자가 별도로 약정한 경우에만 적용된다. 민법에 의해 자동으로 적용되는 위약금은 없다. 당사자가 위약금 합의를 하면 이것을 손해배상예정으로 추정하여 법원의 직권감액을 인정한다.

4. 계약금과 위약금(손해배상 예정)의 관계

계약금은 민법에 의해 자동으로 해약금으로 추정한다(민법 제565조). 이것은 채무불이행과 관련이 없다. 단순변심의 경우 등 아무 이유 없이 계약탈출 할 때 적용한다.

위약금은 계약을 위반했을 때 즉, 채무불이행의 경우 지급하는 손해배상 성격의 돈이다. 위약금은 당사자 특약이 있을 때 적용되고, 이는 손해배상 예정이 되는 것이다. 계약금 상당의 금액을 위약금으로 특약하는 문구는 다음과 같다.

"만약 일방이 계약을 위반한 경우 위반자는 상대방에 대해 손해배상 해야 하고
그 금액은 계약금 상당액으로 한다."

"만약 매수인이 계약을 위반한 경우에는 매도인인 계약금을 몰취하고,
매도인이 위반한 경우에는 계약금의 배액을 상환한다."

즉, 계약금은
① 즉시 민법 565조에 의해 해약금 성격이 되고(이행착수 전까지)
② 계약 위반 시 위약금으로 삼기로 특약까지 하면 손해배상예정도 된다.

[계약금 연습 사례]

김변서당 총무 추봉균과 1기 김세기는 김세기가 소유하고 있는 평창 주택을 1억 원에 매매하는 계약을 체결하였는데 그 내용은 다음과 같다.

- 계약체결일 : 2019년 8월 1일
- 계약금 : 1천만 원, 계약 당일 지급
- 중도금 : 4천만 원(지급일 : 2019년 10월 1일)
- 잔금 : 5천만 원(지급일 : 2019년 12월 1일)
- 소유권이전서류 : 위 잔금일 교부
- 위약금 특약 : 만약 어느 일방이 계약을 위반하면 계약금 상당액을 손해배상액으로 한다.

① 계약금을 지급한 다음 날 추봉균이 변심하여 계약을 해제하고 싶은 경우 방법과 근거는?
→ 계약금은 해약금으로 추정되고, 어느 일방의 이행착수 전에는 비록 변심하더라도 해약금 성격의 계약금을 스스로 포기하면 계약탈출이 가능하다. 추봉균은 김세기에게 계약 1,000만 원을 포기하겠다고 통지하고 계약에서 벗어나면 된다. 이렇게 일정한 금전손실을 부담하고 스스로 계약에서 빠져나오는 독특한 해제방법이 바로 해약금 규정이다(제565조).

② 계약금을 받은 다음 날 김세기가 변심하여 계약을 해제하고 싶을 때 추봉균에게 지급할 돈은 얼마인가?

→ 계약금의 배액인 2,000만 원을 지급하면 된다. 즉 계약금으로 받았던 1,000만 원과 추가로 같은 금액의 해약금 1,000만 원의 합이다.

③ 김세기가 중도금을 받은 다음 변심한 경우 위와 같은 해제가 가능한가?

→ 중도금을 받은 상황에서는 더 이상 제565조에 의한 해약금 규정이 적용되지 않는다. 따라서 금전손실을 부담하고서 스스로 계약에서 빠져나오는 방법은 없다.

④ 2019년 10월 2일 현재 추봉균이 중도금을 지급하지 않았다. 김세기가 계약을 해제하고 싶을 경우 방법과 근거는?

→ 중도금 지급기일이 지나도록 중도금을 지급하지 않았으므로 이는 계약위반 즉, 채무불이행에 해당한다. 채무불이행 중 이행지체에 해당하므로 김세기는 상당한 기간을 정하여 이행을 최고(독촉)하고 그럼에도 이행하지 않는 경우 김세기는 법정해제권을 갖는다. 이 법정해제권을 행사하면 계약이 해제된다.

⑤ 김세기의 법정해제권 행사에 따라 계약이 해제된 경우 추봉균이 김세기에게 배상해야 할 손해액과 근거는?

→ 계약금 상당액에 대한 위약금 합의에 따라 1,000만 원을 배상해야 한다. 이는 위약금 합의에 따른 것이다. 위약금은 손해배상 예정이므로 만약 이 금액이 과다하면 법원이 직권감액 할 수 있지만 본 사안의 경우에는 전체 거래금액(1억)의 10%에 해당하므로 과도한 경우는 아니다. 구조상으로는 계약해제로 인한 원상회복으로 김세기는 추봉균에게서 받은 1,000만 원을 돌려준 다음 다시 추봉균에게서 위약금 1,000만 원을 받아야 한다. 다만 이는 번거롭기 때문에 이러한 절차를 생략해 이미 받은 계약금을 그대로 몰취하면 된다.

1. 증약금

계약금을 주고받았다면 이는 계약을 체결했다는 증거가 된다.

2. 위약벌

때로는 상대에게 채무를 부과하는 것이 단순한 배상의무를 넘어 '체벌'이 될 수도 있다. 이러한 체벌성격의 돈을 주고받는 약정을 별도로 할 수 있다. 위약벌이란 이렇게 채무불이행의 경우 손해배상과 별도의 당사자 사이에 벌금에 대한 약정하는 것을 말한다. 예를 들어 "손해배상과 별도로 지급된 계약금은 몰수한다"는 형태로 약정할 수 있다. 이러한 경우 계약금 받은 것은 그대로 몰수하고, 추가로 위약금까지 배상하는 경우가 발생할 수 있다. 손해배상 예정과 달리 법원의 직권 감액은 허용되지 않는다. 다만 그 금액이 과도하면 공서양속 위반(제103조)으로 무효가 될 수 있다(테마 17 참조).

3. '계약금의 계약금'(가계약금)의 문제

계약금(해약금) 계약은 요물계약이므로 약정된 계약금 전체가 지급되어야 성립한다. 민법의 해약금 규정에 의해 계약을 해제하려면 우선 계약금 명목의 돈이 지급되어야 한다. 따라서 몰수 또는 배액상환의 금액도 당초 계약금액이 되므로 그보다 적은 금액에 따른 효과는 발생하지 않는다.

만약 부동산 매수인이 계약금 1,000만 원에 대해, 계약금을 당장 마련하기 어려우니 우선 100만 원만 계약 당일 지급하고 3일 뒤 나머지 900만 원을 주기로 하였다고 할 때, 그 후 변심하여 해약금 조항(제565조)에 의해 100만 원 포기하고 계약 해제한다고 통보하였다면 계약은 해제되는가?

결론은 해제되지 않는다. 민법 제565조가 적용되려면 계약금 1,000만 원 전액이 지급되어야 하기 때문이다.

그렇다면 매수인이 해약금 조항에 따라 계약을 해제하려면 어떻게 해야 하는가? 계약금 나머지 금액 900만 원을 모두 지급하고 해제해야 한다. 즉, 계약금을 1,000만 원으로 정한 경우 이를 해약금으로 하여 계약에서 자유로워지고 싶다면 결국 1,000만 원의 금전적 부담을 떠안아야 한다는 것이다.

자, 그렇다면 매수인은 100만 원의 부담만 떠안은 상태에서는 해약금 규정에 따른 해약이 불가능하다. 그렇다면 당초 계약은 유효하게 존속한다. 따라서 매도인은 계약금 잔금은 물론 각 변제기마다 중도금과 잔금의 추가지급을 요구할 수 있다. 매수인이 이를 이행하지 않으면 채무불이행이 되며, 매도인은 채무불이행 책임으로 지연손해금 배상과 계약해제(이행지체이므로 일정한 독촉절차를 거친 후 발생한 해제권 행사)를 할 수 있다. 이때는 위약금 특약이 적용되어 매도인은 매수인에게 1,000만 원의 위약금(손해배상 예정금)의 청구권을 갖는다.

137. 매매계약 시 계약금의 일부만을 먼저 지급하고 잔액은 나중에 지급하기로 한 경우, 매수인은 실제 지급한 계약금 일부 금액을 포기하고 매매를 해제할 수 있다.[137]

138. 계약금 포기에 의한 계약해제의 경우, 상대방은 채무불이행을 이유로 손해배상을 청구할 수 없다.[138]

139. 계약금계약은 계약에 부수하여 행해지는 종된 계약이다.[139]

140. 계약금 계약은 낙성계약이다.[140]

141. 중도금이 지급된 경우, 상대방은 해약금 해제를 할 수 없다.[141]

142. 매매해약금에 관한 민법규정은 임대차에도 적용된다.[142]

143. 해약금에 기해 계약을 해제하는 경우에는 원상회복의 문제가 생기지 않는다.[143]

144. 계약금만 수령한 매도인이 매수인에게 매매잔금의 지급을 청구하는 소송을 제기한 경우, 매수인은 계약금을 포기하고 계약을 해제할 수 있다.[144]

145. 계약금을 위약금으로 하는 특약도 가능하다.[145]

146. 해약금에 기한 해제권을 배제하기로 약정하였다면 더 이상 그 해제권을 행사할 수 없다.[146]

147. 계약금은 증약금의 성격도 있다.[147]

---

137 X : 계약금의 일부만을 교부한 경우에는 해약금 규정이 적용되지 않으므로 해약금 해제가 불가능하다. 해약금 해제를 하기 위해서는 계약금 전액을 지급해야 한다.

138 O : 해약금 해제는 채무불이행과 무관하다.

139 O

140 X : 합의만으로 성립되는 것이 아니라 계약금을 주고받아야만 성립하는 요물계약이다.

141 O : 어느 한쪽이 이행의 착수를 하면 더 이상 해약금 규정은 적용되지 않는다.

142 O : 계약 당시 명칭 불문 금전을 교부 받은 경우 적용된다. 임대차에서 보증금의 일부를 주고받은 경우도 마찬가지다.

143 O : 해약금 규정 특성상 이행의 착수로 나간 사실이 없으므로 당연히 원상회복은 존재할 수 없다.

144 O : 계약금만 주고받은 상황에서는 언제든 행사할 수 있다. 이 경우 해약금은 그 실익이 있고 위력을 발휘한다.

145 O

146 O : 해약금규정 배제 합의는 가능하고 유효하므로 이에 따른다.

147 O : 계약금은 계약이 있었다는 사실의 가장 강력한 증거이다. 특히 계약서가 없는 계약의 경우 계약성립을 증명하는 중요한 증거가 된다.

148. 위약벌은 법원이 직권 감액할 수 없으므로 이를 감액할 방법은 없다.[148]

149. 매수인이 주택을 구입하기 위해 답사를 갔다가 그 자리에서 매매합의를 하고 이를 확인하기 위해 계약금 1,000만 원을 지급하였는데, 다만 계약금을 위약금으로 하는 특약 없이 계약금만 주고받은 경우, 매수인이 변심하여 중도금 지급 등 의무를 이행하지 않아 매도인이 계약을 해제한 경우 매수인은 계약금을 반환해 달라고 요구할 수 있다.[149]

---

148 X : 위약벌은 해약금(손해배상예정)과 달리 직권감액 규정이 없다. 다만 과도한 경우 민법 제103조 반사회질서(공서양속 위반) 행위가 되어 무효가 될 수 있다.

149 O : 계약금을 위약금으로 하는 특약이 없는 한 어느 일방의 채무불이행으로 계약이 해제되었다면 해제의 효과인 원상회복의 일환으로 양 당사자가 받은 금전이나 물건은 모두 상대에게 반환해야 한다. 만약 채무불이행으로 인해 발생한 손해가 있다면 이를 별도로 증명하지 않으면 청구할 수 없다. 위약금 합의가 중요한 이유이다.
이 문제는 김변이 직접 진행한 사건에 관한 것이다. 우리 의뢰인이 매도인에게 계약금 1억 원을 지급한 상태에서 세부적인 의견차가 발생하던 중 중도금 지급을 하지 못했다. 매도인은 우리 의뢰인의 중도금 지급 불이행(채무불이행)을 이유로 최고 후 해제하였다. 그러면서 이미 받은 계약금은 위약금으로 몰취한다고 통보해 왔다.
우선 매도인의 계약해제는 적법하다. 중도금 지급 불이행(이행지체)에 대해 최고절차를 거쳐 해제를 했기 때문이다. 김변은 이를 그대로 인정하고, 계약해제로 인한 원상회복 의무를 주장했다. 즉, 계약이 해제되었으니 이미 지급한 계약금은 원상회복해달라는 주장이다. 상대방은 위약금을 주장했으나 위약금 특약이 없기 때문에 계약금이 당연히 위약금이 되는 것은 아니다. 따라서 일단 계약금은 반환하고 만약 우리 의뢰인의 이행지체로 인한 손해가 있다면 이를 별도로 증명해서 증명된 만큼만 손해배상을 청구할 수 있다. 그러나 실무상 중도금 단계에서 손해가 발생하였다는 사실과 그 손해액의 증명은 불가능에 가깝다. 따라서, 1심에서 1억 원 반환 소송은 승소하였고 이자까지 합하여 돌려받았다. 이에 매도인은 항소하면서, 계약은 해제되지 않았다고 주장하면서 중도금과 잔금을 주고 해당 부동산의 소유권을 가져가라고 주장하고 있다(본 교재 편집 당시 항소심 진행 중이다). 1심에서는 계약해제를 주장했다가 2심에서 계약이 살아 있다고 하는 것은 모순이기도 하지만, 계약해제권은 형성권이므로 일단 행사된 이상 즉시 법률효과가 발생하고 그 후에 그 누구도 거둬들일 수 없다. 상대의 항소에 대해 김변의 방어논리로 제출된 상태이다. 이에 대해 판결이 나면 다음 교재에 반영하거나 강의 때 설명할 예정이다.

1. 교환이란?

당사자 쌍방이 금전 이외의 재산권을 서로 이전할 것을 약정하는 계약이다. 매매와 다른 것은 매매의 일방은 금전지급 의무가 있는 반면 교환에서는 양 당사자 모두가 금전이 아닌 재산권 이전이 채무라는 점이다.

〈매매〉

재산권 ↔ 금전

〈교환〉

재산권 ↔ 재산권(* 노무 등 재산권이 아닌 것을 제공하는 것은 교환이 아니다)

교환계약은 엄연한 낙성계약이다. 즉, 합의만으로 계약이 성립한다. 재산권의 이전은 이행단계의 문제이지 계약 성립에 재산권 이전이 필요한 것이 아니다.

2. 금전보충

교환 대상 목적물의 가액이 맞지 않아 일방이 금전으로 보충하기로 약정하는 경우가 많다. 이대 금전 부분에 대해서는 매매대금에 관한 규정을 준용한다. 보충금 특약이 있더라도 교환계약의 성질이 변하는 것은 아니다.

150. 교환계약은 물건과 물건의 교환을 합의한 것을 말한다.[150]

151. 부동산의 소유권을 넘겨받기로 하면서 대신 상대방이 필요한 일을 도와주기로 한 경우는 교환계약이 아니다.[151]

152. 교환부동산 가격 차이로 일부 금전을 보충하는 경우 교환계약은 매매계약으로 전환된다.[152]

153. 교환계약에도 담보책임 법리가 적용된다.[153]

---

150 X : 물건이 아니라 재산권의 교환이다. 예를 들어, 내가 가진 저당권과 상대방이 가진 전세권을 교환하는 등 권리의 교환이 포함된다. 물건에 대한 소유권이 교환될 수도 있으나 이는 소유권이라는 권리의 교환이지 물건의 교환이 아니다.

151 O : 노무는 재산권이 아니기 때문이다.

152 X : 보충금이 일부 존재해도 교환계약의 성질이 변하는 것은 아니다.

153 O : 교환계약도 유상계약이므로 담보책임이 적용된다.

[테마 13] 임대차

I 개요

남의 물건을 사용하는 권리(용익)는 계약처럼 채권계약으로 하는 경우가 있고, 지배권인 물권으로서 하는 경우가 있다. 채권은 행위청구권이므로 임차인은 물건을 직접 지배하지 못하고 임대인에게 물건을 사용할 수 있도록 배려(행위)해 달라고 요청해야 한다. 물권은 소유자마저 배제하고 직접 물건을 지배한다는 점에서 채권과 본질적인 차이가 있다. 채권적 방법의 대표는 임대차이다. 대표적인 용익물권은 전세권, 지상권, 지역권이다.

한편 용익대상물에 대한 차이가 있다.

임대차의 대상물은 물건(동산, 부동산)이다. 부동산 중 특정 건물에 대해서만 성립하는 임대차가 있다. 즉, 임대차와 특별관계인 주택임대차와 상가건물임대차가 그것이다. 결국 임대차에 적용 범위는 주택과 상가건물을 제외한 나머지 물건(토지, 공장, 창고, 동산 등)만 남게 되었다.

용익관계			
방식	종류	대상물	비고
채권 (계약)	민법상 임대차	주택과 상가를 제외한 나머지 물건 (나머지 부동산과 동산)	
	주택임대차	주택	물권화된 임대차
	상가건물임대차	상가	

물권	전세권	부동산(토지, 건물)	
	지상권	토지	
	지역권	토지	

민법상 임대차는 채권(특정한 사람에게만 행위를 요구할 수 있는 권리)이므로 임차인이 보호되지 못하는 한계가 있다. 특히 주택과 상가의 임차인은 임대인이 변경되는 경우 보증금을 떼이거나 기간 보장을 못 받고 쫓겨나는 경우가 많았다. 상가의 경우는 권리금이나 인테리어 비용을 투입하고도 이를 회수하기 전에 임대 기간이 종료되는 문제도 발생하였다. 이로 인해 주택과 상가는 평등의 원칙을 기본으로 하는 민법에서 벗어나, 불평등을 솔직하게 인정하고 임차인을 약자로 간주해 특별히 보호하는 취지의 특별법을 제정하게 된 것이다. 이렇게 특별법으로 빠져나온 부분으로 인해 기존 민법상 임대차는 일부의 대상물에만 적용되거나 특별법이 규정하지 않은 내용을 보충하는 역할에 집중하고 있다.

따라서 임대차 공부는 민법상 임대차를 기본으로 하여 전체적인 원리를 숙지하고, 그중 특별법(주택과 상가)으로 빠진 부분을 별도로 챙겨 구별하는 방식으로 해야 한다. 더 나아가 채권과 물권의 차이, 특히 주택임대차와 전세권의 차이에 집중할 필요가 있다.

Ⅱ 민법상 임대차의 개념

제618조(임대차의 의의) 임대차는 당사자 일방이 상대방에게 <u>목적물을 사용, 수익</u>하게 할 것을 약정하고 상대방이 이에 대하여 <u>차임을 지급</u>할 것을 약정함으로써 그 효력이 생긴다.

임대 목적물은 물건(동산과 부동산)이며 물건의 일부도 임대차의 목적이 될 수 있다. 임대차는 채권계약이므로 임대인이 반드시 목적물의 처분권을 가질 필요는 없으며, 인적요소가 강해 임차권의 처분은 원칙적으로 금지된다. 임대차는 유상계약으로서 반드시 차임(반드시 돈이라야 하는 것은 아니다)지급이 있어야 한다. 차임지급이 없는 임대차는 '사용대차'이다.

III 임대차 기간

1. 존속 기간

임대차 존속기간의 제한이 없어 장기임대도 가능하다. 기간을 약정하지 않고 임대차계약을 체결할 수도 있다. 기간 없는 임대차는 당사자가 언제든 계약의 해지통고를 할 수 있는데, 부동산의 경우 임대인이 해지통고를 하면 6월, 임차인이 해지 통고하면 1월이 지나면 해지의 효력이 생긴다(동산은 각 당사자 모두 5일이다). 이 경우 적법한 전차인이 있다면 임대인은 전차인에게 그 사유를 통지해야 전차인에게 대항할 수 있다. 해지통고에 대한 규정은 편면적 강행규정으로서 임차인에게 불리한 약정은 임차인이 합의하였더라도 번복할 수 있다.

2. 묵시의 갱신(법정갱신)

임대차기간이 만료한 후 임차인이 목적물을 사용, 수익을 계속하고 있는데도 임대인이 상당한 기간 내에 이의를 하지 아니하면 전임대차와 동일한 조건으로 임차한 것으로 본다. 다만 기간 약정 없는 임대차로 간주하여 해지통고 규정이 적용된다.

1. 임차인의 의무

가. 차임지급 의무

차임은 임대차계약의 핵심요소이다. 임차인이 2기(2번 연체가 아니라 차임 누적액이 2 기분에 달한다는 의미이며, 연속연체일 필요도 없다)에 해당하는 차임을 지급하지 않는 경우 임대인은 즉시 임대차 계약을 해지할 수 있다. 이렇게 차임 미지급으로 임대차가 해 지되면 임차인이 해지 시 갖는 각종 권리(부속물매수청구권, 지상물매수청구권, 계약갱신 청구권)가 강행규정에 해당하더라도 모두 잃는다. 토지임대인이 변제기를 경과한 최후 2 년의 차임채권에 의하여 그 지상에 있는 임차인 소유 건물을 압류한 때는 저당권과 동일 한 효력이 있다(법정저당권).

임차인은 임차물의 일부가 과실 없이 사용이 곤란해진 경우 그 비율에 의한 차임 감액을 청구할 수 있고, 각 당사자는 경제 사정 변동 등으로 차임이 현실적이지 않은 경우 상대방 에 대해 증액 또는 감액을 청구할 수 있다(차임증감 청구권은 편면적 강행규정으로 임차 인에게 불리한 합의는 무효이다).

나. 임차물 보존 의무

임대목적물을 훼손하지 않고 사용한 후 원상회복하여 반환해야 한다. 임대인이 목적물 의 보존행위를 할 경우 임차인은 이를 거절하지 못한다.

다. 무단양도, 무단전대 금지

2. 임대인의 의무

임차인이 임대물을 사용, 수익할 수 있도록 목적물 인도, 수선(사소한 것은 제외), 방해제거 등을 해줘야 한다. 이를 위반해 임차인이 목적물을 사용할 수 없을 정도가 되면 임차인은 계약을 해지할 수 있다.

특히 임대인은 임차인이 지출한 필요비(통상의 용도보존을 위한 비용, 임대차 종료와 무관하게 즉시 청구 가능)와 유익비(가치증가 비용, 임대차가 종료한 경우 가액증가가 현존할 때 지출비용 또는 증가액 중 임대인이 선택)를 반환할 의무가 있다. 임차인은 위 비용을 6개월 이내에 청구할 수 있으며 비용을 지급받을 때까지 임차물을 점유하여 유치권을 행사할 수 있다. 금액이 높은 경우가 많은 유익비의 경우 법원이 지급기한을 연장해 줄 수 있는데 이때는 유치권 성립도 유보된다.

임차인의 비용상환청구권에 관한 규정은 임의규정이므로 특약으로 이를 포기할 수 있다. 이와 관련하여 일반적으로 사용하는 부동산 임대차계약서에는 임대차 종료 시 임차인의 '원상회복' 의무가 포함되어 있는데, 이러한 원상회복 조항이 곧 비용상환청구권의 포기이다. 비용상환청구권이 배제되면 이에 근거한 유치권도 배제된다.

3. 건물 임차인의 부속물매수청구권 - 강행규정

건물 기타 공작물의 임차인이 그 사용의 편익을 위하여 임대인의 동의를 얻어 이에 부속한 물건이 있는 때에는 임대차의 종료 시에 임대인에 대하여 그 부속물의 매수를 청구할 수 있다. 임대인으로부터 매수한 부속물도 마찬가지다. 이는 강행규정이지만 임차인이 차임미지급으로 해지되는 경우에는 배제된다.

4. 토지 임차인의 지상물매수청구권 - 강행규정(지상권 준용)

건물 기타 공작물의 소유 또는 식목, 채염, 목축을 목적으로 한 토지임대차의 기간이 만료한 경우에 건물, 수목 기타 지상시설이 현존한 때에는 임차인은 계약갱신청구권을 행사할 수 있고 거절당했을 때는 지상물매수청구권을 행사할 수 있다. 이는 강행규정이지만 임차인에게 불리하지 않은 경우에는 포기할 수 있다. 차임지연으로 인한 해지 시에는 계약갱신청구권이 없으므로 지상물매수청구권도 성립하지 않는다.

〈임대차에 있어 즉시해지 사유〉

해지권자	즉시해지사유	근거
임대인	무단양도, 무단전대	제629조
	용법에 맞지 않는 목적물 사용	채무불이행책임
	임차인 파산으로 인한 해지통고	제637조
	차임지연에 의한 해지	제640조
임차인	임차인 의사에 반하는 보존행위로 목적달성 불가능	제625조
	목적물 일부 또는 전부멸실	제627조 제2항

V 전대차

전대는 임차인이 다시 목적물을 임대하는 것이다. 무단전대는 임대차 해지사유이며 전차인은 목적물의 불법점유자가 되고, 임대인은 퇴거청구를 하거나 임차인과의 임대계약을 해지할 수 있다. 그 이외에 임대인의 동의 없는 전대차는 특별히 임대차에서 논할 법률관계가 없다. 따라서 여기서는 임대인의 동의 있는 합법전대차에 대해 설명한다.

편의상 임대인과 임차인 사이 계약을 임대계약, 임차인과 전차인 사이 계약을 전차계약이라 한다. 결국 임차인은 임대인의 관계에서는 임차인, 전차인과 관계에서는 전대인이 된다.

1. 전차인의 지위

전차인은 임대인에게 직접 의무를 부담하므로 전차인은 전대인에게 차임을 지급했다는 이유로 임대인의 차임지급 요구에 대항할 수 없다. 목적물 보관의무 등 전대관계에서의 전대인의 의무를 임대인에게 직접 부담한다. 또한 임대관계와 전대관계가 동시에 종료한 경우 전차인은 목적물을 임대인에게 직접 반환해도 된다. 전차인이 임대인에 관해 부담한 의무만큼은 전대인에 대한 의무가 면제된다. 그런데 이렇게 전차인이 임대인에 관해 직접 의무를 부담한다고 해서 임대인과 사이에 직접 임대차 관계가 성립하는 것은 아니다.

2. 임차인(전대인)의 지위

전대관계 여부와 상관없이 임대관계는 기존과 같이 유효하다. 전차인의 고의, 과실로 목적물이 훼손된 경우 임차인은 임대인에게 이에 대한 책임을 진다. 다만 임대인이 동의하였으므로 전차인의 선임, 감독에 과실이 있는 경우에만 책임진다.

3. 전차인 보호

가. 전대차 유지

전대차는 임대차의 범위에서 성립하므로 원칙적으로 임대차가 종료되면 전대차도 종료된다. 그러나 동의를 받은 전차인 보호를 위해 임차인이 일방적으로 임차권을 포기하거나 임차인이 임대인과 합의하여 계약을 종료한 경우에는 전차인의 권리는 소멸하지 않는다.

나. 해지통고

임대차가 해지 통고로 종료된 경우 임대인은 전차인에게 그 사유를 통지해야만 해지에 따른 법률효과를 전차인에게 주장할 수 있다. 이 통지를 받은 경우 부동산은 6월, 동산은 5일이 지나야 전대차 해지효과가 발생한다. 예상치 못한 임대종료에 대해 대비할 수 있는 시간을 주기 위해 전차인에게 별도의 해지통고 절차를 거치는 취지다.

다. 지상물매수청구권과 부속물매수청구권 인정

Ⅵ 일시사용을 위한 임대차(전대차)의 특례

일시사용을 위한 임대차란 여관방을 하루 빌려 쓰는 것처럼 민법상 임대차 규정을 그대로 적용하기 곤란한 임대차를 말한다. 민법상 임대차는 비교적 장기임대를 전제로 규정되어 있기 때문이다. 따라서 그 성격상 일시사용 임대차에 적합하지 않은 규정은 적용을 배제하며, 그 내용은 다음과 같다.
- 차임증감청구권(제628조)
- 해지통고의 전차인에 대한 통지(제638조)
- 차임지체에 의한 해지(제640조)
- 임차인의 부속물매수청구권(제646조)
- 전차인의 부속물매수청구권(제647조)

〈용익권리 상 형성권〉

권리	권리자	행사시기/요건	비고
지상물 매수 청구권	지상권자 토지임차인 전세권자	지상물 현존 상태 계약종료 시 (단, 계약갱신청구권 행사 후 거부당했을 때)	강행규정으로 불리한 내용의 특약은 무효 (단, 차임미지급 등 계약위반으로 해지된 경우에는 적용 배제)
	지상권설정자	지상권 소멸 시 지상권자가 원상회복할 때 상당한 가격 제시해 매수청구	
부속물 매수 청구권	전세권자 건물임차인	임대인 동의 얻은 부속물 또는 임대인에게서 매수한 부속물이 현존하는 상태에서 계약종료 시	강행규정으로 불리한 내용의 특약은 무효 (단, 차임미지급 등 계약위반으로 해지된 경우에는 적용 배제)
	전세권설정자	전세권 소멸 시 전세권자가 원상회복할 때 부속물 매수청구	
차임 감액 청구권	임차인	- 임차물 일부가 임차인 과실 없이 사용이 곤란해진 경우 그 비율에 위한 감액청구 - 경제 사정 변동 등으로 차임이 현실적이지 않은 경우 감액 청구	강행규정 임차인에게 불리한 합의는 무효
차임 증액 청구권	임대인	경제 사정 변동으로 차임이 현실적이지 않은 경우 감액 청구	
지료/ 전세금 증감청구권	지상권자 지상권설정자 전세권자 전세권설정자	경제 사정 변동 등으로 지료나 전세금이 상당하지 않은 경우, 증액 또는 감액 청구	

- 지상물매수청구권 행사의 전제가 되는 계약갱신청구권은 형성권이 아니다. 따라서 이를 거부했을 때를 대비해 지상물매수청구권을 마련해 놓은 것이다.

- 이와 달리, 특별법인 주택임대차보호법과 상가건물임대차보호법상 계약갱신청구권은 4년(주택), 10년(상가)의 범위에서 임대인이 거부할 수 없으므로 이 범위에서 형성권의 성격을 갖는다.

154. 임대인이 차임을 증액하지 않겠다는 특약은 가능하지만, 임차인이 차임을 증액청구할 수 없다는 특약은 임차인이 적극 동의하였더라도 무효이다.[154]

155. 토지임차인의 지상물매수청구권은 임차인이 이에 갈음하는 충분한 대가를 받는 조건으로 포기하는 것은 가능하다.[155]

156. 전대차는 임대차에 종속되므로 전대에 대해 임대인이 동의를 얻었더라도 임대계약이 합의 해지되면 전대치도 지동 해지된다.[156]

157. 임차인이 필요비를 지출한 경우 임대차계약이 해지되어야 그 상환을 청구할 수 있다.[157]

158. 임차인의 부속물매수청구권은 임대차 종료 전에도 행사할 수 있다.[158]

159. 건물 소유를 목적으로 한 토지임대차의 기간이 만료된 경우 임차인은 즉시 지상물매수청구권을 행사할 수 있다.[159]

160. 임차인의 유익비상환청구권은 유익비 투입으로 인한 가액증가가 현존하는 경우에만 행사할 수 있다.[160]

161. 가액증가가 현존하는 경우 임차인은 임대인에게 투입비용(유익비)과 증가액 중 하나를 선택해 청구할 수 있다.[161]

162. 임차인의 비용상환청구권은 강행규정이므로 임차인에게 불리한 특약은 무효이다.[162]

---

154 O : 차임증감청구권은 편면적 강행규정으로서 임차인에게 불리한 특약은 무효이다.
155 O : 강행규정이지만 임차인에게 그에 대한 충분한 보상이 있는 경우 포기한 것이면 유효하다.
156 X : 동의받은 전대인의 권리는 임차인의 임차권 포기 또는 임대인과 사이에 합의해지로도 박탈할 수 없다.
157 X : 필요비는 지출 즉시 청구할 수 있다.
158 X : 부속물매수청구권은 계약종료 시 행사할 수 있다.
159 X : 계약갱신청구권을 행사했는데 거절당했을 때 행사할 수 있다. 계약갱신청구권은 형성권이 아니므로 임대인이 거절할 수 있으나 지상물매수청구권은 형성권이므로 이에 대해 임대인은 거부할 수 없다. 매수대금은 청구권 행사 당시 시세이다.
160 O : 일종의 부당이득 반환 성격
161 X : 임대인에게 선택권이 있다. 즉, 임차인이 청구하지만 선택은 임대인이 한다.
162 X : 임의규정이므로 배제특약이 가능하다. 특히 원상회복의 특약이 있으면 이는 비용상환청구권 포기 특약으로 본다. 실무적으로는 배제되는 경우가 훨씬 많다. 중개업소 등에서 사용하는 표준계약서에 원상회복 의무가 부동문자로 인쇄되어 사용되기 때문이다.

163. 일시사용을 위한 임대차에서 차임증감청구권은 인정되지 않는다.[163]

164. 토지임대차가 종료된 경우 지상물이 현존하면 임차인은 계약갱신청구권을 행사할 수 있는데 임대인은 이를 거절할 수 없다.[164]

165. 기간이 정해지지 않은 부동산임대차에서 임대인이 해지통고를 하면 1개월 뒤에 해지의 효력이 발생한다.[165]

---

163 O

164 X : 이 경우 계약갱신청구권은 형성권이 아니다. 임대인은 이를 거절할 수 있고, 이때 임차인은 지상물매수청구권을 갖는다. 지상물매수청구권은 형성권이므로 행사 즉시 지상물에 대한 매매계약이 체결된다.

165 X : 6개월 뒤에 발생한다. 임차인이 해지통고를 하면 1개월 뒤에 효력이 발생한다.

[테마 14] 주택임대차

I 개요

민법상 임대차 일부 규정을 배제하고 주택임대차보호법을 만들어야 했던 이유는 다음과 같다.

민법상 임대차만으로 주택임대차를 규율하던 시기에 대한 기억을 떠올려 보면, 임대차가 채권인 관계로 특정인(임대인)에게 보증금을 주고 임대기간도 특정인(임대인)으로부터 보장받는 구조였다. 채권관계란 그 특정인(계약 당사자) 이외의 사람에게는 주장할 수 없는 한계가 있다. 따라서 임대인이 집을 다른 사람에게 팔아 버리면, 새로운 주택소유자는 임차인을 쫓아 버리거나 보증금 또는 차임을 일방적으로 증액하는 것에 대항할 수 없었다. 임차인이 하소연해 봐야 자기는 무관하다며 예전 임대인에게 항의하라고 하는 일이 빈번하였다.

또한 임대보증금 반환청구권은 채권이므로 그 우선순위가 보장받지 못해 후순위 물권자(저당권자 등)가 들어오는 경우 경매절차 등에서 보증금이 잠식되는 것을 감수해야 했다. 그 결과 국민들의 주거안정은 전혀 실현되지 못하여 국가적 문제가 되었다.

이를 방지하기 위해서는 '전세권'이라는 물권을 설정하면 해소될 여지가 있지만, 전세권 설정은 임대인과 임차인이 합의하에 등기소에 등기신청을 해야 하는, 절차를 거쳐야 하는 번거로움으로 인해 우월적 지위에 있던 임대인의 협조를 얻기 어려운 한계가 있었다.

따라서 이러한 민법상 임대차의 한계를 극복할 수 있도록 주택임대차에만 적용하는 특별법을 제정하게 된 것이다.

그 입법 취지에 따른 주요 내용은,

임대인이 변경되더라도 기존 임대차 관계를 근거로 새로운 임대인에게 대항하여 쫓겨나지 않도록 하고(대항력 부여), 최소한의 주거 기간(2년, 1회 갱신하여 최대 4년)은 계약과 무관하게 보장해 주며(최소기간 보장), 보증금 반환 의무도 새로운 임대인에게 자동으로 승계되고(권리행사의 상대성 보완), 전세권 설정 없이도 임차인이 단독으로 보증금의 우선순위를 확보할 수 있도록 하였다.

이렇게 특별히 규정한 내용을 제외한 나머지 내용은 일반 임대차 규정이 적용된다.

II 내용

1. 적용 범위

서민의 주거생활 안정을 목적으로 하기 때문에 미등기건물, 주택의 일부가 영업용인 경우, 채권적 전세 등에는 적용이 되지만, 일시사용을 위한 임대차, 회사 기숙사용 임대차 등에는 적용이 없다. 주택인지 여부는 대장이나 기타 공부상의 표시만을 기준으로 하는 것이 아니라 그 실제 용도에 따라 정해야 하고 또 건물의 일부가 임대차의 목적이 되어 주거용과 비주거용으로 겸용되는 경우에는 구체적인 이용관계를 살펴 임차인이 그곳에서 일상생활을 영위하는지 여부 등으로 고려하여 종합적으로 결정된다.

주택임대차보호법이 적용되는 임대차는 반드시 임차인과 주택소유자 사이에 체결되어야 하는 것은 아니다. 주택 소유자는 아니더라도 주택에 관하여 적법하게 임대차계약을 체결할 수 있는 권한을 가진 임대인과 체결한 경우에도 적용된다.

2. 대항력 : 점유(이사) + 주민등록(전입신고)

대항력이란 임차인의 권리를 대외적으로 인정받는 것을 말한다. 이는 필연적으로 공시를 해야 하고, 임차권의 경우에도 등기를 할 수 있는 절차가 열려 있다(그러나 이는 임대인의 협조가 필요하여 실효성이 낮다). 물론 등기를 하지 않더라도 건물 소유 목적의 토지임대차는 그 건물을 등기하면 토지임대가 대항력을 갖는 예외적인 경우도 있다(민법 제622조). 그러나 그 현실성이나 효력에 한계가 있어 근본적인 대책이 필요하였다. 그래서 특별법에 다음과 같은 방법을 도입하였다.

> **주택임대차보호법 제3조(대항력 등)** 임대차는 그 등기가 없는 경우에도 임차인이 주택의 인도와 주민등록을 마친 때에는 그 다음 날부터 제3자에 대하여 효력이 생긴다. 이 경우 전입신고를 한 때에 주민등록이 된 것으로 본다.

즉, 임차권등기를 하지 않더라도 임차인이 주택인도(이사)와 주민등록을 마치면 다음날부터 등기를 한 것과 마찬가지의 대항력을 갖는다. 다만 등기는 등기부를 통해 확인할 수 있으므로 등기된 날을 기준으로 대항력을 갖는데, 인도와 주민등록은 등기부에 공시되지 않으므로 다소 그 시점이 명확하지 않아 분쟁이 있을 수 있으므로 그 다음 날 대항력을 갖도록 규정하였다.

위와 같은 방법으로 대항력을 가지면 집주인이 변경되어도 집에서 쫓겨나지 않는다. 새로운 주인은 기존 주인(임대인)의 지위를 그대로 승계한 것으로 본다. 기존 임대인은 더 이상 임대인이 아니므로 보증금 반환의무도 소멸하고 새로운 임대인만이 반환의무자가 된다. 그런데 임차인이 임대인의 지위승계를 원하지 않을 때에는 임차인이 양도 사실을 안 때로부터 상당한 기간 내에 이의를 제기하여 승계되는 임대차관계의 구속을 벗어날 수 있다. 이때 기존 임대인의 보증금반환의무는 소멸하지 않는다.

주의할 것은 점유를 잃거나 주민등록을 이전하면 대항력을 상실한다는 것이다. 대항력을 상실하면 아래 보는 우선변제권도 상실한다. 따라서 보증금을 돌려받지 못한 상황에서 이사해야 한다면 대항력을 유지하는 조치를 취해야 하는데 그것이 '임차권등기명령' 제도이다(상가임대차에도 동일).

대항력과 관련하여 혼동하지 말아야 할 것이 있다. 대항력은 주택의 임대인이 변경되더라도 새로운 임대인에게 임차권을 주장할 수 있는 힘이 있다. 이는 경매로 주택의 소유자가 변경되는 경우에도 마찬가지인데, 다만 경매에서는 선순위 권리자가 있다면 대항력을 주장할 수 없고 아래와 같은 우선변제권의 문제만 남는다. 즉, 경매에 있어 주택임대차의 대항력은 임대차가 최선순위인 경우에만 적용된다.

3. 우선변제권 : 대항력 + 확정일자

우선변제권이란 비록 보증금반환청구권이 채권이지만 후순위 물권이나 다른 채권보다 우선적 지위를 확보할 수 있다는 것이다. 대표적인 채권의 물권화 조치이다. 주의할 것은 후순위나 일반채권보다 우선한다는 것이지, 선순위 권리보다 앞선다는 의미가 아니다. 물권도 상호 간에 우선순위가 있듯이 채권이 물권화되었다고 하여 물권을 넘어서는 것은 아니고 물권처럼 일정한 원칙하에 선후를 따져 준다는 것이다.

> **주택임대차보호법 제3조의2(보증금의 회수)** ② 대항요건과 임대차계약증서상의 확정일자를 갖춘 임차인은 민사집행법에 따른 경매 또는 국세징수법에 따른 공매를 할 때 임차주택(대지를 포함한다)의 환가대금에서 후순위권리자나 그 밖의 채권자보다 우선하여 보증금을 변제받을 권리가 있다. ③ 임차인은 임차주택을 양수인에게 인도하지 않으면 보증금을 받을 수 없다.

이와 같이 채권을 물권화시킨 것도 파격이다. 그런데 특별법은 여기서 한 걸음 더 나아가 일정한 소액보증금의 경우 선순위 물권보다 우선하는 효력까지 부여한다. 기본 법리를 넘어서 경제적 약자를 보호하기 위한 파격적 조치이다.

4. 소액보증금 최우선변제권 : 경매신청 전까지 대항요건 구비

소액보증금 최우선변제권은 후순위 채권이지만 경매신청 전까지 대항요건만 갖추면(확정일자는 요건이 아니다) 다른 담보물권자보다 우선하여 보증금 중 일정금액을 배당받는 권리를 말한다. 채권에게 물권과 동일한 것을 넘어 선순위 물권보다도 우선하는 효력을 인정한 파격적 조치다. 다만 임차권등기 이후의 임대차에는 적용되지 않는 점을 주의한다 (제3조의3, 제6항).

> **주택임대차보호법 제8조(보증금 중 일정액의 보호)** ① 임차인은 보증금 중 일정액을 다른 물권자보다 우선하여 변제받을 권리가 있다. 이 경우 임차인은 주택에 대한 경매신청의 등기 전에 대항요건을 갖추어야 한다. ③ 제1항에 따라 우선변제를 받은 임차인 및 보증금 중 일정액의 범위와 기준은 주택임대차위원회의 심의를 거쳐 대통령령으로 정한다. 다만, 보증금 중 일정액의 범위와 기준은 주택가액(대지의 가액을 포함한다)의 1/2을 넘지 못한다.

위 특혜로 인해 주택임차인은 자신의 보증금 중 일정 금액은 선순위물권보다 우선하여 보호받고, 나머지 금액은 다른 물권과 동등한 지위에서 순위에 따른 권리를 인정받는다.

보호받는 보증금의 금액요건과 그중 보호받는 금액은 별개다. 지역별로 소액보증금 우선변제권 조항이 적용되는 기준은 대통령령으로 규정한다. 이에 따르면 본 교재 편집 중인 2020. 3. 1. 현재 소액보증금 보호 기준은 다음과 같다.

지역	적용대상 (해당금액 이하)	보호금액 (최우선변제)
서울	1억 1,000천	3,700만
과밀억제권 세종, 용인, 화성	1억	3,400만
광역시 파주, 김포, 안산, 광주	6,000만	2,000만
나머지 지역	5,000만	1,700만

예를 들어 2020. 3. 1. 기준 서울시는 보증금 1억 1,000만 원 이하인 주택임대차의 경우 적용되고, 그중 3,700만 원이 최우선 변제액이 된다. 보증금이 위 금액을 초과하면 소액보증금 최우선변제는 적용받지 못하고 일반 물권과 동일하게 자기의 순위에 따라 변제받는다.

소액보증금은 공시방법이 불안함에도 일반적 민법체계를 깨면서 소액보증금을 보호하는 제도이다. 이로 인해 다른 물권자는 예측 못 한 피해를 보게 되는데, 이로 인해 은행이 주택에 대해 담보대출을 함에 있어 부득이 가상의 소액보증금을 고려하여 담보가치를 하향 평가하는 것이 실무관행이다.

경우에 따라 소액보증금 제도는 악용되기도 한다. 경매신청 전까지만 대항력을 갖추면 되기 때문에 주택이 경매로 넘어갈 위기에 있는 소유자가 편법으로 일부 금액을 회수하기 위해 허위의 소액임차인을 만들어 경매법원에 배당신청을 하는 경우가 있다. 이를 방지하기 위해 법은 소액임차인의 최우선변제금액은 주택가액의 1/2을 초과할 수 없도록 규정하고 있다. 예를 들어 서울의 소액임차인의 최우선변제 금액은 3,700만 원이지만 주택 가액이 6,000만 원이라면 그 1/2인 3,000만 원만 우선배당 받을 수 있다. 한편, 주택가액이 1억 원이라 가정할 때 3,700만 원까지 우선변제 받을 수 있는 소액임차인이 여러 명(예를 들어 3명)이더라도 그 여러 명은 주택가액의 1/2인 5,000만 원을 나눠 가져야 한다.

5. 기간 보장 : 2년 보장 1회 갱신(총 4년 보장)

가. 2년 보장

2년보다 짧게 계약한 경우 임차인 쪽에서 짧은 기간을 주장하는 것은 상관없다. 2년을 넘는 기간에 대해서는 임대인은 계약대로 지킬 것을 주장할 수 있다.

나. 1회 갱신 가능(2020. 7. 31.시행 개정법 내용)

1) 갱신청구권 도입

2020. 7. 31. 시행된 개정 주택임대차보호법을 통해 주택임대차에도 상가건물보호법에 규정되었던 갱신청구권이 도입되었다. 애초 보장되고 있던 2년의 최소 거주기간이 짧아 이를 보완하기 위해 다양한 의견이 제시되던 중(영구임대, 10년 보장 등) 1회(2년) 보장으로 정리된 것이다. 따라서 임차인이 원할 경우 1회의 갱신청구권을 사용해 최대 4년의 주거기간은 보장받을 길이 열렸다.

2) 갱신청구권 행사 방법

임대차 기간이 끝나기 6개월 전부터 1개월 전까지(2020. 12. 10.부터는 6개월 전부터 2개월 전까지) 임대인에 대해 명시적 의사표시로 갱신요구를 하는 경우 임대인은 이를 거절할 수 없다. 기존 계약의 연수와 상관없이 1회 2년의 갱신권을 부여하므로, 이 법 시행 당시 이미 4년을 초과하는 임대 기간이 지났어도 임대 기간 종료 1개월 전이라면(12. 10.부터는 2개월 전) 갱신권을 행사하여 2년의 추가 거주가 가능하다(다만 이 법 시행 전 이미 종료를 전제로 임대인이 다른 임차인과 계약을 체결한 경우라면 갱신할 수 없다).

3) 임대인이 갱신청구권을 거부할 수 있는 사유(단, 악용 시 손해배상)

① 임대인(직계존속, 직계비속 포함)의 실거주가 필요한 경우에는 임대인은 갱신을 거절할 수 있다. 이 경우 갱신 기간이 지나기 전 정당한 사유 없이 제3자에게 주택을 임대한 경우(즉, 편법 갱신거부) 갱신을 거부당한 기존 임차인에 대한 손해배상 의무가 발생한다.

② 임차인이 2기의 차임액에 해당하는 차임 연체(해지사유)

③ 임차인이 거짓 등 부정한 방법으로 임차한 경우(해지사유)

④ 임차권 무단 양도 및 무단전대(해지사유)

⑤ 고의나 중대한 과실로 주택을 파손한 경우(해지사유)

⑥ 주택의 파손으로 주거 기능이 상실된 경우(해지사유)

⑦ 합의하여 임대인이 임차인에게 상당한 보상을 한 경우

⑧ 주택 노후 등으로 안전사고 위험 있거나 수용당하는 경우/사전에 철거나 재건축 계획을 고지하고 그 계획에 따르는 경우

⑨ 기타 임차인의 현저한 의무위반

다. 묵시의 갱신(법정갱신)

임대인이 임대차기간이 끝나기 6개월 전부터 1개월 전까지 임차인에게 갱신거절의 통지를 하지 아니한 경우에는 그 기간이 끝난 때에 다시 임차한 것으로 본다. 임차인이 임대차 기간이 끝나기 1개월 전까지 통지하지 아니한 경우도 마찬가지다(2020. 12. 10.부터는 최종 통지 기간이 2개월 전까지다). 갱신된 임대차 기간은 2년이 보장된다. 다만 임차인은 2년을 지킬 필요가 없고 임대차 해지통지를 임대인에게 하면 3개월 지나는 시점에 해지된다.

6. 차임, 보증금 증감청구권

경제 사정에 따라 차임, 보증금이 적절하지 않은 경우 양 당사자는 상대방에 대해 차

임의 증액이나 감액을 청구할 수 있다. 증액을 하는 경우 약정한 차임, 보증금의 20분의 1(5%)의 금액을 초과하지 못하고, 증액이 있은 후 1년 내에는 재차 증액하지 못한다.

7. 주택임차권의 승계

주택임대차보호법 제9조(주택임차권의 승계) ① 임차인이 상속인 없이 사망한 경우에는 그 주택에서 가정공동생활을 하던 사실상의 혼인 관계에 있는 자가 임차인의 권리와 의무를 승계한다. ② 임차인이 사망한 때에 사망 당시 상속인이 그 주택에서 가정공동생활을 하고 있지 아니한 경우에는 그 주택에서 가정공동생활을 하던 사실상의 혼인 관계에 있는 자와 2촌 이내의 친족이 공동으로 임차인의 권리와 의무를 승계한다. ③ 제1항과 제2항의 경우에 임차인이 사망한 후 1개월 이내에 임대인에게 제1항과 제2항에 따른 승계 대상자가 반대 의사를 표시한 경우에는 그러하지 아니하다.

우리 민법상 사망자의 사실혼 배우자는 상속권이 없다. 그런데 주택임대차에 이러한 원칙을 그대로 적용하면 문제가 발생한다. 망인이 사실상 가족을 이루어 같은 집에 거주하던 가족들은 상속인이 아니라는 이유로 하루아침에 쫓겨나는 문제가 있다. 실제 오래 떨어져 있던 상속 관계의 친척들은 해당 주택 생활에 관심이 없는 경우인데도 그렇다. 한편으로는 망인 주택의 보증금에 대해 상속의 권리를 완전히 배제하는 것이 불합리할 수도 있다. 이러한 불합리를 해소하고 사실상의 가족들이 기본적인 주거생활을 침해받지 않도록 배려한 특별규정이다.

이에 따르면,
- 임차인과 가정공동생활을 하던 법정상속인이 있으면 그 상속인이 단독승계한다.
- 임차인의 법정상속인이 가정공동생활을 하지 않는 경우, 2촌 이내 친족은 임차인과 공동생활 하던 사실혼배우자와 공동승계한다.
- 사실혼 배우자가 임차권을 상속하는 것은 임차인과 가정공동생활을 한다는 것을 전제

로 한다. 즉, 임차인과 가정공동생활을 하지 않는 사실혼 배우자는 임차권 승계와 무관하다.

〈임대차 일람표〉

| 대상 | 부동산 | | | | 동산 |
| | 건물 | | | 토지 | |
	주택 (주용도가 주거용인 건물)	상가 (사업자등록 대상 영업용건물)	기타건물 (공장, 창고 등)		
적용법	주택임대차보호법	상가건물임대차보호법	민법		
목적	국민주거안정	경제생활안정			
적용 제한		환산보증금 초과 시 특별법 제외 원칙 (단, 일부규정 예외)			
대항력	주택인도(이사) + 주민등록 → 다음날부터 발생	건물인도(이사) + 사업자등록 → 다음날부터 발생			
우선 변제권	대항력 + 확정일자 (주민센터)	대항력 + 확정일자 (관할세무서)			
임대차 정보제공	임대인 동의받아 확정일자 부여기관에 요청				
임차권 등기명령	임대차 종료되었는데 보증금 못 받으면 관할법원에 신청				
임대차 기간	당사자합의 단, 2년 보장	당사자 합의 단, 1년 보장	당사자합의		
법정갱신 (묵시 갱신)	종료 전 6월~1월 사이에 임대인이 갱신거절 하지 않으면 2년(주택)/1년(상가) 자동 갱신(기간 제한 없음) (주택은 임차인이 1개월 전까지 통지하지 않은 경우 포함)		임대기간 지났는데 임대인이 상당기간 안에 이의하지 않으 면 임대기간은 없는 것으로 갱신		
갱신 후 해지	임차인 해지 시 3개월 후 효력		임대인 해지 시 6개월 임차인 해지 시 1개월		5 일

갱신 청구권	종료 전 6월~1월 사이에 임차인이 갱신청구 시 1회(2년), 최대 4년까지 갱신	종료 전 6월 ~ 1월 사이에 임차인이 갱신청구 시, 최대 10년까지 갱신	
차임증감 청구	증액 시 상한 제한(5%), 1년 내 증액 못 함		상한제한 없음
소액 보증금 보호	건물의 경매신청 등기 전에 대항력 갖춘 경우 일정 보증금 이하(적용요건) 금액 중 일정금액 (최우선 변제금액)을 선순위로 배당		
권리금 보호		0	
비용상환	필요비는 즉시 유익비는 종료 시 가액 증가 한도 내		
임차인의 매수청구	지상물매수청구권(지상권자와 동일) 부속물매수청구권(전세권자와 동일)		
차임지체 효과	2기 차임지체 시 해지, 매수청구, 갱신청구권 상실	3기 차임지체 시 해지, 매수청구, 갱신청구권 상실	해지, 매수청구권상실

166. 주택 임대차계약이 묵시적으로 갱신된 경우 임대인이 계약해지 통고를 하면 그로부터 3개월이 지난 시점에 임대차계약은 해지된다.[166]

167. 임대차기간이 만료하기 전이라도 필요하면 임차권등기명령을 신청할 수 있다.[167]

168. 임차주택이 미등기건물인 경우라도 서민의 주거안정에 해당하는 경우 주택임대차보호법이 적용된다.[168]

169. 일시사용을 위한 임대차나 기숙사는 주택임대차보호법의 적용대상이 아니다.[169]

170. 이미 4년 이상 임대기간이 지나 종료를 앞둔 임차인은 2020. 7. 31. 시행 주택임대차보호법에 따른 갱신청구권을 행사할 수 없다.[170]

171. 소액보증금 주택임차인은 경매신청의 등기 전까지 확정일자를 받아야 최우선변제권이 인정된다.[171]

172. 임차권등기 이후의 주택임차인은 소액보증금 최우선변제권이 적용되지 않는다.[172]

173. 주택임대차에서 계약 기간이 지났음에도 임차인이 계속 사용, 수익하는 데 임대인이 상당한 기간 내에 이의를 하지 않으면 묵시의 갱신이 된다.[173]

174. 임대인이 주택에 직접 거주할 필요가 있을 때 임대인은 계약만료 6개월 전부터 1개월 전까지 갱신거부를 통지하고 입주하면 임차인은 갱신청구를 할 수 없다.[174]

---

166 X : 주택임대차가 묵시 갱신된 경우 임차기간은 2년이 보장되고 임대인은 해지통고를 할 수 없다. 임차인이 해지통고를 하면 3개월이 지난 시점에 계약은 해지된다.

167 X : 임대기간이 종료된 후에 임차권등기를 신청할 수 있다.

168 O

169 O

170 X : 개정임대차보호법 시행 당시 아직 임대차기간이 남아 있다면, 기존 임대기간과 무관하게 1회(2년)의 갱신청구권 행사가 가능하다. 다만 최소 1개월(2020. 12. 10.부터 2개월) 전에 갱신청구권을 행사해야 하므로 2020. 7. 31. 당시 남은 임대기간이 1개월이 되지 않으면 물리적으로 갱신청구권 행사가 불가능하다.

171 X : 확정일자를 받을 필요는 없고, 대항요건만 갖추면 된다.

172 O : 임차권등기는 누구나 등기를 열람해 확인할 수 있다. 임차권등기는 타인의 임대차를 억제하는 효과가 있고 임대인은 압박을 받게 된다. 이러한 임차권등기를 확인하고도 계약을 체결한 임차인은 위험을 감수한 것이므로 보호할 필요가 소멸된다.

173 X : 이는 일반임대차의 묵시갱신이고, 주택임대차는 계약종료 전 6월에서 1월 사이에 계약갱신 거절통지를 하지 않으면 묵시의 갱신이 된다. 임대차가 물권화되면서 전세권의 묵시갱신 규정을 가져왔다.

174 O

175. 주택임대차 기간을 3년으로 합의하였으나 임차인이 사정이 생겨 부득이한 경우 2년으로 단축하여 주장할 수 있다.[175]

176. 주택임대차 기간을 1년으로 합의하였더라도 임차인은 주택임대차보호법에 의해 2년 안에는 임대차 해지를 하지 못한다.[176]

177. 차임 증액이 있은 후 1년 이내에는 다시 증액할 수 없다.[177]

178. 주민등록을 다른 곳에 이전하더라도 실제 계속 거주하고 있으면 주택임대차보호법상 대항력은 유지된다.[178]

179. 주택 임차인이 주택의 인도와 주민등록을 마치면 대항력을 갖추게 되고, 같은 날 임대차계약서상 확정일자까지 갖추면 그 날 기준으로 우선변제권도 발생한다.[179]

180. 주택임차인이 대항력을 갖추면 경매에서도 언제나 낙찰자에게 임대차 존속을 주장할 수 있다.[180]

181. 주택임차인의 우선변제권은 주택뿐만 아니라 대지의 환가대금에도 미친다.[181]

182. 주택임대차가 묵시 갱신된 경우 기간 없는 임대차가 되어 임대인이 해지통고를 하고 3개월이 지나면 임대차는 종료된다.[182]

183. 주택 임차인이 그 가족과 함께 그 주택에 대한 점유를 계속하고 있으면서 그 가족의 주민등록을 그대로 둔 채 임차인만 주민등록을 일시적으로 다른 곳에 옮긴 경우 임차인은 대항력을 상실한다.[183]

---

175 X : 임차인은 2년보다 짧은 기간에 대해서는 2년을 주장할 수 있으나, 그보다 긴 기간을 축소하여 주장할 수는 없다. 법이 보호하는 범위를 벗어난 영역에서는 반드시 약속은 지켜져야 한다.

176 X : 2년 기간은 임차인 보호를 위한 것이다. 1년을 계약했다면 임차인은 1년을 주장할 수 있고, 2년을 수상할 수 있나. 2년을 주장하는 경우 임대인이 1년을 약속했다는 이유로 임대차 종료를 주장할 수 없다.

177 O : 임대인이 직접 또는 직계존비속의 거주를 목적으로 하는 경우 임차인의 갱신청구를 거부할 수 있다.

178 X : 주민등록이 유지되지 않으면 대항력은 소멸한다. 주민등록을 이전하더라도 대항력을 유지하기 위해서 필요한 제도가 '임차권등기명령' 이다.

179 X : 우선변제권은 대항력과 확정일자를 모두 갖추어야 한다. 그런데 대항력은 주택인도와 주민등록을 완료한 다음 날 발생한다. 따라서 확정일자를 받았다 하더라도 대항력이 다음날 발생하므로 우선변제권도 대항력이 갖춰진 다음 날을 기준으로 발생한다.

180 X : 경매에 있어 선순위 권리자가 있다면 임차권은 경매로 소멸하고 우선변제권의 문제만 남는다. 임차권이 최선순위인 경우에만 임대차 존속을 주장할 수 있다(즉, 경락인이 임대인 지위를 승계한다).

181 O

182 X : 주택임대차가 갱신된 경우 2년의 임차기간이 보장된다. 다만 임차인이 해지통고를 하고 3개월이 지나면 해지효력이 발생한다.

183 X : 가족의 주민등록을 유지하고 일시적으로 임차인이 주민등록을 이전했더라도 이는 전체적으로 주민등록의 이탈이라

184. 주택임대차가 묵시적 갱신된 경우 임차인의 갱신청구권 행사로 간주한다.[184]

185. 주택임차인이 상속인 없이 사망한 경우 사실혼 배우자는 당연히 임차인의 권리와 의무를 승계한다.[185]

186. 주택임차인이 상속인과 가정공동생활을 하던 중 사망한 경우, 사실혼 배우자와 공동으로 임대차관계를 승계한다.[186]

고 볼 수 없어 대항력이 유지된다는 것이 판례의 입장이다(95다30338).

184 X : 갱신청구권 행사는 명시적 의사표시로 해야 한다. 묵시적 갱신과 갱신청구권은 다른 개념이다.

185 X : 사실혼 배우자라 하더라도 임차인과 가정공동생활을 하고 있던 경우에만 승계한다. 상속인이 아니지만 같이 생활하던 사실혼 배우자를 보호하기 위한 예외규정이므로, 공동생활을 하지 않는 사실혼 배우자에게 굳이 상속법의 원칙을 깨고 임대차를 승계시킬 필요가 없다. 이 경우 상속인이 없다면 국가로 귀속한다.

186 X : 공동생활하는 상속인이 있다면 그 상속인이 단독상속한다. 만약 법정상속인이 가정공동생활을 하지 않는다면 사실혼배우자와 2촌 이내 친족이 공동승계한다.

[테마 15] 상가건물임대차

I 개요

상가건물에 대해서도 특별법 마련이 필요했던 이유는 다음과 같다.

상가건물을 임차하는 임차인은 대부분 소상공인이다. 이들이 최초 개업하는 경우 보증금 이외에도 보증금보다 고액인 권리금과 인테리어 비용을 투입하게 된다. 이들 비용을 회수하기 위해서는 상당한 기간이 소요됨에도 주택임대차와 같은 대항력의 문제 및 임대차 기간의 한계로 인해 제대로 사업을 해보기도 전에 임대차가 종료되는 일이 발생했다. 이를 해결하기 위해서는 장기계약을 체결하면 되는데 이 경우에도 문제가 있다. 예를 들어 10년의 임대계약을 체결했다고 할 때 사업이 잘되면 문제가 없다. 투자금을 회수할 기회가 어느 정도 보장되기 때문이다. 그러나 반대의 경우는 문제가 심각하다.

개업 후 1년 정도 지났을 때 사업이 가망 없다고 이미 판단되더라도, 남은 9년 동안 거액의 차임을 지급해야 하고, 만약 지급하지 않는 경우 보증금에서 이를 공제해야 한다. 약속은 지켜져야 하기 때문에 사업에 망하더라도 10년의 기간을 지켜야 한다.

그렇다면 최초 상가임대차계약은 도박과 같다. 사업이 흥할지 망할지 모르는 상황에서 임대 기간을 정해야 하기 때문이다. 이러한 문제를 해결하는 방법을 고민해 만든 제도가 '갱신청구권'이며(2020. 7. 31. 주택임대차에도 도입되었다), 이에 더해 주택과 마찬가지로 상가임대차를 물권화한 내용을 담은 특별법이 상가건물임대차보호법이다.

1. 적용 범위

가. 원칙

주택과 달리 상가건물은 모든 경우에 특별법의 보호를 받는 것이 아니다. 보증금과 차임 환산액이 일정 금액 이하인 경우에만 특별법을 적용하여 보호한다. 적용기준은 아래 제4항 참조.

환산 방법 : 보증금 + (차임 × 100원)

예를 들어, 안산에서 보증금 3억에 월세 250만 원의 상가임대차계약을 체결했다면, 3억 + (250만 원 × 100원) = 5억 5천만 원이므로, 특별법 적용기준인 보증금 5억 4천만 원을 초과한다. 따라서 이 경우에는 아래 예외조항을 제외한 상가건물임대차보호법을 적용받을 수 없다.

나. 예외

다만 위 범위를 벗어난 상가건물이라도 상가임대차의 특성상 적용될 필요가 있는 아래 규정은 예외적으로 적용된다.

- 대항력(제3조)
- 계약갱신(제10조 제1항, 제2항, 제3항 본문) 단, 제10조의2를 통해 차임 등 증액상한 규정은 배제한다.
- 권리금(제10조의3 내지 10조의7)
- 3기 차임연체 시 해지(10조의8)

2. 대항력 : 점유(이사) + 사업자등록

상가건물임대차보호법 제3조(대항력 등) 임대차는 그 등기가 없는 경우에도 임차인이 건물의 인도와 부가가치세법 제8조, 소득세법 제168조 또는 법인세법 제111조에 따른 사업자등록을 신청하면 그다음 날부터 제3자에 대하여 효력이 생긴다.

대항력의 개념은 주택임대차와 동일하다. 대항력을 가지면 건물소유자가 변경되거나 심지어 경매(선순위 임차인인 경우)가 되어 소유자가 변경되어도 쫓겨나지 않는다. 새로운 소유자는 기존 임대인의 지위를 그대로 승계한 것으로 본다. 보증금 반환 의무도 마찬가지다.

대항력 규정은 보증금액이 얼마인지 불문하고 적용된다.

3. 우선변제권 : 대항력 + 확정일자

우선변제권이란 비록 보증금반환청구권이 채권이지만 후순위 물권이나 다른 채권보다 우선적 지위를 확보할 수 있다는 것이다. 대표적인 채권의 물권화 조치이다.

상가건물임대차보호법 제5조(보증금의 회수) ② 대항요건과 관할 세무서장으로부터 임대차계약증서상의 확정일자를 갖춘 임차인은 민사집행법에 따른 경매 또는 국세징수법에 따른 공매를 할 때 임차건물(대지를 포함한다)의 환가대금에서 후순위권리자나 그 밖의 채권자보다 우선하여 보증금을 변제받을 권리가 있다.

4. 소액보증금 최우선변제권 : 경매신청 전까지 대항요건 구비

> **상가건물임대차보호법 제14조(보증금 중 일정액의 보호)** ① 임차인은 보증금 중 일정액을 다른 물권자보다 우선하여 변제받을 권리가 있다. 이 경우 임차인은 건물에 대한 경매신청의 등기 전에 대항요건을 갖추어야 한다. ③ 제1항에 따라 우선변제를 받을 임차인 및 보증금 중 일정액의 범위와 기준은 임대건물가액(임대인 소유 대지가액 포함)의 1/2 범위에서 해당 지역의 여건을 고려하여 대통령령으로 정한다.

소액보증금 최우선변제권은 후순위 채권이지만 경매신청 전까지 대항요건만 갖추면(확정일자는 요건이 아니다) 다른 담보물권자보다 우선하여 보증금 중 일정금액을 배당받는 권리를 말한다. 채권에게 물권과 동일한 것을 넘어 물권보다 우선하는 효력을 인정한 파격적 조치다. 최우선변제권이 적용되는 보증금 요건과, 최우선변제권이 인정되는 금액은 별개다. 본 교재 편집 중인 2020. 3. 1. 기준 상가임대차보호법 적용기준, 소액보증금 적용기준은 아래와 같다.

상가임대차법 적용대상		소액보증금 최우선변제 기준		
지역	적용 대상 환산보증금	지역	적용대상 (아래 금액 이하)	보호금액 (최우선변제)
서울	9억	서울	1억 1,000천	3,700만
과밀억제권, 부산	6억 9천	과밀억제권	1억	3,400만
광역시 세종, 파주, 화성, 김포, 안산, 광주, 용인	5억 4천	광역시 김포, 안산, 광주, 용인	6,000만	2,000만
나머지 지역	3억 7천	나머지 지역	5,000만	1,700만

5. 임대 기간

가. 1년 보장, 갱신하여 최대 10년 보장(제9조)

계약 여부와 상관없이 1년의 최소임대기간이 보장되고, 임차인이 필요하면 갱신청구를 통해 최대 10년을 보장받을 수 있다.

니. 갱신청구권(제10조 제1,2,3항)

임대인은 임차인이 임대기간이 만료되기 6개월 전부터 1개월 전까지 계약갱신을 요구할 경우 정당한 사유 없이 거절하지 못한다. 갱신된 임대차는 최소 1년이 보장되고 전체 임대차기간이 10년에 이를 때까지 갱신이 가능하다(갱신기간이 5년이었다가 2018. 10. 16. 개정으로 10년이 되어, 개정 이후 갱신되거나 체결되는 임대차에 10년의 갱신기간이 적용된다). 이러한 갱신요구권으로 인해 임차인은 1년 단위로 최대 10년까지 임차관계를 유지할지 여부를 판단할 기회가 보장된다.

이러한 갱신청구권은 최소기간 보장과 임차인 사정에 의해 10년까지 임대기간이 보장되는 특수한 제도로서 상가건물임대차보호법의 상징적 제도였다. 그러나 2020. 7. 31. 시행되는 개정 주택임대차보호법에 이러한 갱신청구권(1회 2년 갱신, 총 4년 주거 기간 보장)이 도입되어 주택과 상가임대차 특별법의 공통적인 제도가 되었다.

다음의 경우에는 계약갱신요구권이 인정되지 않는다. 권리금보호 배제 사유도 같다.

- 임차인이 3기 차임액을 연체한 경우(즉시 해지 사유)
- 임차인이 거짓 등 부당한 방법으로 임차한 경우
- 서로 합의하여 임차인에게 상당한 보상을 한 경우

- 무단전대
- 임차건물의 멸실로 임대차 목적을 달성하지 못한 경우
- 재건축
- 기타 임차인 의무의 현저한 위반

계약갱신청구권은 보증금 제한 없이 모든 상가임대차에 적용된다. 다만 보증금 제한 초과 임대차는 갱신 시 차임 증액의 상한은 없다.

다. 묵시갱신, 법정갱신(제10조 제4,5항)

임대인은 임차인이 임대 기간이 만료되기 6개월 전부터 1개월 전까지 임차인에게 계약 갱신 거절의 통지 또는 조건변경의 통지를 하지 아니한 경우 그 기간이 만료된 때에 전 임대차와 동일한 조건으로 다시 임대차한 것으로 본다. 이 경우에 임대차의 존속기간은 1년으로 본다. 이러한 묵시갱신은 10년의 상한제한이 없다.

6. 차임, 보증금 증감청구권

차임 등 증액은 청구 당시 차임 등의 100분의 5의 금액을 초과하지 못하고, 증액이 있은 후 1년 내에는 하지 못한다. 다만, 특별법이 적용되는 보증금을 초과한 경우에는 증액 상한에 제한이 없다(제10조의2).

7. 권리금

권리금은 영업시설, 비품 등 유형물이나 거래처, 신용, 영업상 노하우 또는 점포 위치에 따른 영업상의 이점 등 무형의 재산적 가치의 양도 또는 일정 기간의 이용 대가를 말한다. 이러한 권리금은 우리나라의 특수한 관행인데 현실에서는 보증금보다 고액으로 형성된

경우가 많다. 그럼에도 이에 대한 법률규정은 존재하지 않아 권리금에 대한 분쟁이 발생할 경우 마땅한 해결방법을 찾기 어려웠다. 그럴 수밖에 없는 것이 권리금은 임대인과 무관하게 임차인 사이에 주고받는 돈이므로 임차인이 이에 상응하는 영업이익을 얻지 못했거나 다음 임차인에게 회수할 기회를 잃었더라도 임대인에게 이를 주장하기 어려운 한계가 있었다. 특정 당사자 사이에서만 구속력을 갖는 채권계약의 본질상 임차인 사이의 권리금 문제를 임대인에게 주장하는 내용의 입법을 할 수는 없는 것이다.

다만, 임대인이 임차인의 권리금 회수 기회를 방해하는 행위를 한 경우에는 법이 개입할 여지가 있다. 예를 들어 새로운 임차인을 주선하여 임차권을 승계하면 그 임차인으로부터 권리금을 받을 수 있는데, 주선한 임차인과 계약할 의무가 없는 임대인이 정당한 이유 없이 이를 거부하거나 권리금 상당의 이익을 얻기 위해 계약을 종료시키는 경우까지 법이 방임하는 것은 부당하다. 따라서 2015. 5. 13. 이러한 예외적인 경우에 임차인의 손해를 보전할 수 있는 규정을 상가임대차보호법에 포함시키게 되었다.

상가건물임대차보호법 제10조의4(권리금 회수기회 보호 등) ① 임대인은 임대차기간이 끝나기 6개월 전부터 임대차 종료 시까지 다음 각 호의 어느 하나에 해당하는 행위를 함으로써 권리금 계약에 따라 임차인이 주선한 신규임차인이 되려는 자로부터 권리금을 지급받는 것을 방해하여서는 아니 된다. 다만 제10조제1항에 해당하는 경우에는 그러하지 아니하다.

1. 임차인이 주선한 신규임차인이 되려는 자에게 권리금을 요구하거나 임차인이 주선한 신규임차인이 되려는 자로부터 권리금을 수수하는 행위
2. 임차인이 주선한 신규임차인이 되려는 자로 하여금 임차인에게 권리금을 지급하지 못하게 하는 행위
3. 임차인이 주선한 신규임차인이 되려는 자에게 상가건물에 관한 조세, 공과금, 주변 상가건물의 차임 및 보증금, 그 밖의 부담에 따른 금액에 비추어 현저히 고액의 차임과 보증금을 요구하는 행위

4. 그 밖에 정당한 사유 없이 임대인이 임차인이 주선한 신규임차인이 되려는 자와 임대차계약의 체결을 거절하는 행위

② 다음 각 호의 어느 하나에 해당하는 경우에는 제1항 제4호의 정당한 사유가 있는 것으로 본다.

1. 임차인이 주선한 신규임차인이 되려는 자가 보증금 또는 차임을 지급할 자력이 없는 경우
2. 임차인이 주선한 신규임차인이 되려는 자가 임차인으로서의 의무를 위반할 우려가 있거나 그 밖에 임대차를 유지하기 어려운 상당한 사유가 있는 경우
3. 임대차 목적물인 상가건물을 1년 6개월 이상 영리 목적으로 사용하지 아니한 경우
4. 임대인이 선택한 신규임차인이 임차인과 권리금 계약을 체결하고 그 권리금을 지급한 경우

③ 임대인이 제1항을 위반하여 임차인에게 손해를 발생하게 한 때에는 그 손해를 배상할 책임이 있다. 이 경우 그 손해배상액은 신규임차인이 임차인에게 지급하기로 한 권리금과 임대차 종료 당시의 권리금 중 낮은 금액을 넘지 못한다.

임대인은 임대차기간이 끝나기 3개월 전부터 임차인이 주선한 신규임차인으로부터 임차인이 권리금 받는 것을 방해할 수 없다. 구체적인 방해 행위는 다음과 같다.

가. 방해 행위

- 신규임차인에게 권리금 요구하거나 받는 행위
- 기존 임차인에게 권리금 주는 것을 막는 행위
- 신규임차인에게 현저히 고액의 차임과 보증금을 요구하는 행위
- 정당한 이유 없이 임대차계약 체결 거절하는 행위

한편, 임대인이 주선받은 임차인과 임대차계약을 거절할 수 있는 정당한 사유 즉 면피사유에 대해서도 규정하고 있다.

나. 면피사유

- 신규임차인이 보증금이나 차임 지급 능력 없는 경우
- 신규임차인이 임대차 유지할 어려움이 있는 경우
- 임대차 목적물을 1년 6개월 이상 영리목적으로 사용하지 않는 경우
- 임대인이 선택한 신규임차인이 임차인에게 권리금을 지급한 경우

다. 권리금 규정의 활용

- 이혼 시 재산분할, 동업해소 시 정산 방법
- 권리금에 대한 감정절차의 기준이 마련되어 점차 활용되는 추세이다.

187. 상가임대차에서 임차인이 신규임차인을 주선하였는데 임대인이 임대차계약 체결을 거부한 후 1년 6개월 동안 이를 비워 두었다면 임대인은 기존 임차인의 권리금을 배상하지 않아도 된다.[187]

188. 상가임대차에서 차임을 2기 이상 연체하면 임대인은 즉시 해지 가능하다.[188]

189. 상가임차인의 계약갱신청구권은 전체 임대기간이 5년을 넘지 않는 범위에서 행사해야 한다.[189]

190. 상가임대차에서 임차인이 주선한 신규임차인이 권리금을 지급할 여력이 없는 경우 임대인이 계약거절을 하는 것은 정당하다.[190]

191. 상가 임대인이 임차인이 주선한 신규임차인에게 부당하게 과도한 보증금이나 차임요구를 하는 방법으로 임대차 계약을 거절하는 경우 임차인은 임대인에게 권리금 상당의 손해배상을 청구할 수 있다.[191]

192. 상가임대차에서 차임을 3기 이상 연체한 임차인은 계약갱신청구권을 행사할 수 없다.[192]

193. 상가건물임대차 보호법상 대항력은 건물의 인도와 사업자등록을 하면 그 즉시 대항력이 발생한다.[193]

194. 상가건물임대차보호법이 적용되는 보증금 요건을 벗어난 임차인에게도 임차인의 계약갱신청구권은 인정된다.[194]

---

187 O : 권리금 수령 방해에 정당한 사유가 있는 경우에 해당한다.
188 X : 3기 연체가 해지사유다.
189 X : 10년
190 X : 임대인은 권리금에 관여하지 않는다. 보증금이나 차임을 지급할 자력이 없는 경우 계약을 거절할 수 있다.
191 O
192 O
193 X : 다음날부터 대항력이 발생한다. 우선변제권도 마찬가지다.
194 O : 대항력, 계약갱신, 권리금, 차임연체와 해지 등은 보증금 범위와 상관없이 적용된다.

제3편

법률행위
(의사표시)

[테마 16] 법률행위와 의사표시

I 법률요건에 대한 이해

법률행위를 이해하기 위해서는 우선 '법률요건'에 대한 이해가 필요하다.

민법은 권리의 변동을 따라가는 법학이다. 권리의 발생, 변경, 소멸이 곧 법률효과이며 민법의 목적인 것이다. 그런데 이러한 법률효과는 언제 발생하는가? 이것이 법률요건에 관한 이야기이다.

법률요건이란 법률효과를 발생시키는 필요하고도 충분한 상태를 말한다. 결국, 법률효과인 권리의 발생, 변경, 소멸은 이러한 법률요건을 정확히 검토함으로 파악될 수 있는 것이다.

민법의 궁극적 목적, 즉 법률효과를 발생시키는 법률요건은 크게 두 가지 형태로 분류할 수 있다. '법률규정'과 '법률행위'이며 이를 법률요건의 양대산맥이라 한다.

풀어서 설명하자면 이렇다.

법률효과(권리의 발생, 변경, 소멸)를 법률이 직접 규정하고 있어 그 법률의 규정에 따라 법률효과가 발생하는 경우가 있는가 하면,

사람(권리의 주체, 자연인과 법인)의 의사표시에 따라 법률효과가 발생하는 경우가 있다. 이처럼 **의사표시**를 구성성분으로 하여 법률효과를 발생시키는 법률요건을 **법률행위**라 한다. 법률행위의 원자핵은 사람의 의사표시이다. 법률규정에 의한 법률효과에는 의사표시가 없다.

법률규정에 의한 권리변동(법률효과)은 해당 법률을 개별적으로 학습하면 되는데, 법률행위라는 것은 의사표시를 기반으로 하는 일반적인 원리를 공부할 필요가 있다. 본 테마는 이에 대한 것이다.

II 법률행위 요건 정리

법률행위가 유효하기 위해서는 여러 단계의 요건을 충족해야 한다. 당연히 위에 살펴본 의사표시가 있어야 하고 그 의사표시에 하자가 없어야 한다. 그 이외에도 권리주체가 존재하고 법률행위를 할 수 있는 능력이 있어야 한다. 한편 의욕 하는 법률행위 목적이 법이 허용하는 범위에 들어와야 하며, 특별한 형태의 법률행위에는 특별요건도 충족되어야 한다. 이를 정리하면 다음과 같다.

1. 성립요건

법률행위가 성립하기 위해서는

가. 법률행위를 하는 **당사자**가 있어야 하고,[테마 1]

나. 법률행위의 **목적**이 있어야 하며, [테마 17]

다. **의사표시**가 있어야 한다. [테마 16]

2. 유효요건

나아가 법률행위가 온전하기 위해서는

가. 당사자가 **행위능력**이 있어야 하고, [테마 1]

나. 목적이 **적법**하고, **확정**되고, **실현가능**하며, **사회적 타당성**이 있어야 하며, [테마 17]

다. 의사표시는 **의사와 표시가 일치**하고 하자가 없어야 한다. [테마 18]

3. 특별요건

법률행위의 종류에 따라 다음과 같은 요건이 필요한 경우도 있다.

가. 대리행위에서 **대리권 존재** [테마 19]

나. 조건부 법률행위에서 **정지조건 성취** [테마 21]

다. 기한부 법률행위에서 **기한도래** [테마 21]

III 법률행위와 의사표시

1. 법률행위

법률행위는 하나 이상의 의사표시를 포함하여 법률효과를 발생시키는 법률요건이며, 의사표시 수에 따라 단독행위, 계약, 합동행위로 분류한다. 이렇게 법률행위는 반드시 하나 이상의 의사표시를 필수 구성요소로 하는 점에서, 의사표시를 매개하지 않는 법률요건인 '법률규정'과 구별된다.

의사표시 하나로 구성된 법률행위 → **단독행위**

의사표시 두 개(청약 + 승낙)가 대응하여 결합한 법률행위 → **계약**

의사표시 여러 개가 한 곳을 향해 있는 법률행위 → **합동행위**

합동행위는 사단법인설립행위 이외에 마땅한 예가 없다. 그러니 이것만 알아두고 합동행위에 관하여는 더 이상 언급할 것이 없다. 이런 것이 있다는 것만 알아두고 넘어가자.

법률행위의 대표적인 종류는 바로 계약이다. 계약이란 두 가지 의사표시가 하나로 일치하여 법률효과를 발생시키는 법률행위이며 법률요건의 왕이다. 법률행위 대부분은 이러한 계약을 중심으로 논의된다.

단독행위는 크게 상대방 없는 단독행위와 상대방 있는 단독행위로 나눌 수 있는데, 주로 상대방 있는 단독행위가 많고, 상대방 없는 단독행위는 유언이나 권리포기 등에 국한된다.

– 상대방 없는 단독행위 : 유언(유증), 재단법인 설립행위, 소유권포기 – 상대방 있는 단독행위 : 형성권 행사[테마 3 참조], 채무면제

단독행위는 계약에 비해 그 경우가 많지는 않지만 그 희귀성과 중요성 때문에 공부에 주의를 요한다.

2. 의사표시

법률요건을 구성하는 개개의 구성사실을 법률사실이라 한다. 법률사실 하나만으로 법률요건이 되는 경우도 있고, 법률사실이 여러 개 모여 법률요건이 되는 경우도 있다. 다양한 법률사실 중 대표적인 것은 '의사표시'이다. 의사표시는 법률행위를 구성하는 법률사실로서 법률행위의 핵심요소이다. 달걀에 있어 노른자, 붕어빵에 있어 팥소와 같다.

가. 생각의 발단

인간의 삶에 어떤 제도를 들이기 위해서는 명분이 있어야 한다. 특히 국가의 강제력을 전제한 법 제도와 관련해서는 더욱더 그러하다. 그 강제력에 복종시키기 위해서는 납득할 만한 이유가 있어야 한다는 것이다.

예를 들어, 내가 옆집 주인과 계약을 체결한다고 하자. 계약의 내용은 우리 집을 판다는 것이다. 이러한 계약을 체결한 후에 내가 돈을 다 받고 집을 넘겨주지 않으면 어떻게 되는가? 상대방은 국가의 강제력을 동원해 강제집행에 착수할 것이다. 무슨 이유로 국가가 나에게 강제력을 행사하는가? 이러한 의문에 대한 답을 찾기 위한 과정에서 철학적인 이론이 등장하게 된다. 이러한 철학적 이론은 바로 사람은 '자유의사'를 가진 독립적 존재라는 것이며, 그 자유의사에 대한 책임도 본인 몫이라는 것이다.

나. 자유의사와 법률효과

자유의사를 가진 독립적 존재인 사람은 누구나 자기가 이루고자 하는 것을 표현하고 이루어 나갈 수 있다. 다만, 그에 대한 대가도 자신의 책임으로 한다는 전제에 있고, 이를 감수한다는 의사가 그 속에 포함되어 있다고 보는 것이다. 이러한 내용을 담아 '의사표시'라는 개념을 만들어 내게 된 것이며, 이러한 '의사표시'가 법적 효과를 갖게 되는 법률요건을 '법률행위'라고 부르게 된 것이다.

이와 같이 의사표시는 법률행위의 필수적 법률사실이다. 최소한 1개 이상의 의사표시가 들어간 상황에서 권리변동을 일어나면 그것이 법률행위이다. 그렇다면 법률행위는 사람의 정신작용(의사결정 + 표시행위)에 의해 법률효과(권리변동)를 일으킨다는 점에서 매력적이다. 사람에 의해 법이 만들어지는 것과 같은 효과이기 때문이다.

우리 민법도 우선 사람의 정신작용에 의한 행위에 대해 강력한 힘(법률효과가 발생하면 이를 강제하기 위해 군대까지 동원될 수 있다)을 부여한다. 다만 사람의 정신작용이 개입되지 않은 영역을 보충하기 위해 '법률규정'이라는 법률요건을 아울러 두고 있다.

1) 효과의사

일정한 법률효과를 원하는 의사이다. 실제로 내면에 존재하는 효과의사를 [내심의 효과의사]라고 하며, 외부에 드러난 표시행위로부터 추측되는 효과의사를 [표시상의 효과의사]라고 한다. 이 둘의 불일치가 있는 경우 [의사와 표시의 불일치]로 논의된다(테마 18).

2) 표시행위

효과의사가 외부에 드러난 것으로 보이는 적극적, 소극적 모든 행위를 말한다.

3) 표시의사

효과의사를 외부에 대하여 발표하려는 의사이다. 효과의사와 표시행위를 심리적으로 연결하는 의사인데, 우리 민법은 표시의사를 의사표시의 내용으로 보지 않고 있다. 결국 우리 민법상 의사표시는 "효과의사 + 표시행위"라고 할 수 있다.

3. 의사표시 효력

가. 효력발생

상대방 없는 의사표시는 표시행위 완료 시 효력을 발생하게 되므로('표백주의'라 한다) 문제가 없지만, 상대방 있는 의사표시는 상대방에게 언제 효력이 발생하는지, 상대방이 의사표시를 수령할 수 있는 상태인지 등에 문제가 발생한다.

1) 원칙 : 도달주의

의사표시는 원칙적으로 도달주의를 따른다. 즉, 상대방에게 도달했을 때 그 효력이 생긴다. 표의자가 그 통지를 발송한 후 사망하거나 행위능력을 상실하여도 의사표시 효력에는 영향을 미치지 않는다.

의사표시를 하는 대표적인 방법이 내용증명에 의한 것인데, 내용증명 우편이 발송되고 달리 반송되지 않았다면 그 무렵에 송달되었다고 본다. 의사표시 도달은 사회관념상 수령자가 통지의 내용을 알 수 있는 객관적 상태(요지가능성)에 놓은 것을 말한다. 따라서 직접 현실적으로 당사자가 수령해서 내용을 알아야 하는 것은 아니다. 당사자가 아니더라도 가족 등 일정한 자에게 도달하면 본인에게 도달한 것으로 본다.

2) 예외 : 발신주의

우리 법에는 의사표시 발송 시 효력이 발생하는 예외를 두고 있다. 가장 대표적인 예외가 바로 격지자 간의 계약 성립(제531조)이다[테마 4]. 격지자 간의 계약 성립 시점은 승낙 발송 시이다.

3) 도달주의로 인한 효과

① 의사표시의 철회

도달하기 전에는 효력이 생기지 않으므로 철회할 수 있다. 다만, 계약에 있어 청약의 의사표시 등 특별한 경우에는 구속력이 인정된다(제527, 529조).

② 의사표시의 불착 등

도달주의를 취하므로 연착, 불착, 지연으로 인한 불이익은 모두 표의자에게 남는다.

③ 발신 후의 사정의 변화

의사표시의 완전성은 의사표시 당시 표시자의 상태를 기준으로 해야 하고, 의사표시 도달의 완전성은 도달 당시 수령자의 상태를 기준으로 해야 한다. 따라서, 표의자가 의사표시 후에 사망하거나 행위능력을 잃더라도 이미 발신된 의사표시의 효력에는 영향을 주지 못한다.

나. 공시송달

표의자의 과실 없이 의사표시를 하여야 할 상대방을 알지 못하거나 상대방의 소재를 알지 못하는 경우에 법원의 공시에 의하여 하는 의사표시를 말한다.

다. 의사표시 수령능력

민법은 모든 제한능력자를 수령무능력자로 규정하고 있다(제112조). 원래 수령능력은 행위능력보다는 낮은 능력으로 충분하지만 법률행위를 하는 자가 의사표시를 받기도 하므로 이에 대해 획일적인 법률효과를 주기 위해 동일하게 규정한 것이다.

수령무능력자에 대한 의사표시는 그 의사표시로 대항할 수 없다(법정대리인이 도달을 안 후에는 대항할 수 있다). 의사표시를 한 자가 수령무능력자에게 대항할 수 없다는 의미이므로 수령무능력자가 자신에게 도달된 사실을 인정하는 것은 무방하다.

의사표시의 효력을 기준으로 수령능력을 판단하므로, 의사표시의 도달 당시 수령무능력인 경우에 대항할 수 없다는 것이며, 발신주의나 공시송달과 같이 상대방의 도달 여부와 상관없는 경우에는 적용이 없다.

195. 법률행위 중 의사표시를 요소로 하지 않는 경우도 있다.[195]

196. 법률행위는 의사표시의 수에 따라 단독행위, 계약, 합동행위로 나뉜다.[196]

197. 내용증명물이 발송되고 달리 반송되지 않았다면 그 무렵에 송달된 것으로 본다.[197]

198. 송달은 직접 현실적으로 당사자가 수령해서 내용을 알게 된 상태를 말한다.[198]

199. 의사표시를 발송한 후 표의자가 사망하거나 무능력자가 되는 경우에도 의사표시의
    효력에는 영향이 없다.[199]

200. 형성권 행사는 상대방 없는 단독행위이다.[200]

201. 우리 민법은 의사무능력자를 의사표시의 수령무능력자로 규정하고 있다.[201]

---

195 X : 법률행위는 하나 이상의 의사표시를 반드시 포함해야 한다.
196 O
197 O
198 X : 실제 내용을 안 때가 아니라 객관적으로 알 수 있는 상태에 놓이면 송달된 것으로 본다.
199 O
200 X : 형성권행사, 채무면제 등은 상대방 있는 단독행위이다.
201 X : 제한능력자를 수령무능력자로 규정하고 있다(제112조).

Ⅰ 법률행위의 목적

법률행위 목적이란 법률행위로 달성하려는 궁극적인 내용을 말하며 결국 권리변동이라는 법률효과를 지칭한다. 자유의사를 가진 사람이 그 의사표시를 통해 실현하고자 하는 목적의 종류도 사람의 다양성만큼 다양하다. 그런데, 이러한 다양한 법률행위의 목적에 대해 법은 무한한 자유를 주지 않는다. 적어도 법이 보호할 가치가 있어야 하고 어느 정도 규격과 형식은 갖추어야 한다. 이러한 규격에 대해 언급하자면 다음과 같다(편의상 줄여서 '확' '가' '적' '사'로 기억한다).

1. 확정성

법률행위의 목적이 부정확하고 불명확하면 법이 그 효력을 부여할 수 없다. 예를 들어, 백화점에 가서 그냥 막연히 "물건을 사겠다"고 의사표시를 한다면 법적으로 아무 의미가 없다. 구체적으로 "신발을 만 원에 사겠다"라는 정도로 확정될 필요가 있다. 또는 당장 확정이 되지 않더라도 적어도 향후 확정할 수 있는 기준 정도는 있어야 법적 의미가 있는 법률행위가 된다. 확정할 수 없는 법률행위는 무효이다.

2. 실현가능성

실현 불가능한 목적의 법률행위는 무효이다. 하늘의 별을 따다 주는 계약(법률행위)에 강제집행을 할 수 있는 법적효력을 부여할 수는 없는 일이다. 불가능의 기준은 사회적 관념이다. 과학적, 물리적으로 가능하다고 하여도 사회 관념적으로 사실상 곤란한 것은 법적으로 불가능으로 간주한다.

처음부터 불가능한 일(원시적 불능)을 목적으로 하는 법률행위는 무효이며 다만 그로 인한 책임을 누가 지는지에 대한 문제가 남는다(담보책임 등). 이와 달리 법률행위 이후에 목적이 불가능하게 된 경우(후발적 불능)는 법률행위 자체는 무효가 되지 않고 다만 채무불이행이나 위험부담의 문제가 발생한다.

3. 적법성

강행법규에 위반한 법률행위는 **무효**이다. 예를 들어 주택임대차보호법상 임차인 보호를 위한 규정은 강행규정이므로 임차인이 동의하더라도 무효가 된다. 부동산중개업법상 중개수수료 한도규정도 강행규정이므로 한도초과 금액은 무효이다. 강행법규가 금지하는 행위를 우회하여 실질적으로 실현하는 행위(탈법행위)도 무효이다.

다만, 강행법규 중 단속규정에 해당하는 일부 규정은 행정상 제재가 있더라도 사법상은 유효라고 설명하는 것이 일반적이다. 예를 들어, 중개업법령상 개업공인중개사가 중개의뢰인과 직접 거래하는 것을 금지한 규정(제33조 제6호)을 위반한 경우, 개업공인중개사를 처벌하는 강행규정이지만 이는 의뢰인 보호를 위한 것이므로 무조건 무효로 할 것이 아니라 의뢰인의 의사와 이익을 위해 사법상 효력은 달리 판단할 수 있다. 무허가 음식점의 영업행위도 마찬가지다. 이는 단속규정으로서 법 위반은 맞지만 그렇다고 사법적 효력까지 무효로 할 수는 없다. 사법적 효력을 무효로 한다는 것은 손님은 먹을 음식을 토해내고 음식점은 밥값을 돌려줘야 한다는 의미인데 이것이 적절치 않음은 분명하다.

[다음 요건인 '사회적 타당성'에 넘어가기 전 필요한 설명]

적법성과 관련해 설명할 것이 있다. 뒤에 이어질 사회적 타당성 요건과 교차점에 있는 이야기이다.

적법성이란 표현 자체는 법에 적합한지에 대한 것이다. 여기서 말하는 '법'은 다양한 의미로 사용될 수 있는데 법전에 있는 명문화된 규정을 의미할 수도 있고, 사회관행이나 질서 등 폭넓은 뜻으로 사용될 수도 있다. 여기서 말하는 적법성은 법률규정에 위배되는지 여부에 대한 것이다.

그런데 세상의 모든 위법적 사항을 법으로 명문규정으로 만들어 둘 수는 없다. 그렇다고 현실에서 발생하는 일에 대해 적용할 법의 공백이 있어도 안 된다. 따라서 우리 민법은 법이 없는 경우라도 일반적으로 적용할 수 있는 추상적 규정을 두어 이를 현실에 적용하고 있다. 그것이 민법 제103조 반사회질서 행위이다. '사회적 타당성'이 없는 행위를 '반사회질서 행위'라고도 하고 폭넓은 의미의 '불법'이라고도 표현한다. 여기서 불법은 형사처벌을 받는 법규위반이나 법률효과를 단순무효로 하는 규정 위반에 국한된 것이 아니라, 이를 떠나 일반 사회상식으로 볼 때 민사적으로 도저히 용납되지 않아 그 법률효과를 그대로 중단시켜 그 어떤 법적조력도 하지 않는 상태를 말한다. 이 경우에 심지어 무효로 인한 효과인 부당이득 반환의 효과도 배제해 버린다(제746조 불법원인급여).

이러한 관념에서 다음을 이해하자.
민법에서 '무효'라고 표현되는 법률효과에도 크게 2가지 차이가 있다. 대부분의 단순무효는 단지 법률효과를 발생시키지 않는 정도의 효과를 말하며, 부당이득 반환 의무가 발생한다. 비진의표시, 통정허위표시 등의 경우이다. 여기서 무효란 효과 없는 법률행위를 정리한다는 정도의 느낌으로 보면 된다.

이와 달리 똑같이 '무효'라고 표현되지만 '반사회질서 행위' '공서양속 위반' 또는 편의상 명칭인 '불법'으로 무효인 경우에는 이른바 악질적 무효로 본다. 민법상 도저히 용납할 수 없는 움직임이 민법의 세계에서 발생한 것이며, 이에 대해 민법은 그대로 콘크리트로 고정시켜 버린다. 이 경우 무효는 과거와 또는 향후에도 법이 이에 대해 협조를 하지 않겠다는 선언이다. 따라서 무효로 인한 부당이득 반환 등 정산의 문제 자체도 부정해 버린다. 무효로 선언될 당시 상태 그대로 모든 법률효과를 고정시켜 버리는 것이다. 도박 빚은 갚지 않아도 된다는 이야기는 여기서 근거한 것으로 볼 수 있다. 도박자금을 빌려주는 행위는 103조 위반으로서 무효이므로, 빌려준 돈을 반환받는 권리도 부정해 버리는 것이다.

이렇게 부당이득반환의 문제도 배제해 버리는 근거 조문이 민법 제746조이다.

> **제746조(불법원인급여)** 불법(제103조 위반행위)을 원인으로 인하여 재산을 급여하거나 노무를 제공한 때에는 그 이익의 반환을 청구하지 못한다. 그러나 그 불법원인이 수익자에게만 있는 때에는 그러하지 아니하다.

불법을 원인으로 이행된 것이 있으면 그것이 무효라 하더라도 반환받지 못한다. 다만 이익을 받은 사람에게만 불법원인이 있으면 교부자가 부당한 손해를 입고 수익자는 반사이익을 누리게 되므로 이를 방지하기 위해 교부자에게 반환청구권을 인정하고 있다. 예를 들어 포주와 성매매 여성 사이의 금전위탁관계(보관금)에 있어, 어치피 둘 다 매춘업 약정에 있어서는 제103조 위반으로 반사회질서 행위가 되지만 포주의 불법 정도가 크다고 하여 위 단서를 적용해 성매매 여성에게 민법상 권리(보관금 반환청구권)를 인정해 주는 것이다.

이러한 불법원인급여는 소유권에 기한 물권적청구권을 행사하는 경우에도 적용된다. 물권행위의 유인론을 택한 우리 법제상 계약이 무효 또는 취소, 해제되는 경우 부동산물권은 등기의 회복이 없이도 당연히 소유자에게 복귀한다(이 경우 부득이 등기와 실제 권리의 불일치 현상이 일시적으로 발생하고, 이를 바로 잡는 방법의 일환으로 소유자는 물권적청구권을 행사할 수 있다). 만약 물권교부가 불법원인급여인 경우에는 물권의 복귀도 저지된다는 것이다. 결국 불법원인급여에 해당하면 물권적, 채권적 모든 법률효과는 중단되고 법은 그 어떤 조력도 하지 않는다.

[관련 판례]

제746조의 규정 취지는 민법 제103조와 함께 사법의 기본이념으로 사회적 타당성이 없는 행위를 한 사람은 그 형식 여하를 불문하고 스스로 한 불법행위의 무효를 주장하여 그 복구를 소구할 수 없다는 법의 이상을 표현한 것이고 부당이득반환청구만을 제한하는 규정이 아니므로 불법의 원인으로 급여를 한 사람이 그 원인행위가 무효라고 주장하고 그 결과 급여물의 소유권이 자기에게 있다는 주장으로 소유권에 기한 반환청구를 하는 것도 허용할 수 없는 것이니, 도박채무가 불법무효로 존재하지 않는다는 이유로 양도담보조로 이전해 준 소유권이전등기의 말소를 청구하는 것은 허용되지 않는다(대법원 89다카5994).

판돈이 없어 부동산을 담보로 걸고 도박을 했다가 이를 잃자, 도박으로 인한 채무는 무효이므로 부동산을 돌려 달라고 한 사안에서, 법원은 도박채무가 무효인 것은 맞으나 이로인한 효과로서 발생하는 물권적청구권(반환청구권)은 불법원인급여가 되어 법이 이를 돕지 않는다고 선고한 사례이다.

자, 이제 법률행위가 유효하기 위한 마지막 4번째 요건인 사회적 타당성, 즉 반사회질서 행위에 대해 알아보자.

제103조(반사회질서의 법률행위) 선량한 풍속 기타 사회질서에 위반한 사항을 내용으로 하는 법률행위는 **무효**로 한다.

제103조 반사회질서 행위는 많은 사례를 포함할 수 있도록 일반적, 추상적으로 규정되어 있다. 따라서 이에 대한 구체적인 사례는 판례에 의해 구체화될 수밖에 없다. 따라서 사회적 타당성에 관한 공부는 이러한 판례사례를 수집해 분류하여 정리하는 방법으로 이루어진다.

'선량한 풍속 기타 사회질서에 위반'은 추상적 개념이므로 판례로 구체화될 수밖에 없다. 학자들은 이러한 판례를 수집하여 몇 가지 유형으로 정리하였다. 이러한 정리는 제103조 사례를 학습하는 데 유용하긴 하지만 절대적 기준은 아니므로 더 좋은 분류 방법이 있으면 이를 활용해도 된다.

1. 법률행위 목적 자체의 불법

가. 정의관념에 반하는 행위

① 증언의 대가를 받는 약속
② 당연한 행위가 대가와 결합하는 경우(범죄행위를 하지 않을 것을 조건으로 대가를 주는 약속. 다만 적절한 사례금은 허용)
③ 심한 고율의 이자약정
④ 심한 고액의 위약벌 약정
⑤ 밀수입을 위한 자금의 임차나 출자
⑥ 경매나 입찰에서 담합행위

⑦ 처음부터 보험사고를 가장해 보험금을 취득한 목적으로 체결한 생명보험계약

⑧ 형사사건에 있어 변호사의 성공보수 약정

→ 변호사의 보수는 다양한 경우가 있지만 통상 착수금과 성공보수로 구성된다. 착수금은 일종의 인건비 개념으로서 사건에 투입하는 시간과 난이도 등을 고려하여 책정하는 활동비 개념이다. 성공보수는 사건의 결과가 성공했을 경우 지급하는 인센티브 개념에 가깝다. 일이 실패하면 보수지급 청구권은 발생하지 않는다. 통상 착수금보다 성공보수의 금액이 큰 경우가 많다. 한편 변호사가 수행하는 법률사무는 크게 민사, 가사, 행정, 형사로 구분할 수 있다. 반사회질서 행위와 관련된 보수는 그중 형사사건의 성공보수에 관한 것이다. 형사사건의 착수금 또는 민사, 가사, 행정사건의 모든 보수는 반사회질서 행위와 무관하다.

대법원이 형사사건의 성공보수에 대해 반사회질서행위로 판단한 이유는, 형사사건에 있어 당사자(피고인)는 처벌에 대한 두려움으로 매우 위축되어 있기 때문에 성공보수는 이러한 다급한 심리를 이용하여 체결될 가능성이 크다는 취지이다. 이러한 판례 취지에 대해 여러 이견도 존재하지만 학습과 무관하여 이에 대한 설명은 생략한다.

나. 부동산 관련

1) 이중매매 중 배임모델

부동산 이중양도는 원칙적으로 유효하다. 하나의 부동산에 대해 여러 명과 매도약정을 체결하는 것 자체는 법적 문제가 없다는 것이다. 등기이전채무에 대해 여러 명의 채권자가 발생한 것뿐이다. 다만 채무자는 그중 하나의 채권자에 대해서만 이행이 가능하므로 나머지 채권자에 대해 채무불이행 책임을 질 뿐이다(계약해제, 손해배상 등). 여기까지는 아무런 문제가 없다.

다만, 양도인이 매수인으로부터 중도금을 수령한 다음에 다른 사람과 부동산 매도계약을 하는 경우는 문제가 다르다.

계약금만 수령한 상태에서는 이른바 '해약금(민법 제565조)' 규정에 따라 계약을 해제할 길이 열려 있다. 그러나 매수인으로부터 중도금을 받은 상태에서는 그 계약을 지켜 이행해야 하는 계약상 의무가 발생한다. 이러한 약속을 지켜야 할 의무는 매수인을 위한 의무이다. 이러한 의무를 위반한 경우, 즉 중도금 수령 상태에서 타인과 재차 부동산매매계약을 체결하는 경우 우리 법원은 형사처벌(배임죄)의 대상이 된다는 입장이다. 이렇게 배임죄가 성립하는 형태의 부동산 이중매매를 편의상 '배임모델'이라고 표현하자.

이러한 배임모델에 있어 제2양수인이 배임행위에 적극적으로 가담한 경우에는 제2양수인도 배임죄의 공범으로 처벌되며, 민사적으로 제2매매 행위는 반사회절서행위(제103조 위반)가 되어 무효가 되는 것이다. 즉, 부동산이중매매는 유효하지만 배임모델(중도금 수령 이후 이중매매)에 있어 제2양수인이 적극적으로 가담한 경우에 반사회질서 행위가 되어 제2양수인과의 매매계약은 무효가 된다.

이 경우 중도금을 지급하였던 제1양수인은 제2매매행위에 대해 무효를 주장해 자신의 권리를 보호 받을 수 있다. 절차적으로는 제1양수인이 제2매매계약의 무효를 주장한 다음 양도인을 대위하여 소유권을 양도인에게 이전해 놓고(이는 불법원인급여가 아니다) 자신의 등기청구권을 행사하면 된다. 제103조 위반은 절대적무효이므로 제2양수인으로부터 재차 소유권을 이전받은 사람은 선악불문 보호되지 않는다.

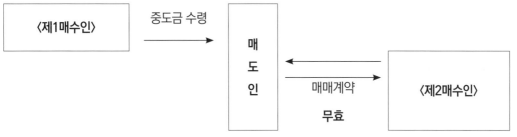

〈부동산 2중 매매 중 배임모델〉

2) 부동산 명의신탁(부동산실명법 위반행위) - 위법하지만 반사회질서행위는 아님

부동산실명법상 실권리자와 부동산 명의인이 일치하지 않는 행위(즉, 실소유자가 아닌 사람의 이름으로 명의를 돌려놓는 행위)는 사법상 무효는 물론 행정처분과 형사처벌의 대상이다. 그런데 여기서 더 나아가 반사회질서 행위에 속하는 것인지가 오랫동안 쟁점이 되어 왔다. 부동산실명법 위반으로만 무효가 되는 경우에는 명의신탁자가 명의수탁자에게 소유권등기를 돌려 달라고 요구할 수 있는데, 여기서 더 나아가 103조 반사회질서행위가 되면 명의이전이 불법원인급여(제746조)가 되어 명의신탁자가 소유권등기를 돌려받을 수 없다는 차이가 있다.

A ─────────── 명의신탁 ──────────▶ B

(A가 B에게 소유권 돌려 달라고 하는 것이 가능한가? **YES!**)

이렇게 부동산실명법을 위반한 명의신탁이 단순 무효임을 넘어 민법상 반사회질서 행위에까지 이르는지에 대해 우리 법원은 반대 입장을 유지하고 있다(대법원 2019.6.20. 2013다218156. 전원합의체 판결). 즉, 명의신탁은 반사회질서 행위까지는 이르지 않은 것이므로 제103조 위반이 아니고, 따라서 명의신탁자는 명의제공자(수탁자)에게 자기 부동산의 소유권등기를 돌려 달라고 청구할 수 있다. 전원합의체 판결로 중요한 의미가 있기 때문에 잘 알아 둘 필요가 있다. 부동산실명법에 대해서는 [테마 25]에서 별도로 다룬다.

다. 윤리적 질서에 반하는 행위

① 성매매업소의 선불금 지급 약정

② 첩계약(비록 본처가 허락해도)

단, 첩계약을 해소하는 계약은 유효하다. 즉 불법적인 목적을 향해 가는 계약은 무효지만 불법을 해소하는 계약은 유효하다.

③ 자녀가 부모에게 불법행위에 기한 손해배상을 청구하는 행위

④ 자녀가 부모와 동거하지 않겠다고 히 는 계약

⑤ 매춘 행위

라. 개인의 자유를 심하게 제한하는 행위

① 절대 이혼하지 않는다는 각서

② 전 고용주의 승낙이 없으면 피용자를 고용할 수 없다는 고용자 사이의 협정은 경제활동의 자유를 지나치게 제한하여 무효이다.

③ 애인에게 한 '5년 이내에 결혼하지 않으면 2억 원을 주겠다'는 취지의 각서

→ 어떤 남자가 여자친구에게 자신과 결혼할 것을 요구하면서 이를 확인하는 취지로 5년 이내에 결혼하지 않으면 2억 원을 주겠다는 각서를 받았다면, 이러한 각서(조건부 증여계약)는 혼인에 대한 의사결정을 심각하게 구속하는 것으로서 사회질서에 반해 무효이다(서울중앙지법 2019가합42516).

④ 인신매매

⑤ 당사자 한쪽이 그의 독점적 지위를 이용해 자기는 부당한 이익을 얻고 상대방에게는 부당한 부담을 주는 계약

→ (비교) 해외파견근로자는 귀국일로부터 3년간 회사에 근로하여야 하며 이에 위반한 경우에는 소요경비를 배상한다는 사규나 약정은 경비반환채무의 면제기간을 정한 데 불과하므로 제103조에 위배되지 않는다.

마. 생존의 기초가 되는 재산의 처분행위

① 사찰의 존립에 필수불가결한 임야를 증여하는 계약
② 장차 자기가 취득할 전 재산을 양도한다는 계약

바. 지나친 사행행위

① 도박 자금을 빌려주거나, 도박 빚을 갚는다는 내용의 계약
② 도박으로 부담한 채무를 변제하는 내용의 부동산 양도계약

2. 조건의 불법

법률행위 내용 자체는 불법이 아니지만 조건이 불법인 경우 그 조건뿐만 아니라 법률행위 전체를 무효로 한다.

> **제151조 제1항[불법조건]** 조건이 선량한 풍속 기타 사회질서에 위반한 것인 때에는 그 법률행위는 무효로 한다.

특정의 범죄를 할 것을 조건으로 금전을 대여하기로 약정하는 경우거나, 특정의 범죄를 시도하였다가 이를 중지할 것을 조건으로 금전을 수수하기로 약정하는 경우에는 제151조 제1항에 의하여 무효이다.

3. 동기의 불법

법률행위 목적 자체는 불법이 아니지만 그 마음속 동기가 불법인 경우에 법률행위의 효력을 어떻게 처리할 것인지 문제될 수 있는데, 마음속에 있는 사유를 들어 법률행위의 효

력을 건드리게 된다면 법률관계가 매우 혼란스러워질 수 있다. 그러나, 마음속에 있는 동기가 표시되어 나타나는 경우에는 법률행위 자체의 효력을 문제삼을 충분한 이유가 된다. 따라서, 동기가 불법인 법률행위는 그 동기가 표시되거나 상대방에게 알려진 경우 무효로 한다는 것이 판례의 태도이다.

4. 폭리행위

부당하고 악질적인 불공정행위도 반사회질서 행위에 속하지만 이는 별도 조문(제104조)이 있어서 아래 구분하여 설명한다.

III   불공정한 법률행위(폭리행위)

> **제104조(불공정한 법률행위)** 당사자의 <u>궁박 or 경솔 or 무경험</u>으로 **인**하여 현저하게 공정을 잃은 법률행위는 **무효**로 한다.

반사회질서 행위 중 특별히 폭리행위를 구별해 별도 규정을 둔 것이다. 따라서 제104조가 특별조문이 되어 이에 대항하는 사례는 먼저 104조 적용여부를 따져보고 해당하지 않으며 제103조에 해당하는지 검토하는 것이 순서다(특별법 우선).

1. 요건

가. 피해자 요건 : 궁박(쫓기는 상황), 경솔(사려 깊지 못함), 무경험

① 궁박은 경제적, 심리적, 정신적 궁박이 모두 포함된다.
② 대리행위에 있어 궁박은 본인 기준, 경솔 또는 무경험은 대리인 기준

③ 무경험은 거래일반에 대한 경험부족이지 특정분야에 대한 무지가 아니다.

나. 폭리자 요건 : 피해자 요건을 알고 폭리를 위한 의도가 있어야.

다. 현저한 불균형

현저한 불균형은 당사자나 거래의 내용에 따라 달리 평가될 수 있다. 또한 급부에 상당한 불균형이 있다고 하여 궁박, 경솔, 무경험 등이 추정되는 것은 아니다. 즉, 위 각 요건은 모두 따로 성립해야 한다. 불균형은 법률행위 시(계약은 계약체결 시) 기준으로 판단한다.

2. 적용범위

상대방 있는 단독행위(채권포기)에도 적용 가능하지만 무상계약이나 적법한 경매 절차는 '불공정'이란 개념을 상정하기 어렵다.

3. 불법원인급여 : 폭리자에 대해 민법 제746조(불법원인급여) 적용

4. 무효행위 전환 가능

폭리행위라도 다른 적정한 금액으로 계약했을 것으로 인정되는 경우는 해당 금액의 법률행위로 전환하여 법률행위 효력을 인정하는 것이 대법원 입장이다. 제103조(반사회질서행위)의 경우는 이러한 무효행위전환이 불가능한 것과 차이가 있다.

5. 무효행위 추인 불가능

무효행위 추인이 되지 않는 점은 제103조와 제104조가 동일하다.

202. 애인과 결혼을 약속하면서 만약 5년 안에 그 애인과 결혼하지 않을 경우 2억 원을 주겠다고 한 각서는 무효다.[202]

203. 부동산이중매매는 항상 반사회질서행위가 된다.[203]

204. 폭리행위(104조)가 적용되기 위해서 궁박, 경솔, 무경험은 모두 갖춰져야 하는 것은 아니다.[204]

205. 폭리행위(104조)에서 궁박, 경솔, 무경험을 상대방이 이용할 의사가 없다면 무효는 아니다.[205]

206. 반사회질서행위(103조) 위반으로 무효가 된 경우 부당이득 반환의 문제는 발생하지 않는다.[206]

207. 폭리행위의 경우 무효행위 전환이 가능하다.[207]

208. 급부와 반대급부 사이에 심각한 불균형이 있으면 피해자의 궁박, 경솔 또는 무경험을 이용했다는 사실이 추정된다.[208]

209. 변호사의 민사소송 성공보수는 반사회질서 행위로서 무효이다.[209]

210. 무효인 명의신탁에 의한 신탁행위는 반사회질서 행위로서 무효이므로 수탁인에게 소유권을 돌려 달라고 요구할 수 없다.[210]

211. 법률행위의 조건이 불법인 경우 그 조건은 무효가 된다.[211]

212. 법률행위 동기가 불법인 경우에는 그 동기가 표시되거나 상대방에게 알려진 경우에 한하여 법률행위가 무효가 된다.[212]

---

202 O : 개인의 자유를 심각하게 제약하여 반사회질서 행위가 된다.

203 X : 이중매매 중 배임모델의 경우에 반사회질서 행위가 된다.

204 O : 궁박 or 경솔 or 무경험. 즉, 주관적 요건은 하나만 해당되어도 된다.

205 O : '인하여'의 의미를 '이용하여'로 해석하면 된다.

206 O : 무효인 행위는 원칙적으로 부당이득의 문제가 생긴다. 이미 받은 이익이 법률상 원인이 없어졌기 때문이다. 그러나 반사회질서행위(103조)의 경우에는 제746조(불법원인급여)가 적용되어 법률관계를 냉동시켜 버린다.

207 O

208 X : 별도로 증명되어야 한다.

209 X : '형사소송'의 성공보수만 반사회질서행위로 판결되었다.

210 X : 비록 위법한 행위이기는 하지만 반사회질서 행위에까지는 이르지 않았다.

211 X : 조건이 무효가 아니라 법률행위 전체가 무효가 된다. 조건은 법률행위와 일체다.

212 O

의사와 표시가 일치하지 않는 4가지 경우를 설명한다.

그 4가지 중 2가지는 '무효'의 법률효과(제107조, 제108조)를, 다른 2가지는 "취소권 발생"이라는 법률효과(제109조, 제110조)를 발생시킨다.

취소권(형성권)이 발생한 2가지에 있어 그 취소권이 행사되면 '무효'와 동일한 법률효과가 발생한다. 따라서 취소할 수 있는 법률행위는 현재는 '유효' 하지만 '무효'가 될 수 있는 유동적 상태를 말한다.

이렇게 처음부터 무효 또는 취소권 행사를 통해 무효가 되는 경우, 이로 인한 선의 제3자를 보호하는 중요한 규정이 적용되는데, 이는 위 4가지에 모두 동일하게 적용되는 개념이다.

I 비진의 표시(제107조)

1. 개념

의사(내심의 효과의사)와 표시(표시상의 효과의사)가 일치하지 않는다는 것을 표의자 스스로 알면서 하는 의사표시를 말한다. 예를 들어, 퇴사할 마음이 없는 상태에서 다른 목적(근로조건의 불만)으로 사직서를 회사에 제출하는 경우가 이에 해당한다. 이 경우 내심에 따라 사직서를 무효로 할지, 아니면 사직서대로 퇴사의 효과를 인정할지 문제될 수 있다.

그런데 여기서 의사(내심의 효과의사) 즉 진의(眞意)는 표의자가 진정으로 바라는 사항을 말하는 것이 아니라 특정한 내용의 의사표시를 하고자 하는 표의자의 생각을 말한다는 사실을 주의해야 한다. 즉, 마음 깊이 희망하지 않은 것이라도 그 당시 최선이라고 생각하고 표시한 의사는 불일치가 없는 것이다. 법은 마음속 깊이 있는 사람의 의도나 욕망까지 접근하지는 않기 때문에 내키지 않는 마음으로 하는 의사표시라도 그 의사표시 자체에 대한 의욕이 있다면 이는 불일치가 아니다.

2. 효과

> **제107조[진의 아닌 의사표시]** ① 의사표시는 표의자가 진의 아님을 알고 한 것이라도 그 효력이 있다. 그러나 상대방이 표의자의 진의 아님을 알았거나 이를 알 수 있었을 경우에는 무효로 한다. ② 전항의 의사표시 무효는 선의의 제3자에게 대항하지 못한다.

가. 원칙 : 유효(표시행위에 대해 책임져야 함. 상대방 보호)

의사표시는 진의 아님을 알고 한 것이라도 유효하다. 표시행위에 대해 원칙적으로 표의자의 책임을 인정한다. 상대방이 일일이 표의자의 진의를 살펴 법률행위를 한다면 법률관계가 매우 복잡해져 법정안정성이 저해될 수 있어 이를 방지할 필요가 있는 것이다.

나. 예외 : 무효(상대방의 악의 또는 선의이지만 과실)

그러나 상대방을 보호할 가치가 없는 상황에서는 굳이 표시행위대로 법률효과를 발생시키지 않아도 법적안정성은 침해되지 않는다. 상대방이 보호할 가치가 없는 경우란, 상대방이 표의자의 진의를 알았거나(악의), 조금만 주의하면 알 수 있었을 상황(과실로 알지 못한 경우)을 말한다.

근로자가 수리되지 않을 것으로 믿고 사직서를 제출하는 경우. 사장이 그 속마음을 몰랐고 알 수도 없던 경우에는 사직서 제출행위는 유효하고 이를 수리하면 사직의 법률효과가 발생한다(원칙).

그러나, 사장이 그러한 속마음을 알고도 사직서를 수리했다면, 사직서 제출행위는 무효가 되어 사직하지 않아도 된다(예외).

다. 선의 제3자 보호

상대방의 악의 또는 과실로 인해 법률행위가 무효가 되는 경우, 이로 인해 새로운 법률관계를 체결하고 무효원인에 대해 아무것도 몰랐던(선의) '제3자'는 보호된다.

Ⅱ 통정허위표시(제108조)

1. 개념

상대방과 내통한 거짓 표시를 말한다. 가장행위라고도 한다. 사실과 다른 내용의 외관을 공모하여 작출하는 것을 말한다. 비진의에 관하여 상대방과 합의가 있다는 점에서 표의자 혼자 비진의가 있는 제107조 비진의표시와 다르다.

2. 효과

제108조[통정한 허위의 의사표시] ① 상대방과 통정한 허위의 의사표시는 무효로 한다. ② 전 항의 의사표시의 무효는 선의의 제3자에게 대항하지 못한다.

가. 무효(당사자 사이에 언제나 무효)

진정한 법률효과를 발생시키고자 하는 합의 자체가 없으므로 무효가 된다. 어느 일방이 변심하여 표시한 대로 법률효과를 주장하더라도 합의가 없던 것이므로 무효가 된다. 따라서 당사자 사이에서는 언제나 무효이다. 한편, 법률행위의 효과가 무효라고 해서 무효 자체가 아무것도 없는 무(無)가 아니므로, 통정허위표시가 제406조 채권자취소권(사해행위취소)의 요건에 해당하면 별도로 취소할 수도 있다. 민법 제406조 채권자취소권은 채권자의 강제집행을 피하고자 재산의 소유권을 타인에게 빼돌려 놓는 행위를(사해행위) 취소하는 근거 규정이다. 따라서 통정허위표시(제108조)가 동시에 사해행위(제406조)가 되는 경우가 있을 수 있으며 이 경우 무효 또는 취소의 주장을 선택적으로 또는 동시에 할 수 있다 (권리경합).

나. "선의 제3자" 보호

허위 외관이 남아 있는 상태에서 새로운 법률관계를 맺었으나 통정사실에 대해 전혀 몰랐던(선의) '제3자'는 보호된다.

3. 구별개념

가. 은닉행위

허위표시에 숨어 있는 행위를 말하며, 증여에 대한 합의를 가지고 매매의 형식을 갖추는 경우, 매매행위는 허위표시이지만 증여행위에 대해서는 합의가 있는 것이므로 이에 대해서는 법률효과를 인정한다. 즉 허위표시 속에 숨어 있는 은닉행위는 유효하다.

나. 신탁행위

특정한 목적 달성을 위해, 그 한도에서 권리를 이전하는 행위를 신탁행위라고 한다. 그 목적이 한정되어 있다는 점을 제외하면 권리이전에 관하여는 허위가 없다. 따라서 <u>신탁행위는 유효</u>하다.

그런데 이러한 유효한 신탁행위와 구별해야 할 것이 있는데 바로 '명의신탁'이다. 실제는 권리이전의 합의가 없으면서도 이름만 빌려주는 경우를 '명의신탁'이라 하며, 당연히 권리이전의 합의가 없으므로 명의만 변경하는 행위는 허위표시로서 무효이다. 나아가 명의신탁은 일정한 경우 형사처벌 대상이다. 명의신탁에 대해서는 [테마 25 부동산실명법]에서 상세히 설명한다.

Ⅲ 착오에 의한 의사표시(제109조)

1. 개념

의사(내심의 효과의사)와 표시(표시상의 효과의사)가 일치하지 않는다는 사실을 표의자 스스로 모르는 것을 말한다. A 부동산에 대해 매수 청약을 한다는 것이 실수로 B 부동산에 대해 청약하는 경우, 매수가격의 표시를 잘못하여 10배 많은 가격을 제시한 경우 등이다.

2. 효과

제109조[착오로 인한 의사표시] ① 의사표시는 법률행위의 내용의 중요 부분에 착오가 있는 때에는 취소할 수 있다. 그러나 그 착오가 표의자의 중대한 과실로 인한 때에는 취소하지 못한다. ② 전 항의 의사표시 취소는 선의의 제3자에게 대항하지 못한다.

착오로 인해 의사표시를 취소한다면 상대방에게 뜻하지 않는 손실을 입힐 수 있고 그렇다고 취소를 하지 않는다면 원하지 않는 법률효과를 받아야 한다. 이를 적절히 조화해 우리 민법은 법률행위의 중요 부분에 착오가 있는 때에만 취소할 수 있도록 하였고 그마저 중대한 과실로 발생한 착오라면 취소할 수 없게 하였다.

가. 원칙

취소권 발생(단, 법률행위의 중요 부분에 대한 착오만)

나. 예외

유효(표의자의 중대한 과실이 있는 경우)

다. 선의 제3자 보호

법률행위의 중요 부분에 착오가 있고, 착오에 있어 착오자에게 중대한 과실이 없는 경우 표의자는 의사표시를 취소할 수 있고, 이로 인해 새로운 법률관계를 체결하고 취소 원인에 대해 아무것도 몰랐던(선의) '제3자'는 보호된다.

〈중요 부분에 대한 판단〉 - 이중기준설
① 주관적 기준 : 표의자가 그러한 착오가 없었더라면 그러한 의사표시를 하지 않았을 정도로 중대한 부분
② 객관적 기준 : 일반인도 표의자의 입장이라면 그러한 의사표시를 하지 않았을 정도로 중대한 부분

〈중요 부분에 속하는 착오〉

- 목적물의 동일성
- 사람이 중요한 법률행위에서 사람의 동일성
- 매매인지 증여인지에 관한 법률행위의 성질의 동일성

〈중요 부분에 속하지 않는 착오〉

- 평수부족
- 목적물의 가격이나 환율 착오
- 아무런 불이익이 없는 착오
- 목적물의 소유권 귀속에 관한 착오

3. 관련 문제

가. 담보책임과의 관계

담보책임이 적용되는 경우 이는 동시에 착오의 문제가 될 수 있다. 이에 대해 담보책임이 특별법이며 그 적용만으로 충분히 보호되므로 별도로 착오규정을 적용할 필요가 없다(법조경합)는 주장도 있으나 최근 대법원 판례에 따르면 선택적으로 주장하는 것이 가능하다는 주장에 힘이 실리고 있다(권리경합).

나. 화해

법률분쟁에 대해 상대방과 합의를 한 경우, 화해의 창설적 효력으로 인해 화해를 착오를 이유로 취소할 수 없다. 다만 당사자의 자격 등 분쟁 이외의 내용에 대한 착오는 취소가 가능하다.

다. 가족법상 행위

적용이 없는 것이 원칙인데, 다만 착오에 의한 혼인과 입양은 신분관계 창설에 대한 합의가 없는 경우에 해당하여 무효이다.

라. 쌍방착오

착오의 내용이 일치하지 않는 경우에는 각각의 의사표시에 착오규정을 적용하면 되지만, 착오의 내용이 일치하는 경우에는 이를 없었던 것으로 해야 하는 것이 아닌지 의문이 될 수 있다. 왜냐하면, 쌍방 모두 원래 기대했던 법률행위가 아니기 때문이다. 그런데, 판례는 이 부분에 대해 착오규정을 적용하여 취소할 수 있다는 입장이다.

마. 불이익이 없는 착오

착오가 법률행위 내용의 중요 부분에 있다고 하기 위해서는 표의자에 의하여 추구된 목적을 고려하여 합리적으로 판단하여 볼 때, 표시와 의사의 불일치가 객관적으로 커야 하고, 만일 그 착오로 인하여 표의자가 무슨 경제적인 불이익을 입은 것이 아니라고 한다면 이를 법률행위 내용의 중요 부분의 착오라고 할 수 없다.

바. 동기의 착오

착오에 관한 법리는 법률행위 내용에 들어와 있는 경우를 대상으로 하므로, 법률행위에 이르는 과정에서 당사자가 내면에 갖고 있던 동기의 착오(예를 들어, 부모님에게 전원주택을 건축해 드리려고 토지를 매입하는 경우, 법률행위 내용은 토지매입에 국한되고 부모님에 대한 전원주택 제공은 동기에 해당할 뿐이다)는 포함되지 않는다. 그러나 동기가 표시되어 법률행위 내용이 되는 경우는 당연히 착오에 포함되고(토지를 구입하면서 그 동기를 설명하고 특약 등에 기재한 경우), 나아가 상대방에 의해 유발되거나 제공된 동기도 착오에 포함(이 토지를 구입해 납골당을 지으면 큰 수입을 얻을 수 있다는 설명을 듣고 그 용도로 토지를 매입한 경우)시키는 것이 판례의 태도이다.

> **〈관련 판례〉**
>
> 동기의 착오가 법률행위의 내용의 중요 부분의 착오에 해당함을 이유로 표의자가 법률행위를 취소하려면, 그 동기가 당해 의사표시의 내용으로 삼을 것을 상대방에게 표시하고 의사표시의 해석상 법률행위의 내용으로 되어 있다고 인정되면 충분하고 당사자들 사이에 별도로 그 동기를 의사표시의 내용으로 삼기로 하는 합의까지 이루어질 필요는 없다 (대법원 2000. 5. 12. 2000다12259).

사. 오표시무해의 원칙

예를 들어, A토지에 대한 매매계약을 체결하는데 당사자 甲과 乙이 모두 A토지를 B로 알고 계약서에 B를 매매대상으로 기재한 경우, 비록 계약서에 B라고 잘못 표시를 하였지만 당사자 모두 A토지에 대한 매매의 합의가 있었으므로 A토지에 대한 매매계약이 유효하게 체결된 것이다. 이러한 경우 B로 잘못 표시된 부분은 계약의 성립에 아무런 해를 미치지 않는다.

IV 사기/강박에 의한 의사표시(제110조)

1. 개념

가. 사기에 의한 의사표시

고의로 사람을 속여 착오에 빠지게 하여 의사표시를 하게 만드는 것을 말하는데, 여기서 착오는 제109조의 착오와 같지만 착오의 원인을 상대방이 제공했으므로 중요 부분에 대한 착오가 아니더라도 표의자가 보호되는 것이 다르다. 제109조와 권리경합 관계이다.

나. 강박에 의한 의사표시

고의로 위협하여 공포심을 유발해 의사표시를 하게 만드는 것을 말하는데, 위협의 정도가 심해 의사표시 자체가 불가능한 상태에 이르면 강박의 범위를 넘어 의사무능력 상태가 되므로 그 의사표시이므로 무효가 된다.

2. 효과

> **제110조[사기, 강박에 의한 의사표시]** ① 사기나 강박에 의한 의사표시는 취소할 수 있다. ② 상대방 있는 의사표시에 관하여 제3자가 사기나 강박을 행한 경우에는 상대방이 그 사실을 알았거나 알 수 있었을 경우에 한하여 그 의사표시를 취소할 수 있다. ③ 전 2항의 의사표시의 취소는 선의의 제3자에게 대항하지 못한다.

가. 상대방의 사기, 강박 : 취소권 발생

나. 제3자의 사기, 강박

(1) 상대방 없는 의사표시 : 취소권 발생

(2) 상대방 있는 의사표시 : 취소권 발생 (단, 상대방이 사기나 강박에 의한 의사표시라는 사실을 알았거나 알 수 있었을 경우)

다. 취소하는 경우 선의 제3자는 보호

앞에서 언급한 것처럼, 우리 민법은 의사표시가 처음부터 무효이거나 취소권 행사를 통해 법률행위가 무효로 되는 경우를 대비하여 선의 3자 보호 규정을 두고 있다. 당사자 사이의 의사표시 하자로 인해 이와 상관없는 선의의 3자를 보호하기 위한 특별조문으로서 등기의 공신력을 인정하지 않는 우리 법제(등기를 믿고 부동산 취득을 했더라도 그 이전의 거래관계에 하자가 있으면 등기를 믿었다는 이유로 보호되지 않는다)에서 매우 중요한 역할을 하는 조문이다. 이러한 보호규정이 없다면 법률행위가 무효이거나 취소되는 경우 이미 이행된 목적물이 몇 단계를 걸쳐 반환되어야 하는 복잡한 일이 발생하게 되는데 이를 차단하여 법적안정성을 도모하는 것이다.

1. 선의란?

선의라는 것은 의사표시의 하자를 모른다는 의미이고 특별히 논할 것이 없다. 조문에 무과실까지 요구하고 있지 않으므로 선의이면 충분하며 과실 여부를 묻지 않는다. 선의는 추정되므로 이를 부정하려는 자가 악의를 증명해야 한다.

2. 제3자란?

"당사자와 포괄승계인(상속 등) 이외의 자로서 하자 있는 의사표시를 기초로 새로운 이해관계를 가지게 된 자"를 말한다.

위 밑줄 친 요건에 해당하는지 검토하여 충족되는 경우 제3자이며, 제3자 중 선의(하자 있는 의사표시에 의한 것인지 모름)인 경우 보호받는다(차단효가 생긴다고 표현한다).

3. 대항하지 못한다

대항하지 못한다는 말은 선의 3자에게 무효나 취소 사유를 주장할 수 없다는 뜻이다. 즉, 차단효가 생겨 보호받으므로 선의 3자에 대해서 해당 법률행위는 유효가 되는 것이다. 법률행위 당사자가 무효나 취소를 선의 3자에게 주장할 수 없다는 것이지, 선의 3자가 무효나 취소의 효과를 받아들이는 것은 무방하다. 따라서, "유효하다"라는 표현을 쓰지 않고 "대항하지 못한다"라는 표현을 사용한다.

제3자에 해당하는 경우와 그렇지 않은 경우의 예를 아래 정리한다.
제3자에 해당하는 경우에는 선의인 경우 보호된다.
편의상 108조 통정허위표시를 기준으로 설명하였지만, 나머지 의사표시 하자의 경우에도 동일하게 적용된다.

〈제3자에 해당하는 경우〉

① 통정허위표시의 매수인으로부터 저당권을 설정받은 자
② 통정허위표시의 매수인으로부터 소유권이전등기청구권 보전을 위한 가등기를 취득한 자
③ 통정허위표시의 매수인으로부터 그 목적물을 다시 매수한 자
④ 통정허위표시의 매수인으로부터 임차한 자
⑤ 통정허위표시에 의한 채권을 (가)압류한 자
⑥ 통정허위표시에 기한 채권의 양수인
⑦ 통정허위표시에 의해 설정된 전세권에 대해 저당권을 설정받은 자
⑧ 통정에 의한 타인 명의 예금통장의 명의인으로부터 예금채권을 양수한 자
⑨ 통정한 저당권설정 행위에 기한 저당권의 실행으로 목적물의 경락받은 자
⑩ 통정한 저당권설정 행위에 기한 근저당권을 양수한 자

〈제3자에 해당하지 않는 경우〉

① 통정허위표시에 있어 매수인의 일반 채권자

② 채권의 허위양수인으로부터 추심을 위하여 채권을 양수한 자

③ 저당권 등 제한물권이 허위로 포기된 경우의 기존의 후순위제한물권자

④ 토지임차인이 자기 소유의 건물을 가장양도한 경우 토지소유자

⑤ 통정한 제3자를 위한 계약에서 제3자

⑥ 대리인의 통정허위표시에서 본인

⑦ 채권을 허위양도한 경우 채무자

⑧ 통정허위매매에 기한 손해배상청구권의 양수인

⑨ 부동산에 대한 가등기약정 후 허위양도를 거쳐 가등기가 경료된 경우의 가등기권자

〈제3자 사례〉 가장매매의 매수인으로부터 그 목적부동산을 다시 매수한 자

김세기가 추봉균에게 자기 소유의 주택을 1억 원에 매도하였으나 사실은 허위매매였다. 즉, 김세기는 형식상 추봉균에게 매매처럼 위장하여 등기를 이전하였으나 1억 원은 받지 않았다. 나중에 추봉균은 김세기에게 다시 등기를 이전해 주기로 한 상황이었다. 그럼에도 추봉균은 긴급자금이 필요해 부산은행에서 대출을 받으면서 위 주택에 저당권을 설정하였다.

나중에 김세기는 제108조를 근거로 추봉균에게 무효를 주장하면서 등기를 넘겨 달라고 요청해 겨우 넘겨받았으나 확인 결과 저당권이 설정되었다는 사실을 알게 되었다.

김세기는 부산은행에 공문을 보내어 추봉균과의 거래가 가장매매였음을 통보하는 한편, 제108조에 의해 무효이므로 저당권도 효력이 없다고 통보하였다. 정당한 주장일까?

부산은행이 보호되는 제3자인지가 쟁점이다.

위 암기한 제3자의 개념을 하나씩 적용하자.

부산은행은 김세기와 추봉균의 관계에서 <u>당사자 또는 포괄승계인 이외의 자</u>이다.

부산은행은 <u>허위양도 행위를 기초로 등장</u>하였고,

저당권설정행위는 가장매매에 이은 새로운 법률관계이다.

따라서, 부산은행은 제3자이며 선의인 경우(가장매매 사실을 모른 경우) 무효의 법률효과가 차단되어 보호된다.

결국 김세기는 부산은행에 대해 저당권 소멸을 주장하지 못하고, 그로 인한 손해는 추봉균을 상대로 손해배상 청구를 하는 등의 방법으로 정산해야 한다.

[테마 18] 연습문제(O, X)

213. 비진의표시의 상대방이 선의, 무과실인 경우에만 의사표시는 유효하다.[213]

214. 통정허위표시는 무효이나 은닉행위는 유효이다.[214]

215. 신탁행위는 대표적인 통정허위표시이다.[215]

216. 통정허위표시가 채권자취소(사해행위취소)권의 요건에 해당하면 취소도 가능하다.[216]

217. 착오가 법률행위의 중요 부분에 속하지만 표의자가 경과실이 있는 경우 의사표시는 취소할 수 없다.[217]

218. 진의가 아닌 의사표시를 하였으나 상대방이 이를 충분히 알 수 있었던 경우에는 의사표시대로 법률효과가 발생한다.[218]

219. 착오가 법률행위의 중요 부분에 속하면서 표의자가 중대한 과실이 있는 경우 착오를 이유로 취소할 수 있다.[219]

220. 법률분쟁에 대해 상대방과 화해(합의)를 하였다면 착오를 이유로 취소할 수 없다.[220]

221. 소유권귀속에 관한 착오는 중요 부분의 착오가 아니다.[221]

222. 평수부족, 시가착오는 중요 부분의 착오이다.[222]

223. 불이익이 없는 착오도 중요 부분의 착오라면 취소할 수 있다.[223]

224. 부동산매매계약서로 알고 서명했는데 보증계약서인 경우 중요 부분의 착오가 된다.[224]

---

213 O : 상대방이 표의자의 진의를 알았거나(악의) 알 수 있었을 경우(과실)에는 의사표시가 무효가 되므로, 의사표시가 유효하려면 상대방이 진의를 모르고(선의) 모르는데 잘못이 없어야 (무과실)한다.

214 O

215 X : 신탁행위는 일정한 목적이 정해져 있을 뿐 권리이전의 합의는 존재하므로 허위표시가 아니다. 이와 달리 권리이전의 합의가 없는 상태에서 명의만 변경하는 '명의신탁'은 대표적인 통정허위표시이다.

216 O : 권리경합

217 X : 중과실이 있는 경우만 취소할 수 없다.

218 X : 상대방 보호가 필요 없으므로 진의대로 법률효과가 발생한다.

219 X : 중과실이 있으면 취소할 수 없다.

220 O

221 O : 타인 권리를 처분하는 계약도 유효하며 하자가 없다(무효 또는 취소의 대상이 아니다). 다만 이를 취득해 이전하지 못하면 채무불이행의 문제가 발생할 뿐이다.

222 X

223 X : 불이익이 없는 착오는 취소할 수 없다. 불이익이 없다는 것은 중요 부분이 아니라는 의미도 된다.

224 O : 법률행위 성질의 동일성에 대한 착오는 중요 부분의 착오이다.

225. A가 B를 속여 B가 C에게 부동산을 증여하였으나 C는 A가 B를 속였다는 사실을 알았던 경우 B의 증여 행위는 무효이다.[225]

226. 사기에 의한 의사표시의 취소는 중요 부분의 착오가 아니더라도 가능하다.[226]

227. 통정허위표시에 의해 발생한 채권을 가압류한 사람은 선의인 경우 보호된다.[227]

228. 하자 있는 의사표시에 있어 보호되는 제3자는 선의이며 무과실이어야 한다.[228]

229. 무효나 취소의 경우 보호받는 선의 제3자가 무효 취소를 받아들이는 것은 무방하다.[229]

230. 제3자를 위한 계약에서 수익자는 무효나 취소의 경우 보호받는 제3자에 속하지 않는다.[230]

231. 가장매매의 매수인으로부터 매매목적물을 매수한 사람은 선의인 경우 보호되는 제3자에 속한다.[231]

---

225 X : 취소할 수 있는 법률행위다. 즉, B는 A에 대해 취소권을 갖는다.
226 O : 착오가 상대방의 기망에 의해 유발된 것이므로.
227 O : 당사자가 아니며, 허위표시 이후 새로운 법률관계를 맺은 제3자이므로 선의인 경우 보호된다.
228 X : 규정에 '선의'로만 규정되어 있다. 선의에 무과실까지 요구되는 것은 아니다.
229 O : 선의 3자에게 무효나 취소로 대항할 수 없다는 의미이지, 제3자가 받아들이는 것을 막는 것은 아니다. 따라서 이를 상대적 무효(취소)라고 한다.
230 O : 계약 당시 이해관계가 형성된 당사자이지 새로운 법률관계를 체결한 자가 아니기 때문이다.
231 O

대리(의사표시 확장/보충)

의사표시(법률행위)의 확장 및 보충에 관한 이야기를 하고자 한다. 원칙적으로 법률효과(권리변동)를 바라는 사람이 의사표시(법률행위)를 하게 되는데, 이 같은 원칙을 고집하면 모든 법률행위를 직접 해야 하고 무능력자들은 전혀 법률행위를 할 수 없는 상황이 발생한다. 그렇다면 우리의 경제질서는 매우 위축되어 발전할 수 없고, 무능력자들은 아무런 권리 취득도 할 수 없어 보호를 받지 못하는 불합리가 발생하게 된다. 이것이 "대리"제도가 필요한 이유이며, 이를 통해 우리의 경제질서가 매우 촉진되고 민법의 눈부신 발전을 보게 되었다. 따라서 본 테마의 핵심은 어떻게 하면 대리제도를 위축시키지 않는가에 있다. 즉, 대리인을 자처하는 사람과 거래하는 상대방의 보호를 두텁게 해야만 대리제도는 존속할 것이다. 그 누구도 대리인을 믿지 못하고 "본인 나오라 해"라고 한다면 대리제도는 무용지물이 될 것이다. 대리에 대한 이해는 이러한 원리에 바탕을 두고 접근해야 한다.

I 대리의 개념

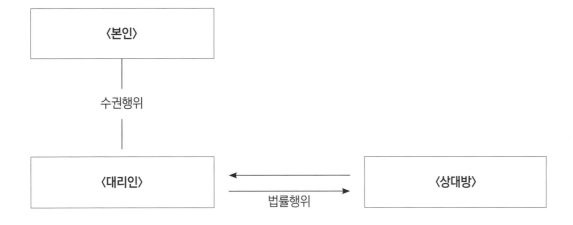

"타인행위 본인효과"

대리제도의 핵심은 법률행위자와 법률효과자의 분리에 있다. 여기서 법률행위자를 대리인이라 하고, 법률효과자를 본인이라고 한다. 즉, 대리인의 법률행위에 대한 모든 효과는 본인(위임인)이 받는 것이다. 대행과 대리가 다른 점은, 대행자는 스스로 판단할 수 없고 시키는 일만 한다는 것이며(손과 발의 역할), 대리인은 스스로의 판단에 의해 자유로운 의사표시(법률행위)를 하며 그 모든 효과는 본인에게 돌아간다(머리의 역할)는 것이다.

즉, 대리인은 독자적인 판단으로 법률행위를 하고, 스스로는 아무런 법률효과도 받지 않는 것이 대리제도의 특징이다. 따라서, 법률요건에 관한 문제는 대리인을 기준으로 해결하고, 법률효과에 관한 문제는 본인을 기준으로 판단해야 한다. 이것이 대리제도 공부의 핵심이다.

[용어 설명]

〈능동대리, 수동대리〉

능동대리 : 대리인이 의사표시를 하는 경우를 말한다.

수동대리 : 대리인이 상대방으로부터 의사표시를 받는 경우를 말한다.

〈임의대리, 법정대리〉

임의대리 : 대리권이 법률행위에 의해 주어지는 경우

법정대리 : 대리권이 법률규정에 의해 주어지는 경우

〈유권대리, 무권대리〉

정당한 대리권이 없이 대리인을 사칭하는 경우를 무권대리라 하는데, 무권대리는 '표현대리'와 '협의의 무권대리'로 나뉜다.

대리에 관한 공부는 입체적 접근이 필요하다. 법률관계가 삼면관계의 형태로 나타나기 때문에 이러한 삼면관계를 분석적으로 접근할 필요가 있다.

3면 관계 및 이에 따른 쟁점을 정리하면 다음과 같다.

① 대리권 관계 : 대리인과 본인의 관계
- 대리권발생, 대리권범위, 대리권제한, 대리권소멸, 복대리
② 대리행위 관계 : 대리인과 상대방의 관계
- 현명주의, 대리행위 하자, 대리인의 능력, 무권대리
③ 법률효과 관계 : 상대방과 본인의 관계
- 본인의 능력

Ⅱ 대리권 관계

1. 대리권 발생(수권행위)

가. 법률규정에 의한 대리권 발생(법정대리권)

친권자, 후견인 등

나. 법률행위(의사표시)에 의한 대리권 발생(임의대리권)

1) 개념 및 성격

본인(위임인)이 대리인(수임인)에게 대리권을 수여하는 의사표시를 하면 대리인에게 대리권이 발생한다. 이러한 대리권 수여의 의사표시를 '수권행위'라 하는데, 일방적 의사표

시로 대리권이 발생되므로 수권행위는 단독행위이다. 대리권 수여에 대리인의 동의가 필요 없다는 뜻이다.

대리인은 자신의 행위에 아무런 책임을 지지 않기 때문에 대리인이 된다는 사실은 대리인 자신에게 아무런 피해가 없다. 오히려 본인 입장에서 수권행위를 남발하는 것이 본인의 지위를 불안하게 하므로 자제할 필요가 있다.

2) 수권행위의 독립성 및 유인성

수권행위는 단독으로 이루어질 수 있지만 다른 계약 속에 묻어서 이루어지는 경우도 있다. 예를 들어 위임계약(제680조)을 체결하는 경우 그 속에 수권행위라는 단독행위도 포함된 것으로 해석된다. 이처럼 수권행위는 계약의 형태인 원인행위와 별개이면서(독립성) 원인행위에 포함되어 행사되거나 별도로 행사되기도 한다.

수권행위의 독립성을 인정할 경우 원인행위와 수권행위의 상관관계를 설명하는 방법으로 무인설과 유인설이 있다. 무인설은 원인행위와 수권행위가 서로 영향을 주지 않는다는 입장이고, 유인설은 그 반대의 입장에 있다. 위임계약을 하면 별도로 대리권 수여(수권행위)도 한 것으로 본다. 그 후 위임계약이 해제되었을 때 수권행위가 자동으로 철회되는지(유인설), 아니면 수권행위는 유지되고 별도의 철회행위를 해야 해소되는지(무인설) 문제되는데 우리 민법은 유인설을 명백히 밝히고 있다(제128조). 즉, 원인행위가 종료되면 그 속에 독자성을 갖고 포함되어 있던 대리권도 철회되어 대리관계는 자동 소멸한다. 물론 원인행위는 그대로 두고 수권행위만 별도로 철회하는 것도 가능하다.

> **제128조[임의대리의 종료]** 법률행위에 의하여 수여된 대리권은 전조(127조)의 경우 외에 그 원인이 된 법률관계의 종료에 의하여 소멸한다. 법률행위의 종료 전에 본인이 수권행위를 철회한 경우에도 같다.

2. 임의대리권 범위 - 범위초과 시 무권대리

가. 원칙

수권행위 내용을 해석해서 임의대리권의 범위를 정한다. 예를 들어, 부동산의 처분 권한을 받은 대리인은 그 부동산의 매매대금을 수령할 권한도 있다고 해석하는 것이 판례의 입장이다.

나. 보충규정

수권행위의 내용을 명백히 밝힐 수 없는 경우를 대비해 민법은 보충적인 규정을 두고 있다.

제118조[대리권의 범위] 권한을 정하지 아니한 대리인은 다음 행위만을 할 수 있다.

1. 보존행위
2. 대리의 목적인 물건이나 권리의 성질을 변하지 아니하는 범위에서 그 이용 또는 개량하는 행위

1) 보존행위 : 가옥의 수선, 소멸시효 중단, 미등기부동산 등기
2) 이용행위 : 물건의 임대, 이자부 금전대여
3) 개량행위 : 무이자 금전대여를 이자부로 변경

〈대리권 남용에 대해(무권대리인 대리권 일탈과 비교)〉

대리권남용이란 대리권의 범위 내에서 적법한 대리행위를 했는데 다만 자기나 다른 사람의 이익을 위한 것, 즉 사리 도모를 한 경우를 말한다. 따라서 대리권의 범위를 넘어선 '대리권 일탈'과는 다르다.

대리권 남용의 경우에도 원칙적으로 적법한 대리행위이므로 유효하다. 하지만 그 목적이 사리를 도모한 것이므로 그 효과를 본인(위임인)에게 모두 귀속시키는 것이 불합리 할 수 있다. 그렇다고 무조건 무효라고 한다면 대리행위의 상대방은 불측의 손해를 받을 수 있다. 이것을 조절하기 위한 방안에 대해 여러 학설이 있는데, 비진의 표시에 관한 제107조 제1항 단서를 유추 적용하여 상대방이 사리 도모 사실을 알았거나 알 수 있었을 경우에는 상대방 보호이익이 적어지므로 무효로 한다는 것이 주류 의견이다.

3. 대리권의 제한 – 제한어길 시 무권대리

가. 자기계약, 쌍방대리 금지

제124조[자기계약, 쌍방대리] 대리인은 본인의 허락이 없으면 본인을 위하여 자기와 법률행위를 하거나 동일한 법률행위에 관하여 당사자 쌍방을 대리하지 못한다. 그러나 채무의 이행은 할 수 있다.

자기계약이란, 대리인이 한편으로는 본인을 대리하고 다른 한편으로는 자기 자신의 자격으로 계약을 체결하는 것이다. 즉, 대리인과 상대방이 일체화되는 것을 말한다. 이때 대리인은 자기가 유리한 쪽으로 대리행위를 할 수 있기 때문에 금지된다. 예를 들어 대리인에게 좋은 가격에 자기 집을 팔아 달라고 매매계약을 위임하였는데 대리인 자신이 그 집을 사는 경우, 가격 결정에 있어 대리인이 이익을 보기 위해 염가매매를 하는 등으로 본인에게 손해를 입힐 위험이 발생한다.

쌍방대리란, 대리인이 상대방의 대리인과 일체화되는 것을 말한다. 즉, 대리인이 한편으로는 본인을 대리하고 다른 한편으로는 상대방을 대리하는 경우를 말한다.

두 가지 모두 본인에게 불이익을 줄 수 있으므로 금지하되 본인이 허락하거나 채무의 이행, 이미 성립된 계약에 따른 등기신청 등 본인에게 불이익이 없는 경우에는 허용한다.

나. 공동대리

제119조[각자대리] 대리인이 수인인 때에는 각자가 본인을 대리한다. 그러나 법률 또는 수권행위에 다른 정하는 바가 있는 때에는 그러하지 아니하다.

대리인이 여러 명인 경우 단독대리가 원칙이다(제119조). 그러나 법률규정이나 수권행위를 통해 반드시 공동대리를 하도록 한 경우 각 대리권은 제한을 받는다. 이는 비록 신속한 대리행위는 이루어지지 않더라도 서로 견제가 되어 본인 보호의 효과가 있기 때문에 이런 필요가 있는 경우 공동대리를 활용한다.

다만 수동대리는 상대방 보호를 위해 각자대리가 가능하다. 그렇지 않다면 상대방이 일일이 공동대리인을 찾아 의사표시를 해야 하는 번거로움을 감수하게 해야 하는데 이 경우 대리제도가 위축될 우려가 있는 것이다.

4. 대리권 소멸 - 소멸 후 행위는 무권대리

가. 임의대리와 법정대리의 공통적 소멸원인(제127조)

- 본인 : 사망
- 대리인 : 사망, 성년후견의 개시, 파산

'본인'의 성년후견 개시는 대리권 소멸사유가 아니다. 오히려 법정대리인(후견인) 선정 사유가 된다. 본인의 파산에 관해서는 규정을 두고 있지 않다. 그러나 원인행위가 위임인 경우 본인의 파산은 위임관계의 종료원인(제674조)이 되므로 아래 제128조를 적용하여 해결할 수 있다. 즉, 본인의 파산은 제127조에는 규정하고 있지 않고, 제128조가 적용될 수는 있다.

나. 임의대리의 특수한 소멸원인(제128조)

제128조[임의대리의 종료] 법률행위에 의하여 수여된 대리권은 전조(127조)의 경우 외에 그 원인이 된 법률관계의 종료에 의하여 소멸한다. 법률행위의 종료 전에 본인이 수권행위를 철회한 경우에도 같다.

예를 들어, 위임계약을 체결한 경우 위임계약 속에는 대리권 수여라는 수권행위가 포함되어 있기 때문에 대리관계가 발생한다. 이 수권행위는 원인행위인 위임계약과는 별개의 행위(단독행위)이므로 만약 위임이 종료하여도 수권행위는 남아 있을 수 있다는 주장이 가능하다. 다행히 우리 민법은 위와 같이 원인이 된 법률관계의 종료로 당연히 수권행위도 철회된다고 규정해 두고 있어 이론의 여지없이 이때에도 대리권은 소멸한다.

원인이 된 법률관계가 있더라도 수권행위만을 철회하여 대리권을 소멸시킬 수 있음은 당연하다. 즉, 위임계약은 그대로 두고 대리권만을 소멸시킬 수 있다는 이야기다.

〈종합 : 위임계약을 통해 대리인이 선임된 경우 대리권이 소멸되는 경우〉

- 본인 사망(제127조 제1호)
- 대리인 사망(제127조 제2호)
- 대리인 성년후견 개시(제127조 제2호)
- 위임계약 종료(제128조 전단)
- 수권행위 철회(제128조 후단)
- 본인파산 (제674조 및 제128조 전단)

5. 복대리(대리인의 복임권 행사에 의한 분신 대리인)

가. 개념

대리인이 그의 권한 내의 행위를 행하게 하기 위해, **대리인** 자신의 이름으로 선임한 **본인**의 대리인을 말한다. 대리인이 복대리인을 선임할 수 있는 권한을 '복임권'이라 한다.

나. 특징

복임권은 대리인의 고유 권한이지 본인(위임인)의 권한이 아니다. 즉 복임행위는 대리행위가 아닌 대리인 고유의 권한행사다. 이렇게 복임행위에 의해 탄생한 대리인만을 '복대리인'이라 한다. 복임권 행사가 아닌 다른 방법에 의해 추가 선임되는 대리인은 일반 '대리인'이지 '복대리인'은 아닌 것이다. 즉, 대리인이 여러 명이라 해서 모두 복대리인이 되는 것은 아니다. 본인(위임인)이 대리인을 여러 명 두거나 추가하는 경우는 복대리인이 아니라 그냥 여러 명의 대리인이다.

복임권 발생 → 복임권 행사(복임행위) → 복대리탄생

복대리인이 비록 대리인의 복임행위로 탄생했지만 엄연히 대리인이 아닌 본인(위임인)의 독립적인 대리인이다. 또한 복대리인이 탄생한 이후라도 본래 대리인의 대리권은 그대로 유지된다. 결국, 복대리는 대리인이 자신의 복임권 행사로 분신을 복제했고 그 분신이 독립적으로 본인의 대리인이 되는 것이다. 본인의 입장에서는 복제된 대리인을 포함해 여러 명의 대리인이 생기는 것이며 그 대리인의 모든 대리행위에 대해 본인이 법률효과를 고스란히 받게 되는 것이다.

다. 복임권 발생과 책임

이처럼 복대리인은 대리인이 독자적인 복임행위로 대리인을 복제해 낸 것이고, 복대리인의 법률행위는 대리인의 법률행위와 마찬가지로 본인이 모든 법률효과를 받는다. 따라서 본인의 입장에서는 자신도 모르는 사이에 자신에게 법률효과를 주는 복제대리인이 탄생하는 것이므로 매우 조심스럽다. 따라서, 대리인에게 발생하는 복임권과 그 책임에 대해 특별히 규정을 두고 있다.

1) 임의대리인의 복임권과 해임

원칙적으로 임의대리인은 복임권이 없다. 다만 본인의 승낙이 있거나 부득이한 사유가 있는 경우 제한적으로 복임권이 있다(제120조). 이처럼 부득이한 경우 복임권을 갖게 되므로 대리인은 복대리인에 대한 선임 및 감독책임만 진다. 또한 본인(위임인)의 지명에 의해 복대리인을 선임한 경우에는 더욱더 책임이 경감되어 복대리인이 적임이 아니거나 불성실함을 알고도 침묵한 경우에만 책임을 진다.

2) 법정대리인

법정대리인의 권한은 넓고 사임은 어려우며 신임관계를 바탕으로 하지 않기 때문에 원칙적으로 폭넓은 복임권이 있다(제122조). 자유는 책임이 따르므로 폭넓은 복임권만큼 책임도 무제한이다. 다만 부득이한 사유로 복대리인을 선임한 경우에는 임의대리인과 책임 범위가 동일해진다.

라. 복대리인의 지위

대리인의 감독을 받고, 대리인의 대리권 존재와 범위에 의존한다. 따라서 대리인의 대리권보다 범위가 넓을 수 없고 대리인의 대리권이 소멸하면 복대리인의 복대리권도 소멸한다. 나머지는 대리인과 동일하다.

마. 복대리권의 소멸

대리권의 일반 소멸원인(제127조, 제128조) + 대리인의 대리권 소멸 + 대리인의 수권철회

1. 현명주의(대리의사의 표시)

대리인의 행위가 대리행위로 성립하려면 본인을 위한 것임을 표시하여야 한다(제114조). 현명하지 않더라도 대리인의 이름만 있는 경우이거나 현명하지 않은 경우, 자기를 위한 법률행위로 간주하여 거래안전을 보호한다. 따라서 이 경우 대리인은 현명누락에 대해 착오를 이유로 취소하지 못한다. 다만, 상대방이 대리인으로서 한 것임을 알았거나 알 수 있었을 때에는 상대방에게 불이익이 없으므로 대리의 효력이 발생한다(제115조).

> **제115조[본인을 위한 것임을 표시하지 아니한 행위]** 대리인이 본인을 위한 것임을 표시하지 아니한 때에는 그 의사표시는 자기를 위한 것으로 본다. 그러나 상대방이 대리인으로서 한 것임을 알았거나 알 수 있었을 때에는 본인(위임인)을 위한 것으로 본다.

대리인의 이름이 없는 경우라도 대리권 범위 내라면 유효하다. 수동대리의 경우에는 상대방이 본인에 대한 의사표시임을 알려야 한다.

2. 대리행위의 흠(제116조)

법률행위의 당사자는 대리인이므로 법률행위의 무효나 취소, 선악 또는 과실여부 등은 대리인을 기준으로 판단한다(취소권은 대리인이 아닌 위임인에게 발생한다). 다만, 본인의 지시에 의한 법률행위를 한 경우에는 본인이 악의 또는 과실인 경우 상대방에 대해 대리인의 선의를 주장하지 못한다.

이러한 대리인 기준에 두 가지 예외가 있다. 제104조(폭리행위)에서 '궁박', 제109조(착오)에 있어 '중요 부분'은 본인을 기준으로 판단해야 한다.

3. 대리인의 능력

제한능력자도 대리인이 될 수 있다. 행위능력 제도는 제한능력자를 보호하기 위한 규정인데 대리인은 그 원리상 자신은 아무런 법률효과도 받지 않기 때문에 보호가 필요한 위험상황은 발생하지 않는다. 제한능력자를 대리인으로 두는 불이익은 수권행위를 한 본인 스스로 감수하는 것이다. 결국 제한능력자의 대리행위는 유효하고 따라서 제한능력자라는 이유로 그가 수권자(본인)를 위해 한 대리행위를 취소할 수 없다.

4. 무권대리 - 유동적무효

가. 개념

무권대리는 대리권 없는 대리행위를 말한다. 대리권이 없다는 사실 이외에 다른 모든 요소는 유권대리의 형식을 갖추고 있다. 대리권이 없는 경우란 원래부터 없던 경우, 있다가 소멸한 경우, 대리권 범위를 넘은 경우 등을 말한다. 무권대리는 표현대리처럼 유효한 대리행위로 정리되는 경우도 있고, 확정적으로 대리행위의 효과가 부정되는 경우도 있다. 따라서 무권대리 자체는 유동적 상태의 무효이다.

나. 법적 효과

무권대리는 대리가 아니므로 효력을 인정할 수 없다. 따라서 본인에게는 아무런 효력이 없고 무권대리인이 상대방에 대해 불법행위책임을 지는 것으로 정리되는 것이 원칙이다.

그런데 이러한 원칙을 무작정 고집하여 무권대리인과 상대방만의 문제로 축소한다면 상대방 입장에서는 대리인이라 칭하는 사람과의 거래행위를 꺼리게 될 것이고 대리제도는 후퇴할 것이다. 따라서 우리 민법은 대리제도의 유지를 위해 무권대리에도 되도록 유권대리에 상응하는 효과를 주기 위해 특단의 규정들을 두었는데 큰 흐름은 다음과 같다.

먼저, 무권대리 중 본인에게 일부라도 책임이 인정되는 경우를 표현대리로 분류하여 유권대리와 동일하게 본인에게 법률효과를 발생시키고, 나머지 무권대리(협의 무권대리)도 일단 본인이 스스로 법률효과를 감수하는 선택권(추인권)을 주고, 그럼에도 무권대리로 귀속되는 경우 최후에는 대리인이 책임지도록 규정하고 있다. 무권대리에 관하여는 별도의 항에서 설명한다.

Ⅳ 무권대리의 처리

1. 표현대리

무권대리지만 무권대리 발생에 조금이라도 본인의 기여가 있는 경우 마치 유권대리처럼 본인에게 법률효과를 발생시키는 경우를 말한다. 표현대리로 인해 상대방은 보호되는 효과가 있고 대리제도는 활성화될 수 있다.

본인에게 전적인 책임을 지우고 상대방을 보호하는 제도이므로 상대에게 잘못이 있다는 이유로 본인이 과실상계 주장을 할 수 없다. 다만 상대방을 보호할 필요가 없는 경우에는 표현대리를 적용하지 않는다.

엄연한 무권대리이므로 유권대리를 주장하는 것에 표현대리 주장이 포함된 것은 아니다. 따라서 법원은 변론주의 원칙상 당사자가 유권대리만을 주장한 경우 표현대리에 대한 심리와 판단을 할 수 없다. 유권대리 주장이 기각된 경우 다시 표현대리를 주장하는 것은 가능하다.

위임인이 표현대리를 주장할 수는 없다. 추인하면 유효한 대리행위가 되기 때문에 표현대리 주장은 상대방에게만 실익이 있을 뿐이다.

가. 제125조의 표현대리 : 대리권 수여 표시에 의한 표현대리

제125조[대리권 수여의 표시에 의한 표현대리] 제3자에 대하여 타인에게 대리권을 수여함을 표시한 자는 그 대리권의 범위 내에서 행한 그 타인과 그 제3자 간의 법률행위에 대하여 책임이 있다. 그러나 제3자가 대리권 없음을 알았거나 알 수 있었을 때에는 그러하지 아니하다.

본인이 상대방에게 대리인이라고 표시한 경우에는 무권대리라도 유권대리와 같은 효력이 있다. 그 특성상 법정대리에는 적용이 없다(법정대리는 사람이 대리권 수여를 표시할 여지가 없다). 다만, 상대방이 대리권 없음을 알았거나 알 수 있었을 때에는 상대방을 보호할 필요가 없으므로 원칙으로 돌아가 무권대리로 끝난다.

대리권 수여표시는 주로 호칭의 사용을 허락하는 형태로 이루어진다. 남에게 호칭사용을 허락하는 경우 상대방은 그 호칭에 따른 대리관계가 존재하는 것으로 믿고 법률행위를 하게 되므로 이에 대한 책임을 호칭 부여자에게 부담시키는 것이다.

예를 들어, A호텔이 B, C 등 업체에게 대리점, 판매점, 연락사무소 등의 명칭 사용을 묵인한 경우, B와 C가 A호텔이 진행 중이던 VIP회원 모집계약을 임의로 수행하였다면 A호텔은 그 효력을 부정하지 못하게 된다.

호칭이 아닌 일정한 서류를 교부하는 것도 대리권 수여가 될 수 있다. 예를 들어, 부동산을 매도할 수 있는 각종 서류(위임장, 인감증명서, 인감도장 등)를 갖고 있도록 한 경우 이를 대리권수여 표시로 보아 위 사람이 실제 부동산을 매도한 경우 상대방에게 무권대리를 주장할 수 없는 것이다.

제125조 표현대리는 독립된 표현대리로서의 의미도 있겠지만, 다음에 나오는 제126조의 기본대리권 존재판단의 기준으로서 의미가 크다.

나. 제126조의 표현대리

제126조[권한을 넘은 표현대리] 대리인이 그 권한 외의 법률행위를 한 경우에 제3자가 그 권한이 있다고 믿을만한 정당한 이유가 있는 때에는 본인은 그 행위에 대하여 책임이 있다.

기본대리권이 존재하는 상태에서 이를 초과한 대리행위에 대해 상대방이 대리권 범위 내의 행위라고 믿을 만한 정당한 이유가 있는 경우에 유권대리와 같은 효력이 있다. 기본대리권을 수여한 본인은 비록 그 초과하는 대리행위라도 어느 정도 책임져야 하는 부분이 있다는 취지의 규정이다.

구조상 기본대리권이 존재해야 하고, 초과한 행위는 기본 대리권과 성격이 다른 별개의 행위를 한 경우까지 폭넓게 인정하고 있다. 상대방의 "정당한 이유"의 의미는 선의, 무과실을 말하며, 상대방에게 입증책임이 있다는 것이 판례의 입장이다.

기본대리권도 매우 폭넓게 인정되어 등기신청행위 등 공법상 대리권은 물론, 복대리권, 표현대리권(표시만 있는 경우, 이미 소멸한 경우) 등도 기본대리권으로 인정된다.

부부간의 일상가사대리권(제827조)도 기본대리권이 된다. 일상가사대리권의 범위에 들이오는 법률행위는 부부가 무한책임을 지게 되므로 표현대리를 검토할 이유가 없다. 일상가사대리권의 범위를 넘어선 부부 일방의 법률행위에 대해서는 제126조 표현대리를 적용해 상대방이 일상가사대리권 범위 내의 행위였다고 믿을만한 정당한 이유가 있는 경우에 부부 모두에게 법률효과를 인정하여 상대방을 보호한다.

실무상 제126조 표현대리의 쟁점은 상대방에게 정당한 이유(선의, 무과실)가 있는지에 집중된다.

다. 제129조의 표현대리

대리권이 소멸한 이후 대리행위를 한 경우, 상대방이 선의 무과실인 경우 유권대리와 같이 본인에게 법률효과를 발생시킨다. 선의는 상대방이, 과실은 본인이 입증해야 한다는 것이 판례의 입장이다.

2. 무권대리 - 표현대리에도 적용된다

가. 계약과 무권대리

1) 본인에 대한 효과

본인은 추인권과 추인거절권을 갖게 된다. 추인권을 행사하게 되면 소급하여 유권대리와 같은 법률효과가 발생하고(제133조, 단 제3자는 보호) 추인거절권을 행사하면 무권대리로 확정된다. 추인 또는 추인거절은 상대방에게 하는 것이 원칙이지만, 상대방이 알도록 한다면 무권대리인에게 해도 된다(제132조).

2) 상대방에 대한 효과

상대방은 최고권(제131조)과 철회권(제134조)을 갖는다.

최고권은 무권대리행위에 대해 상당한 기간을 정하여 추인여부를 독촉하는 것이다. 본인이 확답을 발하지 않으면 추인거절로 간주한다.

철회권은 본인의 추인이 있기 전에 상대방 스스로 본인이나 무권대리인에게 계약을 확정적으로 무효화시키는 의사표시를 하는 것을 말한다. 이때 상대방은 자기모순을 방지하기 위해 선의인 경우만 철회권을 준다.

나. 단독행위와 무권대리

상대방 없는 단독행위는 무효이고, 상대방 있는 단독행위는 원칙적으로 무효이나 상당한 예외를 인정하고 있다(제136조).

제136조[단독행위와 무권대리] 단독행위에는 그 행위당시에 상대방이 대리인이라 칭하는 자의 대리권 없는 행위에 동의하거나 그 대리권을 다투지 아니한 때에 한하여 무권대리 규정을 준용한다.

3. 협의의 무권대리

제135조[무권대리인의 상대방에 대한 책임] ① 타인의 대리인으로 계약을 한 자가 그 대리권을 증명하지 못하고 본인의 추인을 얻지 못한 때에는 상대방의 선택에 좇아 계약의 이행 또는 손해배상의 책임이 있다. ② 상대방이 대리권 없음을 알았거나 알 수 있었을 때 또는 대리인으로 계약한 자가 행위능력이 없는 때에는 전항의 규정을 적용하지 아니한다.

위 협의의 무권대리는, 대리의 근본체계인 "법률행위는 대리인이 히되 그 효과는 직접 본인(위임인)에게 귀속된다"는 원칙을 깨고 예외적으로 대리행위를 한 자에게 직접 책임을 묻는 강력한 조항이다. 따라서 이 조문은 표현대리가 성립하지 않는 경우 마지막으로 적용된다. 만약 그렇지 않으면 무권대리인의 상대방은 표현대리와 협의의 무권대리 책임을 선택적으로 행사할 수 있게 되고 이는 유권대리인의 상대방이 본인에게만 효과를 묻는 것보다 오히려 두텁게 보호되는 결과가 되어 형평에 어긋난다.

대리인의 과실을 불문하고 위 요건에 해당하면 대리인이 책임(이행 또는 손해배상)을 진다(무과실책임). 다만, 대리인이 제한능력자인 경우나 상대방을 보호할 가치가 없는 경우에는 적용이 없다.

V 법률효과 관계

대리인의 법률행위의 효과는 모두 본인에게 발생한다. 대리는 법률행위에 관한 것이므로 대리인이 불법행위를 한 경우에는 더 이상 대리의 문제가 아니다. 본인은 법률행위를 하지 않으므로 의사능력과 행위능력은 필요하지 않다. 다만, 법률효과를 받으므로 권리능력은 필요하다.

232. 대리인이 여럿일 때에는 법률 또는 수권행위에서 달리 정하지 않는 한 공동으로 본인을 대리한다.[232]

233. 본인의 사망, 성년후견개시, 파산은 대리권이 소멸사유이다.[233]

234. 불공정한 법률행위에서 '궁박'의 요건은 대리인을 기준으로 한다.[234]

235. 대리에 있어 본인은 의사능력자임을 요하지 않는다.[235]

236. 본인의 허락이 없어도 다툼이 있는 채무의 이행에 대하여 자기계약이나 쌍방대리가 허용된다.[236]

237. 복대리인은 대리인의 대리행위에 의하여 선임되는 본인의 대리인이다.[237]

238. 대리행위를 착오(제109조)를 이유로 취소할 경우 착오취소 요건인 법률행위의 '중요부분'은 대리인이 아닌 본인을 기준으로 판단한다.[238]

239. 법정대리인은 폭넓은 복임권이 있다.[239]

240. 가옥의 수건, 소멸시효의 중단, 미등기부동산의 등기 등은 이용행위의 대표적인 예이다.[240]

241. 권한을 정하지 않은 대리인도 무이자 금전대여를 이자부로 변경하는 행위는 가능하다.[241]

242. 대리권의 남용이란 대리인이 대리권의 범위를 초과하여 법률행위를 하는 경우를 말

---

232 X : 대리인이 여러 명인 경우 각자대리가 원칙이다. 다만 법률 또는 수권행위에서 공동대리로 정하면 예외로 한다.

233 X : 본인이 아닌 대리인의 성년후견개시, 파산이 대리권의 소멸사유이다. 위임계약을 통한 수권행위는 본인의 파산도 대리권소멸 원인이 될 수 있다.

234 X : 본인기준(대리인은 법률효과를 받지 않으므로 궁박할 이유가 없다)

235 O : 법률행위를 직접 하지 않으므로 권리능력만 있으면 된다. 의사능력이 없다면 오히려 대리인이 필요하므로 대리에 있어 '본인'의 지위가 적합하다.

236 X : 다툼이 있는 채무의 이행에 대해 자기계약, 쌍방대리를 인정하면 본인에게 피해를 줄 수 있어 부정된다.

237 X : 대리행위로 선임한 대리인은 단순한 본인의 대리인일 뿐 이를 복대리인이라 하지 않는다. 복대리인은 대리인이 가진 복임권을 행사하여 만든 대리인이다.

238 O : 대리인은 법률효과를 받지 않으므로 대리인은 법률행위 내용의 중요 부분 여부에 이해관계가 없다.

239 O : 법정대리인의 권한은 넓고 사임은 어려우며 신임관계를 바탕으로 하지 않기 때문에 폭넓은 복임권을 인정한다.

240 X : 보존행위의 대표적인 예이다.

241 O : 개량행위로서 민법 제118조에 의해 가능하다.

한다.[242]

243. 무권대리에 대해 상대방이 최고권을 행사한 경우 본인이 확답을 발하지 않으면 추인한 것으로 간주하여 유권대리가 된다.[243]

244. 대리인이 불법행위를 한 경우에는 더 이상 대리문제가 아니다.[244]

245. 임의대리인은 폭넓은 복임권이 있다.[245]

246. 타인의 대리인으로 계약을 한 자가 그 대리권을 증명하지 못하고 또 본인의 추인을 얻지 못한 때에는 대리인의 선택에 좇아 계약의 이행 또는 손해배상의 책임이 있다.[246]

247. 권한을 넘은 표현대리에 있어 상대방이 대리권 있음을 믿은 '정당한 이유'는 상대방에게 입증책임이 있다.[247]

248. 권한을 넘은 표현대리에 있어 기본대리권에는 부부간의 일상가사대리권도 포함된다.[248]

249. 대리에 있어 본인은 의사능력이 있어야 한다.[249]

250. 위임계약을 통해 대리관계가 성립한 경우 본인의 파산도 대리권 소멸원인이 될 수 있다.[250]

---

242 X : 대리권 범위 내의 대리행위이다. 다만 그 의도가 사적인 이익을 도모(사리도모)한 경우를 말한다.

243 X : 추인거절로 간주한다.

244 O : 대리제도는 법률행위 영역의 제도이다. 불법행위를 한 경우에는 사용자책임이 문제될 수는 있어도 더 이상 대리제도와는 무관하다.

245 X : 임의대리인은 원칙적으로 복임권이 없다. 본인 승낙이 있거나 부득이한 경우 예외적으로 복임권이 있다.

246 X : 상대방의 선택에 좇는다.

247 O

248 O : 126조의 표현대리에 있어 기본대리권은 공법상 권리, 복대리권, 부부간 일상가사대리권 등 폭넓게 인정된다. 상대방 보호를 위해서는 기본대리권이 폭넓게 인정될 필요가 있다.

249 X : 직접 법률행위를 하지 않으므로 의사능력과 행위능력은 필요하지 않다.

250 O

[테마 20] 무효와 취소

I 개요

무효와 취소는 법률행위의 효과가 불완전하게 되는 경우를 말한다.

법률행위가 완전한 경우 그 법률행위가 품고 있는 의사표시가 의욕 한 대로 법률효과(권리변동)가 발생한다. 그렇지 않은 경우, 즉 법률행위에 어떠한 문제가 발생한 경우에는 법률행위는 그 목적한 내용을 그대로 달성하기 곤란해진다. 무효와 취소는 이처럼 법률행위의 효과가 불완전한 상태에 관해 공부하는 것이다.

무효는 법이 법률효과를 부인하는 것을 말하고,

취소는 당사자에게 취소권이라는 형성권을 주어 그 최종적인 효력을 취소권 행사 여부에 맡기는 것을 말한다. 취소권을 행사하면 결국 무효와 같은 효력이 발생한다(제141조).

법률효과(권리변동)는 결국 확정적으로 **유효**가 되느냐, 확정적으로 **무효**가 되느냐의 문제이다. 취소할 수 있는 법률행위는 현재로서는 유효이지만 언제든 확정적인 무효(취소권 행사)나 확정적인 유효(취소권 소멸)로 변화될 수 있으므로 유동적이다(**유동적 유효**). 한편, 현재로서는 무효이지만 언제든 확정적 무효 또는 확정적 유효로 변화될 수 있는 유동적인 경우도 있다(**유동적 무효**).

결국, 법률효과는 확정적인 안정(**확정적 무효, 확정적 유효**)을 향해 가는 과정이라고 볼 때, 유동적인 상태(**유동적 유효, 유동적 무효**)가 확정적인 상태로 변화되는 과정을 관찰하는 것이 무효와 취소에 있어 핵심이다.

1. 확정적 유효

법률요건이 하자 없이 또는 하자가 치유되어 그 목적에 따른 권리변동이 발생하는 것이다.

2. 확정적 무효

이미 발생한 법률효과(권리변동)가 발생하지 않은 상태로 되돌려 확정하는 것을 말한다. 따라서 이미 진행된 이행을 어떻게 처리할 것인지 문제된다. 무효란 처음부터 효과가 없다는 의미지만 타임머신을 타고 시간을 되돌리지 못하는 이상 사후정산을 거쳐 무효와 같은 상태로 만드는 작업이 필요하다. 법률행위가 무효가 되면 이미 이행되었거나 이익을 받았다면 그 근거가 사라진다. 따라서 이는 법률상 원인이 없어 부당이득이 되며, 이러한 부당이득은 상대에게 반환해야 한다. 이것이 무효의 대표적인 효과이다.

가. 부당이득 반환

1) 근거조문

> **제741조(부당이득의 내용)** 법률상 원인 없이 타인의 재산 또는 노무로 인하여 이익을 얻고 이로 인하여 타인에게 손해를 가한 자는 그 이익을 반환하여야 한다.

위 부당이득 반환에는 예외가 있다. 즉, 법률행위가 무효가 되더라도 부당이득 반환의무가 면제되는 경우인데 불법원인급여(제746조)가 그것이다(테마 17). 즉, 103조 반사회질서 행위로 이루어진 급여는 그 반환을 법이 돕지 않고 그 상태에서 모든 법률효과를 중단시켜 버린다.

2) 반환방법

원물반환이 원칙이나, 원물반환 불가능한 경우에는 가액을 반환한다.

3) 반환범위

제748조(수익자의 반환범위) ① 선의의 수익자는 그 받은 이익이 현존하는 한도에서 전조의 책임이 있다. ② 악의의 수익자는 그 받은 이익에 이자를 붙여 반환하고 손해가 있으면 이를 배상하여야 한다.

반환범위와 관련해 대표적인 예외가 바로 제한능력자의 반환의무이다(테마 1 참조). 제한능력자의 법률행위는 제한능력자 측의 취소권행사로 인해 무효가 되는 경우 제한능력자의 선악불문 현존이익만 반환한다. 즉 위 제748조 제1항만 적용한다.

나. 절대적 무효와 상대적 무효(제3자 보호 여부)

• 절대적 무효(제3자 보호규정 부존재) : 의사무능력(테마 1), 제103조 반사회질서 행위(테마 17), 제104조 폭리행위(테마 17)
• 상대적 무효(제3자 보호규정 존재) : 제107조, 108조(테마 18)

다. 일부무효

당사자가 일부에 대해서라도 법률행위를 하였을 것이라고 인정되지 않는 이상 전부를 무효로 한다.

제137조(법률행위의 일부무효) 법률행위의 일부분이 무효인 때에는 그 전부를 무효로 한다. 그러나 그 무효부분이 없더라도 법률행위를 하였을 것이라고 인정될 때에는 나머지 부분은 무효가 되지 아니한다.

라. 무효행위의 전환

제138조(무효행위의 전환) 무효인 법률행위가 다른 법률행위의 요건을 구비하고 당사자가 그 무효를 알았더라면 다른 법률행위를 하는 것을 의욕 하였으리라고 인정될 때에는 다른 법률행위로서 효력을 가진다.

판례에 따르면 친자로 출생신고를 했는데 요건이 구비되지 않아 무효가 된 경우에는 인지로 전환하여 인정해 주거나 양자로 인정해 준 경우가 있다. 인지나 양자의 효력을 넘어서는 것이 친자이므로 친자신고를 한 사람이라면 그보다 약한 인지나 양자의 의사는 당연히 있다고 보는 것이다.

이처럼 전환되는 법률행위는 무효행위의 범위에 완전히 포함된 것이어야 한다. 따라서 무효인 요식행위를 불요식행위로 전환하는 것은 가능하지만 그 반대의 경우는 기존 법률행위 범위를 초과한 것이므로 곤란하다.

[관련 판례]

상속재산 전부를 상속인 중 1인에게 상속시킬 방편으로 그 나머지 상속인들이 상속포기신고를 하였으나 그 상속포기가 민법 제1019조제1항 소정의 기간을 도과한 후에 신고된 것이어서 상속포기로서의 효력이 없더라도, 그 1인과 나머지 상속인들은 그 상속재산을 전혀 취득하지 않기로 하는 의사의 합치가 있었다고 할 것이므로 그들 사이에 위와 같은 내용의 상속재산의 협의분할이 이루어진 것이라고 보아야 하고, 공동상속인 상호 간에 상속재산에 관하여 협의분할이 이루어짐으로써 공동상속인 중 1인이 고유의 상속분을 초과하여 상속재산을 취득하는 것은 상속개시 당시에 피상속인으로부터 상속에 의하여 직접 취득한 것으로 보아야 한다(대법원 1989. 9. 12. 88누9305).

마. 무효행위의 추인(나중에 받아들이는 것)

제139조(무효행위의 추인) 무효인 법률행위는 추인하여도 그 효력이 생기지 아니한다. 그러나 당사자가 그 무효임을 알고 추인한 때에는 새로운 법률행위로 본다.

'추인'이라는 것은 이미 벌어진 일을 나중에 받아들이는 것, 나중에 인정하는 것을 말한다. 추인하는 사람의 입장에서는 어떤 불이익이나 효력을 스스로 받겠다고 받아들이는 과정이다. 그런 의미에서 법률행위가 확정적으로 무효가 되는 경우에는 이미 확정되었기 때문에 그 무효의 효력 자체를 부정할 수 없다. 죽은 사람을 살릴 수 없는 것과 같다. 따라서 엄밀히 말하면 확정적 무효를 추인하는 것은 불가능한 일이다. 결국, 무효행위 추인에 관한 제139조 규정은 본래 의미의 추인에 대한 규정이 아니다. 다만, 당사자의 의사를 추정해서 그때부터 미래를 향해(소급효가 없다는 의미)새로운 법률행위를 볼 수 있다는 정도의 취지이다. 이때에도 무효인 행위가 법이 용납하지 않는 103조(반사회질서행위) 무효는 아무리 추인을 하여도 무효이다.

III 유동적 법률효과

1. 유동적 유효

가. 개념

현재는 유효이나 유동적인 상태인 경우를 말한다. 확정적 유효 또는 확정적 무효로 변하면 법률효과가 안정화된다. 유동적 법률효과에 관한 공부는 이처럼 확정적 법률효과로 변화되는 과정에 관한 공부다.

나. 종류

- 해제조건부 법률행위
- 기한(종기)부 법률행위
- 취소할 수 있는 법률행위 - 별도설명

다. 취소할 수 있는 법률행위

1) 취소권자

① 제한능력자(미성년자, 피성년후견인, 피한정후견인) – 절대적 취소사유(**제3자 보호 규정 없음**)
② 착오에 의해 의사표시를 한 자(제109조) – 상대적 취소(선의3자 보호)
③ 사기나 강박에 의해 의사표시를 한 자(제110조) – 상대적 취소(선의3자 보호)

2) 취소의 상대방

법률행위의 상대방에게 취소의 의사표시를 해야 한다. 법률행위를 한 당사자에게 했던 의사표시를 거두는 것이므로 취소의 의사표시도 당연히 법률행위 당사자에게 해야 하는 것이다.

3) 확정적 무효로 변환 - 취소권 행사(제141조)

취소권을 행사하면 법률행위는 처음부터 무효가 된다(제141조). 무효의 효과에 대해서는 이미 살펴보았다. 반환범위에 있어 무능력자의 특수성(현존이익만 반환)을 유의한다.

이와 같이 취소할 수 있는 법률행위가 취소되면 무효가 된다.
따라서 <u>무효는</u>
<u>처음부터 법이 무효를 선언한 것과,</u>
<u>취소할 수 있는 법률행위가 취소된 결과 무효로 된 경우가 있는 것이다.</u> 무효의 효과는 동일하다.

취소할 수 있는 법률행위 자체는 비록 유동적이지만 유효이다. 그래서 무효인 법률행위는 "무효이다"라고 표현되는 상태개념, 취소는 "취소할 수 있다" "취소한다"라고 표현되는 동적개념이 된다.

4) 확정적 유효로 변환 - 추인, 법정추인, 제척기간

① 추인

추인은 당사자의 의사표시로 취소권을 포기하는 것이다. 추인은 취소권의 포기라는 중대한 법률효과를 발생시키므로 <u>취소권자(= 추인권자)</u>가 자발적이고 하자 없는 상태에서 이뤄져야 한다. 따라서, 추인은 취소권자가 취소의 원인이 종료한 후(제한능력자는 능력자가 되어야 하고, 착오를 일으킨 사람은 착오를 벗어야 하며, 사기나 강박을 당한 자는 사기와 강박 상태를 벗어야 한다)에만 인정된다. 결국, <u>취소권자와 추인권자는 동일하지만 취소권의 행사는 언제든 할 수 있는 데 반해, 추인권의 행사는 특별한 조건하에 가능하다 (제144조제1항).</u> 물론 법정대리인은 취소권자가 취소원인을 벗더라도 추인할 수 있고 취소권자에 대해 효력이 있다(제144조제2항).

② 법정추인

법정추인은 명시적 취소권 포기는 없으나 일정한 행위에 대해 법률의 규정이 취소권을 소멸시키는 것을 말한다. 법정추인도 취소권 포기라는 중대한 법률효과가 발생하므로 취소권자가 취소의 원인을 벗어야만 적용된다. 즉, 추인할 수 있는 후에 일정한 행위를 한 경우에만 적용된다.

> **제145조(법정추인)** 취소할 수 있는 법률행위에 관하여 전조의 규정에 의하여 추인할 수 있는 후에 다음 각 호의 사유가 있으면 추인한 것으로 본다. 그러나 이의를 보류한 때에는 그러하지 아니하다.
> 1. 전부나 일부의 이행
> 2. 이행의 청구
> 3. 경개
> 4. 담보의 제공
> 5. 취소할 수 있는 행위로 취득한 권리의 전부나 일부의 양도
> 6. 강제집행

위 법정추인에 관한 법률규정을 보면 취소권자가 취소권을 포기할 의사가 행위로 드러나는 경우임을 알 수 있다. 예를 들어, 취소하면 무효가 될 계약에 대해 계약상 의무를 이행하라고 요구하는 것은 취소하지 않겠다는 의사가 포함된 것으로 볼 수 있다는 것이다. 암기가 필요한 경우지만 이해를 하면 암기를 하지 않고도 문제를 풀 수 있다.

③ 제척기간

취소권은 추인할 수 있는 날부터(취소할 수 있는 날이 아니다. <u>취소의 원인이 벗은 날부터 추인이 가능하기 때문이다</u>) **3년, 법률행위를 한 날부터 10년**이 지나면 수명이 다해 죽는다.

2. 유동적 무효

가. 개념

현재는 무효이나 유동적인 상태인 경우를 말한다. 역시, 확정적 유효 또는 확정적 무효로 변하면 법률효과가 안정화된다.

나. 종류

· 정지조건부 법률행위
· 기한(시기)부 법률행위
· 무권대리행위
· 토지거래허가구역에서의 토지매매 - 별도설명

다. 토지거래허가구역에서의 토지거래

1) 개념

투기방지와 계약자유의 조화를 위해 일정한 지역의 토지거래에 대해 국가의 허가를 받도록 하는 경우가 있는데, 이러한 경우 허가 없는 상태에서의 토지거래의 효력에 대한 이야기이다. 여기서 '허가'는 행정법상 '인가'의 의미로서 거래행위 자체를 금지하는 것은 아니다. 다만, 국가의 인가가 있어야만 효력을 갖게 될 뿐이다.

2) 인가전의 매매효력 - 유동적 무효

거래행위 자체를 금지하는 것은 아니며 언제든 인가만 되면 확정적으로 유효하게 되는 유동적 상태이므로 확정적 무효도 아니다. 즉, 현재는 효력이 없는 무효이지만 유동적인 상태이다. 따라서, 확정적 유효나 확정적 무효로 변동되어 법률효과가 안정되는 경우를 검토하는 것이 공부의 핵심이다.

3) 유동적 무효 상태에서의 여러 문제

① 거래 계약상의 법률관계

물권적, 채권적 모든 효력이 없기 때문에 서로에 대한 이행청구가 금지된다. 또한 이행의무가 없으므로 채무불이행도 없고 결국 채무불이행에 의한 모든 법률효과(계약해제권 발생, 손해배상청구권 발생)가 없다. 다만, 이행을 전제로 하지 않는 계약금 해제, 의사표시 하자에 의한 무효나 취소는 가능하다.

② 협력 의무상의 법률관계

무효이기는 하지만 국가의 허가취득이라는 공동의 목표를 향해 서로 협력할 것을 전제한 거래행위이므로 이러한 협력의무는 존재한다. 이는 계약의 효력과 별개로 병존하는 의무로서 소송으로도 구할 수 있고, 협력의무불이행에 기한 손해배상청구권도 인정된다. 다만, 이는 본계약상의 본질적 의무는 아니므로 협력의무 불이행을 이유로 계약해제는 할 수 없다.

③ 확정적 유효가 되는 경우

관할관청의 허가를 받거나, 받을 필요가 없는 경우(해당 토지가 허가구역에서 배제된 경우)에 확정적으로 유효가 된다.

④ 확정적 무효가 되는 경우

- 처음부터 허가를 배제, 잠탈할 목적으로 거래행위를 하는 경우
- 공동으로 허가신청을 했는데 불허가된 경우
- 쌍방이 허가신청을 하지 않을 것을 명백히 밝히거나, 일방의 채무가 이행불능이고 다른 일방이 신청하지 않을 것이 명백한 경우

251. 취소된 법률행위는 취소 시부터 무효인 것으로 본다.[251]

252. 제한능력자는 취소할 수 있는 법률행위를 단독으로 취소할 수 없다.[252]

253. 매도인이 통정한 허위의 매매를 추인한 경우, 다른 약정이 없으면 계약을 체결한 때로부터 유효로 된다.[253]

254. 이미 매도된 부동산에 관하여 매도인의 채권자가 매도인의 배임행위에 적극적으로 가담하여 설정된 저당권은 무효이다.[254]

255. 토지거래허가구역 내의 토지거래허가계약이 확정적으로 무효가 된 경우, 그 계약이 무효로 되는데 책임 있는 사유가 있는 자는 무효를 주장할 수 없다.[255]

256. 제한능력자의 법률행위에 대한 법정대리인의 추인은 취소의 원인이 된 후에 하여야 효력이 있다.[256]

257. 제한능력자가 취소의 원인이 소멸한 후에 이의를 보류하지 않고 채무 일부를 이행하면 추인한 것으로 본다.[257]

258. 취소할 수 있는 법률행위의 상대방이 확정된 경우에는 그 취소는 새로 법률관계를 맺은 자가 있다면 그 사람에 대한 의사표시로 한다.[258]

259. 불공정한 법률행위로서 무효인 경우, 무효행위 전환의 법리가 적용될 수 있다.[259]

260. 토지거래허가구역 내의 토지매매계약은 관할관청의 불허가 처분이 있으면 확정적 무효이다.[260]

---

251 O

252 X : 제한능력자는 마음껏 취소할 수 있다. 제한능력자에게 피해가 없기 때문이다. 취소권은 제한능력자 본인을 보호하기 위한 제도이므로 취소권 행사에 제한을 둘 아무런 이유가 없다.

253 X : 무효행위는 추인하더라도 효력이 없다.

254 O

255 X : 무효는 법이 법률효과를 확정적으로 선언하는 것이다. 사람에 따른 선택에 좌우되는 것이 아니다.

256 X : 취소권자는 취소의 원인을 벗어야 추인할 수 있지만, 법정대리인은 그러한 제한이 없다.

257 O

258 X : 취소권 행사의 상대방은 법률행위 상대방이다.

259 O

260 O

261. 취소권은 법률행위를 한 날부터 3년 이내에 행사해야 한다.[261]

262. 무효인 가등기를 유효한 등기로 전용하기로 약정하면 그 가등기는 소급하여 유효한 등기가 된다.[262]

263. 제한능력을 이유로 법률행위가 취소된 경우 악의의 제한능력자는 받은 이익에 이자를 붙여서 반환해야 한다.[263]

264. 취소권자는 자신에게 이익이 되면 언제든 추인할 수 있다.[264]

265. 취소할 수 있는 법률행위는 추인할 수 있는 후에 취소권자의 이행청구가 있으면 이의를 보류하지 않는 한 추인한 것으로 본다.[265]

266. 갑은 토지거래허가구역 내 자신의 토지를 을에게 매도하였고 곧 토지거래허가를 받기로 하였다. 갑과 을은 토지거래허가신청절차에 협력할 의무가 있다.[266]

267. 갑이 을의 토지거래허가신청절차에 협력하지 않는 경우 을은 갑에게 그 의무를 이행할 것을 소송으로 청구할 수 있다.[267]

---

261 X : 추인할 수 있는 날로부터 3년, 법률행위를 한 날로부터 10년의 제척기간 적용

262 X : 가등기 전용은 무효행위의 추인에 해당한다. 무효행위는 추인하더라도 효력이 없고 새로운 법률행위가 될 수는 있다. 따라서 소급효는 인정될 수 없다.

263 X : 제한능력자는 선악불문 현존이익만 반환한다. 제한능력자를 보호하기 위함이다.

264 X : 취소권자는 취소의 원인을 벗은 후에만 추인할 수 있다.

265 O

266 O

267 O : 협력의무 자체는 소송으로 그 이행을 강제할 수도 있다.

부관이란 꼬리표를 말한다.

법률행위의 효력에 제한을 두는 꼬리표를 법률행위에 붙인다는 의미이다.

부관의 종류로는 조건, 기한, 부담 등이 있는데, 부담은 부담부증여 등에 특별규정을 두고 있으나 조건, 기한과는 성격이 다르다. 본 테마에서는 조건과 기한에 대해 집중해 학습한다.

I 조건

1. 개념

조건이란, 법률행위의 효력을 장래의 불확실한 사실에 의존케 하는 법률행위의 부관이다. 즉 조건은 당사자가 임의로 정해 법률행위에 포함시킨 꼬리표다. 따라서 법률규정이 정한 법정조건은 여기서 말하는 조건이 아니다. 반드시 당사자가 의사표시로 법률행위에 포함 시켜야 한다. 법정조건은 조건이 아니다.

2. 종류

가. 정지조건, 해제조건

- 효력발생을 장래 불확실한 사실에 의존하면 정지조건

– 효력소멸을 장래 불확실한 사실에 의존하면 해제조건

예를 들어, "내일 비가 오면 내 책을 너에게 팔겠다"라는 것처럼 매매라는 법률효과의 발생을 내일 비가 올지 안 올지 모르는 불확실성에 의존하면, '내일 비가 오는 사실'은 정지조건이 된다.

반면, 책을 매매하는 계약을 체결하면서,
"내일 비가 오면 이 매매계약을 없던 것으로 하겠다"라고 하면 '내일 비가 오는 사실'은 매매라는 법률효과를 소멸시키는 역할을 하므로 해제조건이 된다.

나. 적극조건, 소극조건

조건이 되는 사실이 현상의 변경에 있는 경우 적극조건, 현상 불변경에 있는 경우 소극조건이라 한다.

예를 들어, "현재 날씨가 변경되면"이라고 하면 적극조건,
"현재 날씨가 내일까지 변동이 없으면"이라고 하면 소극조건이다.

다. 수의조건, 비수의조건

1) 수의조건

조건의 성부가 당사자의 일방적 의사에만 의존하는 조건

① **순수수의조건** : 한쪽의 의사에만 의존하는 조건으로서 언제나 무효
ex) "내 마음이 내키면 너에게 백만 원을 주겠다"

② **단순수의조건** : 결국은 당사자 한쪽의 의사로 결정은 되지만, 조건을 성취시키려는 의사뿐만 아니라 다른 의사결정에 의한 사실상태의 성립도 있어야 하는 조건을 말한다.

ex) "내가 독일에 가면 너에게 백만 원을 주겠다"

2) 비수의조건

① **우성조건** : 의사와 관계없는 자연의 사실이나 제3자의 행동으로 성부가 결정되는 조건

ex) "내일 비가 오면 너에게 백만 원을 주겠다."

② **혼성조건** : 조건의 성부가 당사자 한쪽의 의사뿐만 아니라, 그 밖의 제3자의 의사에 의하여도 결정되는 조건

ex) "내가 저 사람과 결혼한다면 너에게 백만 원을 주겠다"

라. 가장조건 : 조건의 외형만 있는 경우를 말하며, 조건이 아니다

1) 법정조건

법정조건은 의사표시에 의해 법률행위에 꼬리표를 붙이는 경우가 아니므로 조건이 아니다.

2) 불법조건

선량한 풍속 기타 사회질서에 위반하는 조건으로서 법률행위 전체가 무효가 된다(제151조 제1항). → [테마 17 참조]

3) 기성조건

조건이 법률행위 당시 이미 성립하고 있는 경우이다. 기성조건이 정지조건이면 조건 없는 법률행위가 되고, 기성조건이 해제조건이면 무효이다(제151조 제2항).

4) 불능조건

객관적으로 실현이 불가능한 조건을 말한다. 불능조건이 정지조건이면 무효, 불능조건이 해제조건이면 조건 없는 법률행위가 된다(제151조 제3항).

* 조건과 기한에 관한 학습 팁을 소개한다. 조건과 기한은 전통적으로 점수를 거저 주는 테마 중 하나이다. 문제가 도식적이고 간결하여 답을 정하는 데 무리가 없다. 특히, 위 3)기성조건과 4) 불능조건은 단골 문제다. 이를 암기하려면 부담스럽지만 이해를 하면 안정적인 점수 확보에 도움이 될 것이다. 예를 들어, 조건이 성취되면 효력이 발생하는 정지조건이 이미 성취되었다면(기성조건) 당연히 조건이 없는 것과 같다. 정지조건이 성취 불가능이면 효력이 발생할 수 없으므로 당연히 무효이다. 이해하면 암기 부담이 줄어든다.

	정지조건	해제조건
기성조건	조건 없는 법률행위	무효
불능조건	무효	조건 없는 법률행위

3. 조건에 친하지 않은 행위

신분행위나 어음, 수표행위는 조건을 붙일 수 없다. 다만, 조건부 유언이나 어음보증은 조건을 붙일 수 있다. 형성권행사 등 단독행위는 상대방의 지위를 현저히 불리하게 할 수 있으므로 조건을 붙이지 못한다. 이러한 염려가 없는 채무의 면제나 유증에는 조건을 붙일 수 있다.

4. 조건의 성취와 불성취

제150조[조건성취, 불성취에 대한 반신의행위] ① 조건의 성취로 인하여 불이익을 받을 당사자가 신의성실에 반하여 조건의 성취를 방해(고의여부는 묻지 않는다)한 때에는 상대방은 그 조건이 성취한 것으로 주장할 수 있다. ② 조건의 성취로 인하여 이익을 받을 당사자가 신의성실에 반하여 조건을 성취시킨 때에는 상대방은 그 조건이 성취하지 아니한 것으로 주장할 수 있다.

5. 조건부 법률행위의 효력

가. 조건성취 전의 효력

제148조[조건부권리의 침해금지] 조건 있는 법률행위의 당사자는 조건의 성부가 미정한 동안에 조건의 성취로 인하여 생길 상대방의 이익을 해하지 못한다.

주유소에서 주유 금액에 비례해 쿠폰을 주는 경우가 있다. 쿠폰 20장을 가져오면 라면 한 박스(20개)를 준다고 하자. 19장까지 모았는데 주유소가 쿠폰정책을 부득이 없던 것으로 하는 경우 그 억울함을 위 조문이 달래 줄 수 있을 것이다. 적어도 라면 19개 정도는 청구할 권리가 있지 않을까? 만약, 쿠폰 19장 가지고 있는 사람을 방해하기 위해 쿠폰정책을 그만둔 것이라면 위 제150조가 적용되어 라면 20개를 모두 받을 수도 있다.

제149조[조건부권리의 처분 등] 조건의 성취가 미정한 권리의무는 일반규정에 의하여 처분, 상속, 보존 또는 담보로 할 수 있다.

쿠폰 19장인 상태에서, 쿠폰 1장만 더 모으면 라면 한 박스 받을 수 있는 권리 자체도 독립적인 권리객체가 될 수 있다.

나. 조건의 성부 확정 후의 효력

> **제147조[조건성취의 효과]** ① 정지조건 있는 법률행위는 조건 성취 시부터 효력이 생긴다. ② 해제조건 있는 법률행위는 조건이 성취한 때로부터 그 효력을 잃는다. ③ 당사자가 조건성취의 효력을 그 성취 전에 소급하게 할 의사를 표시한 때에는 그 의사에 의한다.

조건 성취 시부터 각 조건에 따른 효력이 발생한다. 즉, 정지조건이 성취되면 그때부터 효력이 생기고, 해제조건이 성취되면 효력이 상실된다. 이와 같이 조건성취 시에 발생하는 법률효과를 약정으로 법률행위 당시부터 소급하여 발생하게 할 수 있다. 효력발생을 소급하는 약정이 불가능한 '기한'과 근본적 차이이다. 그 성취여부가 불확실한 조건과 달리 기한은 장래 확실히 도래하므로 이를 소급하게 하는 약정은 기한의 존재의미를 박탈하기 때문이다.

II 기한

1. 개념

법률행위의 효력을 장래의 확실한 사실에 의존케 하는 법률행위의 부관이다. 조건이 불확실한 것과 달리 기한은 반드시 오는 확실한 것이라는 차이점이 있다.

2. 종류

- 시기, 종기
- 확정기한, 불확정기한

3. 기한에 친하지 않은 행위

조건과 친하지 않은 법률행위와 대체로 같다. 정지조건과 시기, 해제조건과 종기가 대비된다. 다만, 어음행위나 수표행위에 시기를 붙이는 것은 무방하다.

4. 기한의 도래

반드시 도래한다. 따라서 일정한 사실의 발생을 기한으로 한 경우, 그 사실이 발생하지 않는 것으로 확정된 때에도 기한은 도래하는 것이다. 이러한 기한의 특징은 정지조건과 불확정기한을 구별하는 기준이 될 수 있다.

5. 기한부 법률행위의 효력

가. 기한 도래 전의 효력

조건에 관한 규정(제148, 9조)을 준용한다.

나. 기한 도래 후의 효력

제152조[기한도래의 효과] ① 시기 있는 법률행위는 기한이 도래한 때로부터 그 효력이 생긴다. ② 종기 있는 법률행위는 기한이 도래한 때로부터 그 효력을 잃는다.

조건과 다른 점은, 소급효가 없고 소급효를 약정할 수도 없다는 것이다. 이는 기한의 특성상 당연하다. 기한은 반드시 도래하므로 이에 소급효를 인정하는 것은 기한의 존재가 없는 것과 같다. 즉, 반드시 도래하는 사실에 대한 소급효는 지금 당장 그 효력을 인정하는 것과 동일한 것이다.

6. 기한의 이익

가. 개념

기한이 도래하지 않고 있음으로써 그동안 당사자가 받는 이익을 말한다. 주로 채무자가 갖는 시간적 이익이다(제153조 제1항).

나. 포기

기한의 이익은 포기할 수 있지만 상대방의 이익을 해하지 못한다. 즉, 이자부 소비대차의 채무자는 이행기까지 이자를 지급한 후 기한 전에 변제할 수 있다.

다. 상실

채무자가 경제적 신용을 잃는 등의 일정한 사유가 있는 경우 채무자는 기한의 이익을 상실하며 채권자의 이행청구를 거절하지 못한다(제388조). 은행 대출 등 금전소비대차 거래에서 기한이익 상실특약을 많이 활용하는데, 이는 특성상 기존의 금전 소비대차 등 계약의 해제하는 효과를 가져온다. 즉, 기한이익 상실특약은 구조상 특별한 사정이 없는 한 해제조건부 기한이익 상실특약이 되는 것이다.

[생각해 볼 문제] 조건과 불확정기한의 구별

조건과 기한의 구별은, 장래 법률효과를 좌우하는 꼬리표(부관)가 반드시 발생하는지 여부이다. 반드시 발생하면 기한이며, 발생여부가 불확실하면 조건이다. 기한은 확정적으로 정할 수도 있지만 불확정상태가 될 수도 있다. 이러한 불확정상태의 기한 즉, 불확정기한은 종종 조건과 혼동된다. 반드시 발생하지만 언제 발생할지 불확실한 것과, 발생여부가 불확실한 것은 엄연히 다른 문제다. 다음 예를 보자.

ex 1) <u>내가 죽으면</u> 이 노트북을 너에게 주겠다.

나는 언젠가는 죽는다. 다만 그때를 지금 확정할 수 없을 뿐이다. 따라서 이는 '기한'부 증여다. 다만 그 기한이 불확정일 뿐이다.

ex 2) <u>내일 내가 죽으면</u> 이 노트북을 너에게 주겠다.

내일 내가 죽을 수도 있고 아닐 수도 있다. 따라서 이는 '조건'부 증여이며 증여의 효력을 발생시키는 정지조건이다.

아래 예는 어떠한가?

ex 3) 임대차 계약이 만료되어서 임대인은 보증금을 반환해야 하는 상황이다. 이때 임대인이 임차인에게 부탁하며, 1개월 동안 임대광고를 해서 새로운 임차인이 들어오면 보증금을 받아서 지급하겠다고 약속했다. 즉 보증금반환 약정을 했는데 다만 1개월 동안 새로운 임차인이 들어오도록 노력해서 받아서 주겠다는 것이다.

위 사례에서 "<u>1개월 동안 노력해 임차인을 들이면</u>" 부분은 조건일까? 기한일까?

조건으로 본다면 문제가 심각하다. 위 조건은 조건성취 시 보증금지급이 이루어지므로 정지조건이다. 1개월 안에 임차인이 들어오지 않았으므로 정지조건은 성취되지 않았고,

따라서 정지조건이 불능이 되었으므로 보증금 지급 약정은 무효가 된다. 엄연히 받을 수 있는 보증금을 1개월 기회를 줬다는 이유로 상실시키는 것은 그 누구도 납득하지 못할 것이다.

따라서 이는 **기한**으로 봐야 한다. 1개월 안에 새로운 임차인이 들어올 것인지 여부가 불확실하다는 이유로 이를 조건으로 보면 안 된다. 이를 기한으로 보고 불확정한 사실의 발생시기를 이행기한으로 정한 경우, **그 사실의 발생이 불가능하게 되었다면 이행기간이 도래한 것**으로 봐야 한다.

268. 조건성취의 효력을 소급시키는 약정은 할 수 없으나, 기한도래의 효력을 소급시키는 약정은 가능하다.[268]

269. 불능조건이 정지조건이면 무효이다.[269]

270. 불확실한 사실의 발생 시기를 이행기한으로 정한 경우, 그 사실의 발생이 불가능하게 되었다고 하여 이행기한이 도래한 것으로 볼 수는 없다.[270]

271. 법정조건은 조건이 아니다.[271]

272. 조건의 성취로 인하여 불이익을 받을 당사자가 신의성실에 반하여 조건의 성취를 방해한 때에는 상대방은 그 조건이 성취된 것으로 주장할 수 있다.[272]

273. 기한의 이익이란 기한이 도래하지 않고 있음으로써 그동안 당사자가 받는 이익을 말한다. 주로 채권자가 갖는 시간적 이익이다.[273]

274. 조건의 성취가 미정한 권리의무는 일반규정에 의하여 처분, 상속, 보존 또는 담보로 할 수 있다.[274]

275. 조건 있는 법률행위의 당사자는 조건의 성부가 미정한 동안에 조건의 성취로 인하여 생길 상대방의 이익을 해하지 못한다.[275]

276. 조건성취로 불이익을 받을 당사자가 조건성취를 방해한 경우라도 고의가 아니라면 조건성취를 주장할 수 없다.[276]

---

268 X : 반대로 설명했다. 기한은 반드시 도래하므로 소급약정은 기한의 본질에 위반된다. 하지만 조건은 도래여부가 불분명하므로 만약 도래할 경우 그 효력을 법률행위 시로 소급시키는 것은 가능하다.

269 O

270 X : 기한부 법률행위는 법률행위 효력이 반드시 발생된다. 불확정기한부 법률행위의 경우 불확정한 사실이 불가능한 것으로 확정된 경우도 기한이 도래한 것으로 본다. 법률행위 효력 자체가 불확실한 '조건'과의 차이이다.

271 O : 법률행위에 의해 부가된 조건이 아니기 때문이다.

272 O

273 X : 채무자가 갖는 시간적 이익이다.

274 O

275 O

276 X : 조건성취 방해행위는 고의여부를 불문한다.

제4편

물권법

[테마 22] 물권효력

Ⅰ 물권법정주의(제185조)

물권은 법률 또는 관습법에 의하는 외에는 임의로 창설하지 못한다. 이와 대비하여 채권의 발생요건인 계약은 합의만으로 무한대로 만들 수 있다. 양대 재산권인 물권과 채권의 근본적 차이다. 따라서 계약은 그 성격과 효과에 관해 공부하고 물권은 법이 정한 요건과 내용 자체를 공부한다.

1. 민법상 물권(8물권) : 민법에는 다음의 8개 물권이 있다

점유권			
본권	소유권(사용, 수익, 처분권능)		
	제한물권	용익물권	지상권
			지역권
			전세권
		담보물권	유치권
			질권
			저당권

＊ 본권이란, 권리에 해당하는 실체가 있다는 의미이다. 이와 달리 점유권은 권리의 내용과 무관하게 점유만으로 성립하는 물권이다.

＊ 용익물권은 소유권의 사용권능과 수익권능을 제한한다. 담보물권은 소유권의 처분권능을 제한한다. 따라서 이들을 제한물권이라 한다.

2. 다른 법률에 의한 물권

입목저당권(입목법), 공장재단저당권(공장저당법), 자동차저당권(자동차저당법), 건설기계저당권(건설기계저당법), 가등기담보권 및 양도담보권(가등기담보법), 광업권(광업법), 어업권(수산업법)

3. 관습법상 물권

동산의 양도담보권, 분묘기지권, 관습법상 법정지상권 등이 있다. 관습법은 법 규정이 아닌 법원의 판결을 통해 확인된다.

cf) 온천권, 조망권, 사도통행권, 준소유권, 근린공원이용권 등은 관습법상 물권으로 인정되지 않는다는 판례가 있다.

II 일물일권주의(一物一權主義)

1. 원칙 : 하나의 물건에 하나의 물권

가. 물건 하나, 물권 다수 금지

하나의 물건 위에 양립할 수 없는 물권이 2개 이상 성립할 수 없다. 소유권과 제한물권은 소유권의 3가지 권능(사용권능, 수익권능, 처분권능)을 공유하므로 양립가능하다. 소유권과 전세권이 양립하는 경우 소유권은 전세권에 의해 사용권능, 수익권능을 제한받아 처분권능만 유지된다. 따라서 소유권과 전세권은 권능이 충돌하지 않으므로 양립가능하다.

나. 물건 다수, 물권 하나 금지

여러 개의 물권에 하나의 물권이 성립할 수 없다.

다. 물건일부 물권금지

물건의 일부분에 물권이 성립할 수 없다.

2. 예외

① 각종 재단저당법에 의한 집합물 물권은 여러 개의 물건을 묶어 하나의 저당권을 설정하는 예이다.
② 1필의 토지 일부에 용익물권이 성립할 수 있다.
③ 1필의 토지 일부에 점유취득시효로 소유권을 취득할 수 있다(등기신청권 발생).
④ 미분리 과실도 명인방법을 통해 독립된 소유권 객체가 될 수 있다(토지 일부지만 별도 소유권의 객체).
⑤ 1동의 건물의 일부에 구분소유권이나 전세권이 성립할 수 있다.

1. 직접지배성

물권은 타인을 배제하고 직접 물건을 지배하는 권리이다. 제한물권의 경우 소유권자조차 배제하고 물건에 대한 직접 지배권을 갖는다.

2. 배타적 독점성

물권자는 그 누구의 간섭도 받지 않고 배타적으로 물건을 독점하는 권능이 있다.

3. 절대성(대세성)

물권은 세상 그 누구에게도 행사할 수 있는 권리이다. 채권이 특정인에게만 행사할 수 있는 상대권이라는 것과 다르다.

4. 강한 양도성

물권은 당사자나 형식에 특별한 제한 없이 양도가 가능하다. 당사자의 특성으로 인해 양도의 수월하지 않은 채권과 다르다.

IV 물권의 우선적 효력

1. 물권 간 효력

가. 원칙 : 동일물 위에 성립하는 물권 간에는 설정된 시간순으로 우선적 효력을 가진다.

나. 예외 : 제한물권은 언제나 소유권보다 우선한다. 소유권을 제한하는 제한물권의 성격상 당연한 귀결이다.

2. 물권과 채권 간 효력

가. 원칙

성립시기 불문 물권이 우선한다.

나. 예외

1) 물권과 평등한 것(물권과 성립순서에 따라 우선적 효력을 가진다)

① 등기된 부동산임차권, ② 대항력 갖춘 부동산임차권, ③ 건물 보존등기된 경우 토지임차권, ④ 가등기된 채권

2) 물권보다 우선하는 채권(심지어 후순위라도 물권보다 우선)

① 주택임대차보호법상 소액보증금, ② 상가건물임대차보호법상 소액보증금, ③ 근로기준법상 임금과 재해보상금 등

Ⅴ 물권적 청구권

물권 자체는 관념적이다. 예를 들어, 소유권이라는 물권 자체로는 구체적으로 어떤 내용

의 권리인지 알 수 없다. 이러한 관념적인 물권의 힘을 구체화시켜 주는 물권의 옷, 물권의 수족이 바로 물권적 청구권이다. 물권적 청구권은 물권을 물권답게 하는, 물권을 지탱하는 기둥과 같다.

따라서 물권적 청구권을 물권과 분리하여 처분하거나 양도할 수 없다. 물권적 청구권은 물권의 피부와 같다. 명칭은 '청구권'이지만 채권의 특성인 '청구권'이 '요구권'의 의미가 있는 것과 달리 물권적 청구권에서 '청구'는 '요구'가 아닌 '명령'에 가깝다. 물권의 힘에서 나오는 파생적 힘이기 때문에 채권적 청구권과는 그 성격이 다르다.

1. 종류

- 반환청구권
- 방해제거청구권
- 방해예방청구권

우리 민법은 점유권(제2014조~제206조)과 소유권(제213조, 제214조)에 위 3가지 청구권을 규정한 후 필요한 물권에 소유권 규정을 준용하고 있다. 다만 유치권은 점유보호청구권이 있어 별도로 준용하지는 않고 성격상 점유를 요건으로 하지 않는 지역권과 저당권은 물권적 청구권 중 반환청구권 규정은 준용하지 않는다.

[소유권에 기한 물권적청구권]

제213조(소유물반환청구권) 소유자는 그 소유에 속한 물건을 점유한 자에 대하여 반환을 청구할 수 있다. 그러나 점유자가 그 물건을 점유할 권리가 있는 대에는 반환을 거부할 수 있다.

제214조(소유물방해제거, 방해예방청구권) 소유자는 소유권을 방해하는 자에 대하여 방해의 제거를 청구할 수 있고 방해할 염려 있는 행위를 하는 자에 대하여 그 예방이나 손해배상의 담보를 청구할 수 있다.

[점유권에 기한 물권적청구권]

제204조(점유의 회수) ① 점유자가 점유의 침탈을 당한 때에는 그 물건의 반환 및 손해의 배상을 청구할 수 있다. ② 전 항의 청구권은 침탈자의 악의 특별승계인에 대해 행사할 수 있다. ③ 제1항의 청구권은 침탈을 당한 날로부터 1년 이내에 행사하여야 한다.

제205조(점유의 보유) ① 점유자가 점유의 방해를 받은 때에는 그 방해의 제거 및 손해의 배상을 청구할 수 있다. ② 전 항의 청구권은 방해가 종료한 날로부터 1년 이내에 행사하여야 한다. ③ 공사로 인하여 점유의 방해를 받은 경우에는 공사착수 후 1년을 경과하거나 그 공사가 완성한 때에는 방해의 제거를 청구하지 못한다.

제206조(점유의 회수) ① 점유자가 점유의 방해를 받을 염려가 있는 때에는 그 방해의 예방 또는 손해배상의 담보를 청구할 수 있다. ② 공사로 인하여 점유의 방해를 받을 염려가 있는 경우에는 전조 제3항의 규정을 준용한다.

점유반환청구권은 선의 특별승계인에게는 행사하지 못한다. 상속과 합병은 포괄승계라 하는데 포괄승계는 모든 권리와 의무를 승계하므로 당사자와 동일한 책임이 있다. 이와 달리 매매 등 계약으로 특정 재산에 대해서만 승계받은 특별승계인은 선의인 경우 점유보호청구권의 대상이 되지 않는다. 소유권과 달리 점유권에 기한 물권적청구권은 1년 이내에 행사해야 하는 기간 제한이 있다.

점유물반환청구권과 방해제거청구권의 경우 '손해배상'이 규정되어 있어 마치 손해배상

청구가 물권적청구권의 내용인 것으로 오해될 수 있으나, 해당 규정은 채권법상 손해배상청구권을 언급하고 있을 뿐 그것이 물권적청구권의 내용은 아니다. 물권적청구권은 물권의 침해를 제거하기 위한 역할을 할 뿐이지, 침해의 결과 발생한 손해에 대한 처리는 물권적청구권의 역할이 아니다. 침해의 결과 발생한 손해는 채권법상 불법행위 법리가 적용되어 그 요건이 갖춰지면 배상청구를 할 수 있다. 물권적청구권과 채권법상 손해배상청구권은 서로 보완관계에 있는 것이다.

2. 물권과 운명공동체(발생, 이전, 소멸 등)

물권청구권은 물권의 피부 또는 옷과 같다. 따라서 물권적청구권을 물권과 분리하여 처분하거나 양도할 수 없다.

3. 현재 침해자를 상대로 행사. 침해자의 고의과실은 불문

침해자의 고의나 과실을 불문하고 현재의 침해자에 대해 행사할 수 있다. 물권적 청구권은 절대권으로서 현재의 침해자이기만 하면 이유불문 행사할 수 있다.

누가 침해자인지가 문제될 수 있는데, 직접점유자와 간접점유자는 침해자지만 점유보조자는 침해자가 아니다. 점유보조자는 점유자가 아니며 점유를 지시한 사람이 점유자이기 때문이다. 따라서 점유보조자에 대한 물권적 청구권 행사는 불가하다.

불법점유자가 현재 점유하지 않고 다른 사람을 점유시킨 경우 물권적 청구권의 상대방은 현재 점유자뿐이다.

내 토지 위해 존재하는 불법건물에 거주하는 사람에 대해서 건물로부터 퇴거할 것을 청구할 수 없다. 내가 침해받는 물권은 토지에 대한 소유권이기 때문이다.

4. 다른 청구권과 경합가능

물권적 청구권은 채권인 계약상청구권, 부당이득청구권, 손해배상청구권과 양립가능하다(권리경합). 모두를 동시에 또는 선택적으로 행사할 수 있으며 그 행사에 서로 영향을 주지 않는다. 예를 들어, 소유권의 침해가 불법성을 가지는 경우, 침해자의 고의나 과실을 불문하고 소유권에 근거한 물권적 청구권을 행사할 수 있고, 이와 별도로 불법침해로 발생한 손해에 대해 배상청구권을 행사할 수 있다.

Ⅵ 공시의 원칙/공신의 원칙

1. 공시의 원칙

가. 개념

물권은 물권자 이외의 모든 사람에 대해 배타성을 갖고 절대적 지배권을 행사할 수 있는 권리이다. 따라서 그러한 권리가 있다는 점을 외부에 공시하여 확정할 필요가 있다. 또한 그렇게 막강한 물권이 변동되거나 소멸하는 과정도 외부에서 인식할 수 있도록 공시할 필요가 있다. 이렇게 물권의 존재와 변동은 외부에서 인식할 수 있도록 공시해야 한다는 것이 공시의 원칙이다.

나. 공시방법

- 부동산물권 : 등기
- 동산물권 : 점유(점유이전을 '인도'라 한다)
- 준물권 : 등록

- 관습법상 물권 : 분묘기지권의 봉분, 미분리과실의 명인방법
- 물권화 채권 : 주택임대차(인도 + 주민등록), 상가임대차(인도 + 사업자등록)

다. 형식주의(성립요건주의) ↔ 의사주의(대항요건주의)

물권변동이 물권적 합의로만 되는지(의사주의, 대항요건주의), 공시까지 해야 하는지(형식주의, 성립요건주의)에 대해 국가가 정책적 선택을 하는데, 우리 민법은 형식주의(성립요건주의)를 채택하고 있다. 예를 들어, 부동산소유권이전은 소유권을 이전하겠다는 합의만으로 되지 않고 반드시 등기이전이 필요하다. 이와 달리 의사주의에 따르면 부동산소유권이전은 이전하겠다는 합의만으로 성립하고 등기는 남들에게 대항하기 위한 요건일 뿐이다.

형식주의(성립요건주의)에 따르면 매매계약 후 매수인이 갖는 등기청구권은 물권자가 아닌 채권자의 권리 즉 채권적 청구권이 된다.

의사주의(대항요건주의)에 따르면 매매계약 후 매수인이 갖는 등기청구권은 이미 물권자가 된 입장에서 등기를 요구하는 것이므로 물권적 청구권이 된다.

2. 공신의 원칙

공시와 실질이 다른 경우 공시를 믿은 사람을 보호할 것인지의 문제가 있다. 공시를 믿은 사람을 보호하면 공신의 원칙을 인정하는 것이며, 보호하지 않으면 공신의 원칙을 인정하지 않는 것이다. 우리 법제는 다음과 같이 동산과 부동산에 대해 공신의 원칙을 달리 정하고 있다.

가. 동산의 공시

'점유'에 대해 공신의 원칙 인정 → 권리자가 아닌 자가 점유하는 물건을 매수하더라도 권리취득(제249조 선의취득)

나. 부동산의 공시

'등기'에 대해 공신의 원칙 부정 → 즉, 등기를 믿고 거래를 했더라도 등기명의인이 진정한 권리자가 아니라면 등기를 믿은 사람은 보호받지 못한다. 따라서 의사표시 하자에 있어 선의3자 보호 규정, 계약해제에 있어서 제3자 보호규정이 중요한 의미가 있는 것이다. 이러한 3자 보호규정이 적용되지 않는 경우(무능력자의 취소, 의사무능력에 의한 무효, 반사회질서 및 폭리행위로 인한 무효 등)에는 등기를 믿고 거래한 사람은 권리를 잃을 수 있다.

Ⅶ 채권관계가 물권에 주는 영향 : 유인론

물권행위는 채권계약과 별개로 존재한다(물권행위의 독자성). 채권행위는 물권효과로 가는 과정이라고 설명한다. 이때 채권관계에 문제가 발생하면 물권의 운명은 어떻게 되는지 문제된다. 예를 들어, 부동산매매계약 후 매수인이 등기를 이전받으면 매수인에게 부동산 소유권이 이전된다. 이 상황에서 부동산매매계약이 해제되거나, 무효, 취소되는 경우 매수인의 소유권은 어떻게 되는가?

이에 대해 매수인에게 등기가 있지만 소유권은 매도인에게 자동으로 복귀된다는 입장(즉, 계약의 운명과 물권의 운명은 연동된다는 입장. 유인론)과 등기가 매수인에게 있는 이상 여전히 매수인이 소유권자라는 입장(즉, 계약의 운명이 즉시 물권의 운명에 영향을 미치는 것은 아니라는 입장. 무인론)이 있을 수 있다.

우리 민법은 '유인론'을 취하고 있다. 따라서 계약이 무효, 취소, 해제되면 등기가 회복되기 전이라도 물권은 즉시 원소유자에게 복귀한다. 따라서 등기와 실제 물권자가 달라지는 현상이 발생한다. 물권자는 등기명의인에게 등기를 넘겨 달라고 할 수 있는데, 이는 물권자의 입장에서 등기회복을 요구하는 것이므로 물권적 청구권이다.

277. 공장저당이란 하나의 물건에 설정되는 여러 개의 물권을 말한다.[277]

278. 제한물권은 소유권에 우선한다.[278]

279. 대항력 갖춘 부동산임차권은 물권에 우선한다.[279]

280. 주택임대차에서 인정되는 소액보증금 반환청구권은 비록 채권이지만 물권과 동일한 효력이 있다.[280]

281. 물권적 청구권은 절대 물권과 분리할 수 없다.[281]

282. 물권적 청구권을 행사하려면 물권 침해가 고의 또는 과실에 의한 경우라야 한다.[282]

283. 우리나라는 등기에 대해 공신력을 인정하지 않는다.[283]

284. 소유자는 물권적 청구권에 기해 현재 계속되고 있는 방해의 원인을 제거할 수 있으나 방해결과의 제거는 할 수 없다.[284]

285. 물권적 청구권에 기해 손해배상을 청구할 수는 없다.[285]

286. 점유반환청구권은 침탈당한 때부터 2년 이내에 행사해야 한다.[286]

287. 점유반환청구권은 침탈자의 특별승계인이 선의라도 행사할 수 있다.[287]

---

277 X : 공장저당이란 공장을 구성하는 여러 개의 물건에 하나의 권리(저당권)를 설정하는 것을 말한다.

278 O : 제한물권은 소유권을 제한하므로 그 본질상 소유권에 우선할 수밖에 없다.

279 X : 물권에 우선하는 것이 아니라 물권과 효력이 동일하다. 따라서 성립순서에 따라 우열을 정한다.

280 X : 물권과 동일한 것이 아니라 물권보다도 우선한다.

281 O : 물권적청구권은 물권을 둘러싼 피부와 같다.

282 X : 침해자의 고의 또는 과실을 불문한다. 침해만 있으면 발동할 수 있다.

283 O : 등기를 믿고 거래한 사람은 원칙적으로 보호되지 않는다.

284 O : 침해자에 대해 현재 소유권의 방해 원인을 제거하는 것이 물권적 청구권의 목적이다. 방해의 결과라는 것은 '손해'를 말한다. 손해의 제거는 손해배상 등 채권행사의 요건에 따른다. 따라서 물권적 청구권과 채권은 서로 보완관계에 있고 이들 권리는 동시에 또는 선택적으로 행사할 수 있다(권리경합).

285 O : 물권적 청구권은 방해제거를 위한 권능이고, 손해배상은 방해의 결과를 제거하기 위한 채권적 권리이다.

286 X : 1년 내에 행사해야 한다.

287 X : 선의 특별승계인에게는 행사할 수 없다.

물권변동에 있어 형식주의(성립요건주의)를 취하는 우리 법제상 법률행위(계약)에 의해 물권이 변동되려면 반드시 공시(등기, 점유)가 따라야 한다. 다만 법률행위가 아닌 법률규정에 의해 직접 물권변동이 이루어지는 경우에는 공시(등기, 점유)가 따르지 않아도 된다. 따라서 이 경우에는 실제 권리관계와 공시가 달라질 수 있다. 이렇게 권리와 공시가 다른 경우를 분별하는 것이 본 테마의 학습 목적이다. 이러한 물권변동의 형태는 부동산에서 두드러지므로 부동산물권변동에 집중해 설명하고, 동산 물권변동은 공시방법인 '점유'의 공신력이 인정된다는 특수성에서 오는 물권변동 형태에 관해 설명한다. 동산물권변동의 수험 중요성은 낮다. 다만, 점유와 관련된 내용은 물권 전체에 중요한 법리이므로 이를 이해하기 위한 범위에서 집중할 필요가 있다.

Ⅰ 부동산물권변동

1. 원칙 : 법률행위에 의한 부동산물권 변동

제186조[부동산물권변동의 효력] 부동산에 관한 법률행위로 인한 물권의 득실변경은 등기하여야 그 효력이 생긴다.

2. 예외 : 법률규정에 의한 변동

> **제187조[등기를 요하지 아니하는 부동산물권취득]** 상속, 공용징수, 판결, 경매 기타 법률의 규정에 의한 부동산에 관한 물권의 취득은 등기를 요하지 아니한다. 그러나 등기를 하지 아니하면 이를 처분하지 못한다.

가. 상속

피상속인 사망 시 즉시 물권변동이 일어난다. 피상속인(망인)의 재산은 사망 즉시 상속인에게 상속분에 따라 자동으로 상속되며, 이 경우 등기나 점유의 이전은 권리변동의 요건이 아니다. 경우에 따라 상속인은 자신이 망인의 권리를 상속받은 사실 즉 물권자가 된 사실을 모를 수 있다. 법률규정에 의해 자동으로 권리변동이 일어나 현실세계에서는 눈에 보이지 않기 때문이다.

나. 공용징수(수용)

협의수용은 협의로 정한 시기, 재결수용은 보상금 지급을 정지조건으로 수용기일에 물권변동이 일어난다.

다. 판결

형성판결(공유물분할청구소송)의 경우 판결 확정 시 자동으로 권리변동이 일어난다. 법원의 판결은 크게 3가지(이행판결, 확인판결, 형성판결)로 구분된다. 그중 형성판결만이 권리변동의 효과가 있다. 이행판결의 경우 판결문을 첨부해 등기신청을 해야 권리변동이 발생한다. 한편, 형성소송이라도 판결까지 가기 전에 조정으로 종결된 경우 조정조서는 '판결'이 아니므로 이로 인한 물권변동은 원칙으로 돌아가 등기해야만 한다.

라. 경매 : 경매대금 완납 시 물권변동

매수인이 경락대금 완납 시 물권 변동이 일어난다. 그 시점부터 소유자로서 완전한 권리를 누리고 이전 소유자는 모든 권리를 상실한다.

마. 기타 법률규정(법규 또는 판례)

① 건물신축에 의한 소유권취득
② 부동산 멸실에 의한 물권소멸
③ 피담보채권소멸에 의한 담보권소멸
④ 혼동에 의한 물권 소멸
⑤ 법률행위의 무효, 취소, 해제에 의한 소유권복귀
⑥ 법정지상권 및 관습법상 법정지상권 취득
⑦ 전세권이 법정갱신되는 경우
⑧ 분묘기지권 취득

3. 제187조의 예외(예외의 예외) : 점유취득시효(제245조)

민법 제245조제1항 점유시효취득의 경우(20년간 타인 소유 토지를 자주, 평온, 공연히 점유한 경우 소유권 취득) 법률규정에 의한 소유권취득이므로 제187조 사안이다. 즉 등기 없이 물권변동이 되는 경우이다. 그러나 제245조 자체에서 점유시효취득은 등기해야 소유권을 취득한다고 하여 제187조의 예외를 규정하고 있다.

> **제245조[점유로 인한 부동산소유권의 취득기간]** ① 20년간 소유의 의사로 평온, 공연하게 부동산을 점유한 자는 등기함으로써 그 소유권을 취득한다. ② 부동산의 소유자로 등기한 자가 10년간 소유의 의사로 평온, 공연하게 선의이며 과실 없이 그 부동산을 점유한 때에는 소유권을 취득한다.

위 제1항은 점유시효취득, 제2항은 등기시효취득이라 한다.

점유시효취득의 점유요건은 20년인데 이미 등기가 된 상태에서는 점유요건이 10년으로 단축되는 것이다.

20년의 점유는 점유의 승계가 적용되어 중간에 소유자가 변경되더라도 점유자가 20년을 점유하면 된다. 20년이 완성될 당시의 소유자에 대해 소유권이전등기청구권을 행사하면 된다. 이 경우 등기청구권은 물권자로서가 아니라 물권을 갖기 위한 것이므로 채권적 청구권이다. 즉, 등기해야만 소유권을 취득할 수 있다.

위 등기청구권은 채권적 청구권이므로 특정인에 대하여만 행사할 수 있다. 여기서 특정인은 시효취득 후 등기를 요구할 수 있는 상대방, 시효완성 당시의 소유자이다. 따라서 시효완성 후 토지소유자가 바뀌면 더 이상 등기청구권은 행사할 대상이 없어진다. 따라서 시효취득이 완성되면 토지소유자가 바뀌기 전에 서둘러 등기청구권을 행사해야 하고, 만약 불안하면 처분금지가처분을 해서 보전처분을 해둬야 한다. 만약 시효완성 당시 소유자가 시효취득 사실을 알고 소유권을 넘겼다면 손해배상 책임을 물을 수 있겠지만 소유권을 가져올 수는 없다.

이러한 시효취득의 요건으로서 점유는 자주(소유의사), 평온, 공연, 계속(20년) 점유이어야 한다. 등기시효취득의 점유는 자주(소유의사), 평온, 공연, 계속(10년)에 더해 선의, 무과실 요건에 추가된다. 무과실 점유는 추정되지 않으므로 점유자가 증명해야 하고 나머지 점유요건은 모두 추정된다.

II 동산물권변동

1. 권리자로부터 취득 - 인도

동산의 권리자로부터 물권을 취득할 경우 동산의 공시방법인 '점유'의 이전에 의한다. 이러한 '점유의 이전'을 '인도'라고 한다. 인도의 방식은 다음의 4가지이다.

가. 현실인도

물건의 현실적 점유를 이전하는 가장 기본적인 인도방법

나. 간이인도

이미 점유가 이전된 상태에서 점유이전의 합의만으로 인도를 완성하는 방법이다. 예를 들어, 내 노트북을 친구에게 빌려줬다고 가정한 상태에서 그 노트북을 친구에게 증여한다면 친구가 노트북의 점유를 나에게 회복시켰다가 다시 이전할 필요 없이 이미 이전한 점유 자체를 그대로 유지하면 된다. 이를 간이인도라 한다.

다. 점유개정

당사자 합의로 양도인이 점유를 계속하는 경우를 말하는데, 형태상 간이인도의 반대로 볼 수 있다. 예를 들어, 내가 가지고 있는 노트북을 친구에게 팔았다. 다만 현실인도를 하지 않고 그 상태에서 내가 당분간 빌려서 사용하기로 했다면 외부적으로 점유이전의 모습은 없지만 이를 점유이전(인도)으로 간주한다. 이를 점유개정이라 한다.

라. 목적물반환청구권의 양도

예를 들어, 내가 노트북을 친구 A에게 빌려주어 그 친구가 가지고 있는 상황에서 친구 B에게 노트북을 팔았다고 가정하자.

2. 무권리자로부터 취득(선의취득)

점유의 공신력을 인정하는 우리 법제상 비록 무권리자로부터 권리를 취득하더라도 일정한 요건 하에 권리취득을 인정하는 길을 열어 두었다. 점유라는 불완전한 공시방법에 대해 공신력을 인정하지 않는다면 가치가 비교적 낮고 양도가 빈번한 동산에 대해 일일이 권리관계를 검토해야 하고 만약 무권리자로부터 취득한 경우 순차적으로 소급해 권리를 상실하여 일반 상거래에 혼란을 가져올 수 있다. 따라서 부득이 거래안전을 위해 점유에 대한 공신력을 인정한 결과가 바로 선의취득이다. 거래안전을 보호하기 위한 것이므로 거래가 유효해야 하고 취득자가 보호할 가치가 있어야(선의, 무과실) 한다.

> **제249조[선의취득]** 평온, 공연하게 동산을 양수한 자가 선의, 무과실로 그 동산을 점유한 경우에는 양도인이 정당한 소유자가 아니라도 즉시 그 동산의 소유권을 취득한다.

선의취득 요건이 성립된 이상 종전 소유자는 법률규정에 의해 소유권을 상실하므로, 선의취득자도 이러한 법률효과를 임의로 거부하여 종전 소유자에게 동산을 가져갈 것을 요구할 권리는 없다(대법원 1998. 6. 12. 98다6800).

가. 물건요건

거래물건은 점유를 공시로 하는 동산이어야 한다. 따라서 동산이라도 자동차나 선박처럼 공시방법(등록, 등기)이 다른 이른바 준부동산은 선의취득 대상이 아니다. 금전은 금전을 화폐가 아닌 물건으로 거래하는 경우에만 해당한다. 금전을 화폐로 거래하는 것은 동산거래가 아니라 가치거래이기 때문이다.

나. 양도인 요건

양도인은 무권리자라야 한다. 권리자로부터 취득한 경우는 정상적 거래이지 선의취득이 아니다.

다. 유효한 거래

선의취득은 점유를 믿은 당사자의 거래보호를 목적으로 하므로 거래자체는 유효해야 한다.

라. 양수인이 점유 요건

양수인은 선의, 무과실, 평온, 공연하게 점유를 이전받아야 한다. 점유는 선의, 평온, 공연이 추정되나 무과실은 추정되지 않으므로 양수인이 증명해야 한다. 한편, 판례는 4가지 인도방법 중 점유개정에 의한 인도에 대해서는 선의취득을 인정하지 않음을 주의한다.

마. 도품 유실물 특례

제250조[도품, 유실물에 대한 특례] 선의취득의 경우에 그 동산이 도품이나 유실물인 때에는 피해자 또는 유실자는 도난 또는 유실한 날로부터 2년 이내에 그 물건의 반환을 청구할 수 있다. 그러나 도품이나 유실물이 금전인 때에는 그러하지 아니하다.

제251조[도품, 유실물에 대한 특례] 양수인이 도품 또는 유실물을 경매나 공개시장에서 또는 동 종류의 물건을 판매하는 상인에게서 선의로 매수한 때에는 피해자 또는 유실자는 양수인이 지급한 대가를 변상하고 그 물건의 반환을 청구할 수 있다.

1. 법률행위에 의한 물권의 소멸(포기)

가지고 있던 물건을 버리면 소유권포기가 된다. 이와 같이 물권은 일방적 의사표시로 포기할 수 있고, 이 경우 물권자의 입장에서 물권이 소멸한다.

2. 법률행위에 의하지 않은 물권소멸(법률규정에 의한 소멸)

가. 목적물 멸실

목적물 자체가 소멸하면 물권의 대상물이 없으므로 물권은 당연히 소멸한다. 물권은 물건 위에서만 성립한다는 원칙이 유지되지 않기 때문이다.

나. 소멸시효

채권(소멸시효 10년)과 달리 소유권은 소멸시효가 적용되지 않는다. 다만 물권 중 용익물권은 20년의 소멸시효 걸리고, 담보물권은 그 자체로는 소멸시효가 없지만 피담보채권이 시효로 소멸하면 담보물권의 특성(부종성)상 같이 소멸한다.

다. 혼동

혼동은 채권과 물권의 공통적인 소멸원인이다. 권리자와 의무자가 같은 사람에게 귀속되어 상쇄되는 것을 말한다. 채권에 있어 <u>채권자와 채무자</u>(아들이 아버지에게 돈을 빌려주면 아들은 채권자 아버지는 채무자가 된다. 그런데 아버지가 사망하여 아들이 채무를 상속하면 아들이 채권자의 지위와 채무자의 지위를 갖는다. 이 경우 채권채무관계는 혼동으로 소멸한다), 물권에 있어 <u>소유권자와 제한물권자가 합쳐진 경우</u>에 발생할 수 있다. 물권혼동과 관련한 규정은 다음과 같다.

> **제191조[혼동으로 인한 물권소멸]** ① 동일한 물건에 대한 <u>소유권과 다른 물권(제한물권)이 동일한 사람에게 귀속한 때에는 다른 물권(제한물권)은 소멸한다. 그러나 그 물권에 제3자의 권리의 목적이 된 때에는 소멸하지 아니한다.</u> ② 전 항의 규정은 소유권 이외의 물권(제한물권)과 그를 목적으로 하는 다른 권리(제한물권)가 동일한 사람에게 귀속한 경우에 준용한다. ③ 점유권에 관하여는 전2항의 규정을 적용하지 아니한다.

- 1항 본문 예 : 저당권자가 저당물의 소유권을 취득하면 저당권 소멸.
- 1항 단서 예 : 위 예에서 후순위 저당권이 있는 경우 선순위 저당권은 유지된다. 후순위 저당권이 순위상승으로 인한 부당이득을 얻는 것을 방지하기 위한 것이다.
- 2항의 예 : 전세권 위에 설정된 저당권자가 해당 전세권을 취득하는 경우 저당권 소멸
- 점유권은 혼동과 무관하다.

라. 공용징수나 몰수도 권리변동의 원인이 된다

288. 점유취득시효에 의한 부동산소유권 취득은 법률규정에 의한 물권변동으로서 등기를 요하지 않는다.[288]

289. 점유취득시효에 의한 등기청구권은 물권적 청구권이다.[289]

290. 이행판결에 의한 물권변동은 등기를 요하지 않는다.[290]

291. 경매의 경우 경락대금 납부 순간 등기 없이 물권이 변동된다.[291]

292. 법정지상권의 취득은 등기해야 효력이 있다.[292]

293. 법정 갱신된 전세권은 등기 없이 효력이 있다.[293]

294. 형성소송에서 조정으로 종결된 경우 등기 없이도 조정내용에 따라 물권변동이 발생한다.[294]

295. 피담보채권이 소멸한 경우 등기 말소 없이도 저당권은 소멸한다.[295]

296. 상속으로 취득하는 부동산 물권은 등기를 요하지 않는다.[296]

297. 현물분할의 합의에 따라 공유토지에 대한 단독소유권을 취득하는 경우에는 등기를 요하지 않는다.[297]

298. 금전은 선의취득의 대상이 아니다.[298]

299. 시효취득기간 만료 전 목적물의 소유자가 바뀌면 목적물의 소유권을 취득할 수 없다.[299]

318. 혼동에 인한 권리소멸은 물권과 채권의 공통적인 소멸원인이다.[300]

---

288 X : 법률규정에 의한 물권변동이지만 등기를 해야 하는 예외에 해당한다.
289 X : 등기를 해야만 비로소 물권을 취득하므로, 물권 취득을 위한 등기청구권은 아직 채권적 청구권이다.
290 X : 판결은 '형성' 판결의 경우 등기 없이 물권변동이 일어난다.
291 O
292 X : 법률에(관습법) 의한 물권취득이므로 등기를 요하지 않는다.
293 O : 법률에 의한 권리변동이므로
294 X : 형성소송이라도 '판결'이 아닌 조정은 등기를 해야 물권변동이 발생한다.
295 O : 피담보채권의 운명에 따르는 담보권의 특성(부종성)상 당연히 소멸한다.
296 O
297 X : 합의(법률행위)에 의한 물권변동이므로 등기를 해야 한다(형식주의, 성립요건주의).
298 O : 금전은 물건이 아니라 가치에 의해 거래되기 때문이다.
299 X : 취득시효 만료 당시 소유자에 대해 청구하면 되므로 소유자 변경과 무관하다.
300 O

부동산물권변동에 있어 공시원칙과 형식주의(성립요건주의)를 취하는 우리 법제상, 등기는 대항적 효력, 순위확정적 효력, 권리변동적 효력을 갖는다.

과거 부동산등기는 등기부라는 장부에 등기관이 등기사항을 기재하는 방식으로 관리되었다. 그러나 현재 등기는 모두 전산화되어 등기사항을 전산정보에 입력하는 방식으로 처리된다. 따라서 현재의 등기는 등기관이 등기를 마치면 그 접수 시부터 효력이 발생한다. 등기를 기재한 공적서류와 같은 내용의 문서를 과거에는 '등기부 등본'이라 표현했지만 전산화된 이후 '등기사항전부증명서'로 변경되었다. 다만 설명의 편의상 '등기부'라는 표현을 혼용해서 사용할 수 있다.

I 등기부의 구성

• 표제부 : 부동산의 소재지나 현황이 기재되어 있다. 이러한 기재를 '사실의 등기'라 한다. 아래 갑구와 을구에 기재되는 '권리의 등기'와 구별된다.

• 갑구 : 소유권과 관련된 권리에 대한 내용이 기재되어 있다. 소유권자 또는 소유권에 대한 보전처분(가압류, 가처분) 등이 그것이다.

• 을구 : 소유권 이외의 권리(제한물권)에 대한 내용이 기재되어 있다. 대표적인 것이 저당권이나 전세권 등이다.

1. 보존등기(↔ 권리변동 등기)

미등기 부동산에 대해 최초로 행해지는 소유권 등기를 말한다. 이러한 보존등기를 시작으로 그 이후 권리변동 등기가 이루어진다.

2. 가등기(↔ 본등기)

가등기는 물권변동의 청구권을 보존하기 위한 예비등기를 말한다. 본등기는 물권변동의 효력을 발생시키는 등기이며 '종국등기'라 한다. 본등기에는 기입등기(새로운 등기원인 기재), 경정등기(원시적 불일치를 바로 잡는 등기), 변경등기(후발적 변동사항을 반영하는 등기), 말소등기(등기에 해당하는 실체가 없을 때 기존 등기를 말소하는 기재를 한다. 등기를 지우는 것이 아니라 지운다는 기재를 하는 것을 말소등기라 한다. 잘못 말소된 등기를 회복시킬 때는 회복등기를 한다), 멸실등기(목적물이 멸실되었을 때 하는 등기부 폐쇄. 잘못된 멸실등기를 바로 잡는 멸실회복등기가 있다.) 등이 있다.

3. 주등기(↔ 부기등기)

독립된 표시변호(표시란)나 순위번호(갑구, 을구)를 사용한 등기를 주등기라 하고, 주등기에 해당하는 내용을 해당 주등기 번호에 가지번호를 붙여서(ex, '1-1' '2-1') 기재하는 등기를 부기등기라 한다. 부기등기는 해당 주등기에 관한 내용을 기재할 때 사용한다. 예를 들어, 전세권에도 저당권을 설정할 수 있는데 이 경우 전세권의 등기번호에 부기등기를 하여 구별한다. 전세권의 번호가 2번인 경우 2-1로 저당권을 설정하면 전세권을 담보로 저당권을 설정한 것이 된다.

4. 등기절차

등기는 공동신청이 원칙이나 성격항 단독신청이 되는 경우가 있다(판결에 의한 등기, 멸실회복등기, 소유권보존등기, 표시변경 등기 등). 등기관은 등기의 실체내용에 대해 판단할 수 없고 등기절차나 외관상 등기가 적절한지 등 형식적 심사권만 가지고 있다. 등기에 대해 공신력을 인정하지 않는 이유의 하나이다. 등기가 완료되면 등기신청인에게 등기필정보통지서(등기권리증)가 교부된다.

참고로, 당사자가 등기소에 등기를 신청하는 행위는 등기'신청'이라 하고, 매수인이 매도인에 대하여 등기를 요구하는 등 계약상 당사자에게 등기를 요구하는 권리를 등기'청구'권이라 한다. 즉, 등기신청은 등기소에 대한 것, 등기청구는 당사자에게 하는 것으로서 구별된다.

III   등기의 추정력

1. 추정의 내용

가. 권리의 추정

등기가 있으면 그 등기에 해당하는 권리가 있다고 추정된다. 이를 부인하기 위해서는 부인하는 쪽이 반대사실을 증명해야 한다. 담보물권의 경우에는 피담보채권의 존재도 추정되며 등기절차상 대리권의 존재도 추정된다.

나. 등기절차의 적법추정

등기는 적법한 절차에 의해 이루어졌다고 추정된다. 절차가 위법하다고 주장하려면 그 근거를 제시하여 반대 사실을 증명해야 한다.

다. 등기원인의 적법추정

등기부에는 등기원인이 기재된다. 예를 들어 부동산매매를 통해 소유권을 취득한 경우 등기원인은 '매매'로 기재된다. 이 경우 매매는 적법하게 체결되고 이행된 것으로 추정되는 것이다. 이러한 추정력을 깨기 위해서는 등기원인이 위법하다고 주장하는 측에서 그 근거를 제시해 반증해야 한다.

2. 추정력의 범위

제3자에 대해서도 추정되고, 제3자도 추정의 효과를 원용할 수 있으며, 전 소유자에 대해서도 주장할 수 있고, 불이익한 내용에 대해서도 추정이 미친다.

부동산거래를 할 때 등기부를 확인하는 것이 일반적이므로 등기 내용에 대해 당사자는 반드시 알고 있다고 본다. 즉 등기내용에 대해서는 악의로 추정된다. 등기내용을 몰랐다고 하기 위해서는 이에 대한 근거와 함께 반증을 해야 한다. 다만 그 등기를 신뢰한 사람은 등기에 해당하는 내용에 대해 선의, 무과실로 추정된다. 따라서 선의자 보호규정이 있는 경우 스스로 선의임을 증명할 부담은 면한다.

3. 추정력 복멸(추정이 깨지는 경우)

등기의 추정력을 받는 사람은 그 사실에 대한 증명이 필요 없고 반대 사실을 주장하는 사람이 그 추정력을 깨기 위해 엄격한 증명책임을 부담한다. 추정력이 깨지는 대표적인 경우는 존재하지 않는 사람에게서 소유권을 받았거나, 이미 사망한 사람이 신청한 등기

등이 있다.

Ⅳ 등기의 유효요건

등기는 권리가 입고 있는 옷과 같다. 권리에 딱 맞는 옷을 입고 있으면 유효한 등기가 된다. 옷을 입는 순서는 무관하다. 옷이 몸에 잘 맞으면 그만이다. 등기도 그렇다. 등기와 내용이 일치하는지에 집중해서 등기의 유효성을 판단하면 대부분 맞다.

1. 질적 불일치 – 등기무효

전세권을 설정의 합의를 했는데 저당권 등기가 되면 당연히 옷과 몸이 맞지 않으므로 무효인 등기이다. 말소대상이다.

2. 등기원인 불일치 – 등기유효

증여로 부동산 소유권을 넘겨줬는데, 등기부에 기재된 등기원인이 '매매'인 경우 소유권등기는 유효하다. 현재 소유권을 가진 사람이 소유권등기가 되어 있기 때문에 등기원인이 다르게 기재 되었다고 하여 등기가 무효가 되는 것은 아니다. 파티에 가려고 옷을 입었는데 학교에 간 경우이다. 옷과 몸이 맞으면 그만이다.

3. 양적 불일치 – 일부유효 또는 전부무효

몸보다 큰 옷을 입은 경우, 보기에는 흉해도 몸을 보호하는 범위에서는 옷의 기능을 한다. 채무가 3천만 원이므로 3천만 원으로 저당권설정 합의를 하였는데 실제로는 저당권을 5천만 원으로 설정한 경우 그 저당권은 3천만 원의 담보효력이 인정된다.

반대로 실제 합의는 5천만 원의 저당권설정인데 3천만 원만 등기가 된 경우에는 옷의 기능을 할 수 없는 것이 원칙(등기무효)이지만 몸의 일부라도 가리겠다고 하면 그 부분만 유효(일부유효)로 할 수 있을 것이다. 이는 제137조 일부무효 법리와 유사하다.

4. 등기절차 하자 - 등기유효

절차가 하자 있더라도 현재 권리와 일치하면 등기는 유효하다. 사망자가 신청한 등기, 위조된 서류로 경료된 등기라도 현재 권리관계와 일치하면 유효한 등기이다.

5. 중간생략등기 - 처벌 대상이지만 등기는 유효

중간생략 등기는 처벌 대상이지만 중간생략 등기 결과 등기명의자와 등기권리가 일치하면 유효한 등기이다.

6. 진정명의회복을 위한 등기 - 등기유효

예를 들어, 부동산이 A → B → C → D로 순차이동 되었을 때, A와 B사이의 계약이 무효 또는 취소된 경우, C와 D가 보호받는 3자가 아니라고 할 때 각 순차 이동한 소유권이전등기는 말소절차를 거쳐 결국 A에게 회복되어야 한다. 그러나 현실에서 만약 C가 사망하였거나 법인이었으나 해산된 경우, 기타 여러 원인에 의해 이러한 절차가 어려운 경우가 있다. 이때 D에서 직접 A로 이전하여 결론적으로 권리자인 A에게 소유권을 회복시키는 것을 인정한다. 또는 의도적이지 않더라도 어떤 이유로든 진정한 권리자인 A에게 권리가 회복되었다면 이를 그대로 인정한다.

7. 무효등기 유용

이미 채무가 변제되어 말소대상인 저당권등기가 말소되기 전에 다시 대출을 받으면서 기존 저당권등기를 새로운 채무의 담보로 사용할 수 있는지 문제된다. 이 또한 실체관계에 맞는 등기라면 유효하다. 다만 등기부상 이해관계 있는 제3자가 있다면, 그 제3자의 권리를 침해할 수 없기 때문에 이 경우에는 허용되지 않는다.

Ⅴ   등기청구권

등기는 물권변동의 성립요건이다. 따라서 법률행위로 인한 물권변동의 경우 물권과 등기는 일치하는 것이 원칙이다. 그러나 물권변동에 있어 독자성과 유인성을 인정하고 등기에 대한 공신력을 인정하지 않는 우리 법제 하에서 등기와 권리가 일치하지 않는 경우가 발생할 수 있고 이때 권리관계를 일치시키기 위한 등기청구권 행사가 가능하다.

외형적으로는 '등기청구권'이지만 권리를 갖기 위해 등기의무자에게 하는 '등기청구권'과 권리를 가진 자가 등기를 일치시키기 위한 목적에서 행사하는 '등기청구권'은 그 실질이 다르다. 전자는 채권적 청구권으로서 '부탁'에 가깝고, 후자는 물권적 청구권으로서 '명령'에 가깝다.

1. 채권적 청구권

가. 법률행위

매매계약에 있어 매수인이 매도인에 대해 행사하는 등기청구권이 대표적이다. 조정이나 합의에 따라 권리취득을 받기로 한 권리자가 등기의무자에 대해 행사하는 등기청구권도 마찬가지다.

나. 부동산시효취득(제245조)

부동산시효취득의 경우 법률규정에 의한 물권취득이지만 명문규정으로 등기를 해야만 물권을 취득할 수 있도록 하고 있다. 따라서 부동산시효취득에 있어 등기청구권은 물권자로서가 아닌 물권자가 되기 위한 등기청구권이므로 채권적 청구권이다.

2. 물권적 청구권

물권을 얻기 위한 청구권이 아니라, 이미 물권을 얻은 자가 물권유지를 위해 행사하는 경우를 말한다.

가. 부동산매매계약이 해제, 무효, 취소된 경우 매도인의 매수인에 대한 등기청구권

물권적 청구권은 반환청구권, 방해제거청구권, 방해예방청구권이 있다. 매매계약이 해제, 무효, 취소된 경우에는 자동으로 물권이 복귀되므로 물권자의 입장에서 불일치된 등기의 회복을 위해 상대방에 대해 물권자로서 등기를 청구하는 것이다. 따라서 이는 반환청구권이 아니라 방해제거청구권이다. 내 물권에 대해 등기를 한 자는 내 물권을 방해하고 있는 것이지 내 물권을 가지고 있는 사람이 아니기 때문이다.

나. 담보채무를 변제한 후 담보권자에 대한 등기말소청구권

담보채무를 변제하면 담보물권의 부종성으로 인해 근저당권은 자동으로 소멸한다. 이러한 소멸은 제187조가 적용되어 등기의 변동 없는 물권변동에 해당한다. 비록 등기부에 근저당권이 남아 있지만 그것은 형식만 있을 뿐 아무런 효력이 없다. 그렇다면 소유자 입장에서는 아무런 효력 없는 근저당권등기가 남아 있는 것이므로 소유권의 방해물, 즉 청소대상이 된다. 따라서 근저당권 등기의 말소를 구하는 것은 소유자의 입장에서는 물권적

청구권 행사가 된다.

다. 상속인의 등기청구권

피상속인이 사망하면 그 즉시 모든 재산은 제187조에 의해 물권변동이 발생한다. 따라서 상속인의 소유가 되어 등기와 무관하게 물권자가 된다. 따라서 물권자인 상속인 입장에서 망인명의 등기는 바로 잡아야 할 대상이다. 이렇게 소유권에 기해 등기를 바로 잡기 위해 하는 상속등기청구권은 물권적 청구권이 된다.

라. 법정지상권 취득자의 토지소유자에 대한 지상권 등기청구권

법정지상권은 등기 없이도 제187조에 의해 취득되는 물권이다. 따라서 이러한 물권을 공시하기 위해 토지소유자에게 등기를 요구하는 것은 이미 물권자(지상권자)로서의 권리행사이므로 물권적 청구권이다.

3. 소멸시효의 문제

물권적청구권은 물권과 운명을 같이 하므로 별도로 소멸시효가 적용되지 않는다. 즉 물권과 분리하여 물권적청구권이 별도로 시효로 소멸하는 경우는 없다.

매수인의 등기청구권은 채권적 청구권으로서 10년의 소멸시효가 적용된다. 다만, 매수인이 그 목적물을 인도받아 사용수익 하는 경우에는 그 매수인을 권리 위에 잠자는 것으로 볼 수 없고 매수인의 사용수익 상태를 더욱 보호해야 하므로 소멸시효에 걸리지 않는다. 즉 매수인이 목적물을 인도 받아 사용수익 하는 경우 등기청구권은 시효로 소멸하지 않는다(76다148 전원합의체 판결).

301. 부동산매매계약에서 매수인의 매도인에 대한 등기청구권은 채권적 청구권이다.[301]

302. 부동산매매계약에서 매수인이 등기를 이전받은 후 계약이 해제된 경우 매도인의 매수인에 대한 등기청구권은 채권적 청구권이다.[302]

303. 등기부 표제부에는 부동산 소유권에 관한 권리사항이 기재된다.[303]

304. 등기신청 시 등기관에게 실질적 심사권이 없는 것은 등기의 공신력을 부정하는 하나의 근거가 된다.[304]

305. 부동산거래를 한 사람은 해당 부동산의 등기내용에 대해 악의로 추정되고, 등기를 믿은 사람은 그 믿는 데 있어 무과실로 추정된다.[305]

306. 사실은 부동산을 증여했는데 매매를 등기원인으로 하여 소유권이전등기를 경료했다면 실체관계와 부합하지 않으므로 무효이다.[306]

307. 위조된 문서로 등기신청을 했더라도 현재 등기가 실제 권리관계와 일치하면 그 등기는 완전히 유효하다.[307]

308. 중간생략등기는 부동산등기특별조치법에 의해 형사처벌 대상이므로 현재 권리관계가 등기와 일치하더라도 그 등기는 무효이다.[308]

309. 이미 채무가 모두 변제되어 무효인 저당권 등기를 새로운 채무에 대한 저당권 등기로 유용하는 것은 이해관계인이 없다면 유효하다.[309]

301　O

302　X : 매매계약의 해제로 물권은 매도인에게 자동으로 복귀한다(유인론).

303　X : 부동산의 소재지나 현황에 관한 내용이 기재된다.

304　O

305　O

306　X : 현재 등기명의인은 정당한 권리자이다. 즉, 권리와 등기가 일치한다. 그 원인이 달라도 현재 권리관계가 일치하면 유효한 등기다.

307　O

308　X : 등기가 현재 권리관계와 일치하면 유효한 등기이다. 중간생략등기로 처벌 받는 것은 별개 문제이다.

309　O

[테마 25] 부동산실명법

이른바 '부동산실명법'으로 불리는 법의 정식명칭은 "부동산 실권리자명의 등기에 관한 법률"이다. 타인의 명의를 이용해 부동산등기를 하면서 탈세 등 탈법행위를 막고자 제정된 법이며, 물권(소유권, 지상권, 전세권, 저당권 및 이를 위한 가등기. 단 채권인 임차권 등기는 제외)이 실체권리 관계와 부합하도록 등기제도를 관리하는 것을 주요 내용으로 삼고 있다.

I 법 위반의 효과

1. 등기의 민사적 효력 : 당연 무효이나 제3자 보호

즉, 당사자 사이에서는 실명법 위반으로 당연 무효지만, 대외적으로는 등기를 가지고 있는 수탁자가 완전한 소유자가 된다. 따라서 제3자가 명의신탁을 알았는지와 무관하게(선악불문) 수탁자로부터 완전한 소유권을 이전받을 수 있는 것이다. 내부적 효과와 외부적 효과가 분리되는 현상이 발생하는 예이다.

> **부동산실명법 제4조[명의신탁약정의 효력]** ① 명의신탁약정은 무효로 한다. ② 명의신탁 약정에 따라 행하여진 등기에 의한 부동산 물권변동은 무효로 한다. 다만, 부동산물권을 취득하기 위한 계약에서 명의수탁자가 그 일방당사자가 되고 그 타방당사자는 명의신탁약정이 있다는 사실을 알지 못한 경우에는 그러하지 아니한다. ③ 제1항 및 제2항의 무효는 제3자에게 대항하지 못한다.

2. 행정처분

타인 명의 등기의 경우 부동산가액의 30%에 해당하는 과징금이 부과되고, 과징금 부과일부터 1년이 지난 때 부동산평가액의 10%, 다시 1년이 지난 때에 부동산평가액의 20%를 이행강제금으로 부과한다.

3. 형사처분

명의신탁자는 최고 5년의 징역 또는 최고 2억 원의 벌금, 명의수탁자는 최고 3년의 징역 또는 1억 원의 벌금형에 처해질 수 있다.

| Ⅱ | 명의신탁의 유형과 효력 |

1. 양자 간 명의신탁

A가 자기 소유 주택의 명의를 B에게 돌려놓았다. 이러한 형태를 양자 간 명의신탁이라한다. 강제집행을 회피하는 등의 목적으로 이루어진다. A가 신탁자(명의를 맡기는 사람), B가 수탁자(명의를 받는 사람)이다.

〈양자 간 명의신탁〉

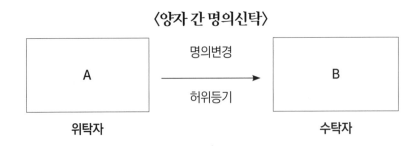

• **무효** : 명의신탁 약정 무효, 등기도 무효, 물권변동도 무효이다.

- **소유권** : 소유권등기는 B 명의지만, 여전히 부동산은 <u>A소유</u>이다.
- **등기일치** : 소유자와 등기를 일치시키려면 A는 부동산등기명의를 자기 앞으로 돌려 놓아야 한다. 그런데, 명의신탁약정이 불법이므로 **명의신탁해제**를 원인으로 등기청구를 할 수는 없다. 이 경우 A는 소유권자로서 소유권에 기한 **방해제거청구권**을 행사하거나, **진정명의회복**을 원인으로 하는 소유권이전등기를 청구해 등기를 회복시킬 수 있다(**반사회질서행위가 아니므로 불법원인급여가 적용되지 않는다는 점은 테마 17에서 설명하였다**).
- **제3자 처분 시** : 등기가 A에게 회복되기 전에 B가 부동산을 타인에게 처분하면 그 획득자는 완전히 유효한 소유권을 취득한다. 대외적으로는 수탁자 B가 완전한 소유자이기 때문이다. 이 경우 A는 B에게 부동산 가액만큼의 부당이득반환을 주장할 수 있을 뿐이다.

2. 중간생략형 명의신탁

A가 D로부터 주택을 구입하면서 명의만 B에게 이전하도록 하는 경우를 중간생략형 명의신탁이라 한다. 부동산실명법에 따르면 반드시 거래 당사자인 A가 부동산 명의를 받아야 하는데 이를 회피한 것이다. A가 신탁자, B가 수탁자이다.

중간생략등기라고 표현하는 것은, 매수인 A가 등기를 받은 다음에 B에게 명의신탁(양자간 명의신탁) 하는 절차를 생략하고 A가 빠진 상태에서 D에서 B로 이전되기 때문이다. 구조상 D가 이를 알고 협조할 수밖에 없는 구조이다. 따라서 D의 선악을 따지지 않고 명의신탁에 의한 법률효과는 무효이다.

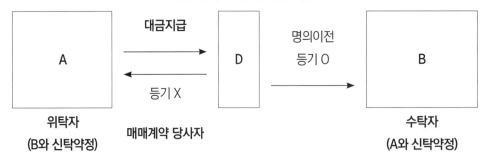

〈중간생략형 명의신탁〉

- **무효** : 명의신탁 약정 무효, 등기노 무효, 물권변동도 무효이다.
- **소유권** : 소유권등기는 B 명의지만, 여전히 부동산은 D소유이다.
- **등기일치** : 따라서 D는 소유권과 등기를 일치시키기 위해서 B에 대해 소유권에 기한 방해제거청구권을 행사하여 이전등기를 말소할 수 있다.
- **A의 조치** : A입장에서는 와 D 사이의 매매계약은 여전히 유효하므로, 만약 D가 등기 회복을 하지 않으면 A는 D를 대위하여 B에 대한 이전등기를 말소하여 D로 등기를 회복시 킬 수 있다. 그 후 D에게 직접 A에게 등기이전 청구할 수 있다. 이는 매매계약에 기한 것이 므로 채권적청구권이다. 위 방법 이외에 A가 B에게 직접 명의이전을 청구할 방법은 없다. 명의신탁 약정이 무효이고 다른 청구근거는 없기 때문이다. 그러나 어떻게든 A에게 등기 가 이전되었다면 권리와 등기가 일치하므로 유효한 등기가 된다(테마 24 참조).
- **제3자 처분 시** : 등기가 B에게 있는 동안 B가 부동산을 타인에게 처분하면 그 획득자 는 선악불문 완전히 유효한 소유권을 취득한다. 대외적으로는 수탁자B가 완전한 소유자 이기 때문이다. 이 경우 A는 B에게 부동산 매매대금만큼의 부당이득 반환을 주장할 수 있 을 뿐이다.

3. 계약명의신탁

A가 B를 전면에 내세워 D로부터 주택을 구입하면서 등기를 B에게 이전하는 경우를 말 한다. A가 신탁자, B가 수탁자이다. 이 경우 명의신탁 약정이 무효라는 사실은 동일하지만

앞의 두 예와 달리 D의 입장에서는 명의신탁 사실을 모르는 경우가 발생할 수 있다. 즉, A가 내세운 B를 진정한 거래 당사자로 인식할 수 있는데, 이때에도 등기가 무효라고 한다면 선량한 D의 입장에서는 예상 못 한 상황에 직면할 수 있다. 따라서 이 경우 D의 선악에 따라 법률효과를 달리한다.

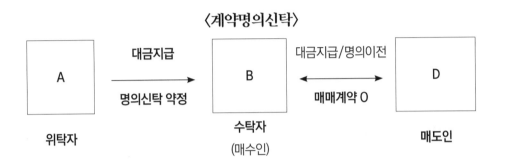

〈계약명의신탁〉

가. D가 선의인 경우 : 매매는 완전히 유효

D가 명의신탁 사실을 모른 경우(선의)에는 매매계약은 유효하다. 따라서 B는 완전한 소유권자가 되고, A나 D에게 소유권을 반환할 필요가 없다. 다만 매수대금은 A가 마련했으므로 A에 대해 매수대금을 부당이득으로 반환해야 한다.

나. D가 악의 : 매매무효

만약 D가 명의신탁을 알았다면(악의) 부동산이전은 무효가 되어 등기가 B에게 있더라도 소유권은 D에게 있다. A와 D가 계약을 체결한 것도 아니므로 A가 D에 대해 부동산 소유권을 달라고 청구할 권리도 없다.

다. B가 제3자에게 처분한 경우

위 어떤 경우이든 수탁자 B가 부동산명의를 가지고 있음을 이용해 다른 사람(C)에게 부동산을 처분한다면 이를 막을 방법이 없다. B로부터 부동산을 매수한 자는 명의신탁 사실을 알았는지 여부를 불문하고(선악불문) 완전한 권리자가 된다. 수탁자 B는 대외적으로 완전한 소유권자이기 때문에 제3자가 명의신탁 사실을 아는지 여부는 계약의 효력에 아무런 영향을 미치지 않는다.

결론적으로, 부동산 명의를 다른 사람에게 돌려놓는 명의신탁의 경우 이를 타인에게 처분하면 막을 방법이 없으므로 부동산을 잃을 각오를 해야만 한다는 것이다.

Ⅲ 부동산실명법 적용 제외

1. 양도담보나 가등기담보

2. 상호명의신탁(구분소유적 공유관계)

부동산의 위치와 면적을 특정하여 2인 이상이 구분소유하기로 하는 약정을 하고 그 구분소유자의 공유로 등기하는 경우[테마 27 참조]

3. 신탁법 또는 자본시장법에 따른 신탁재산

Ⅳ 특례

종중, 배우자(사실혼 배우자 제외), 종교단체의 명의로 등기한 것으로서 조세포탈, 강제집행의 면탈 또는 법령상 제한의 회피를 목적으로 하지 않는 경우에는 명의신탁을 유효로 한다.

310. 무효인 명의신탁을 알고 수탁자로부터 부동산명의를 이전받은 제3자는 보호받지 못한다.[310]

311. 조세포탈 등 불법적 목적이 없다면 부부간 명의신탁은 가능하다.[311]

312. 명의수탁자의 점유는 타주점유이다.[312]

313. 부동산상호명의신탁은 등기의 형태와 실질이 다르므로 부동산실명법 위반으로 무효이다.[313]

314. 계약명의신탁에서 수탁자의 등기는 무효이므로 부동산의 소유권은 매도인에게 복귀한다.[314]

315. 중간생략형 명의신탁에서 수탁자명의의 소유권이전등기는 무효이므로 신탁자에게 소유권이 회복된다.[315]

316. 양자 간 명의신탁에서 수탁자의 소유권취득은 무효이므로 신탁자는 명의신탁해지를 원인으로 등기 말소를 청구할 수 있다.[316]

317. 허용되는 배우자 간의 명의신탁에서 배우자는 사실혼 배우자를 포함한다.[317]

318. 계약명의신탁에서 매도인이 명의신탁 사실을 모른 경우, 수탁자가 부동산을 처분하면 위탁자에 대해 횡령죄의 책임을 진다.[318]

---

310 X : 수탁자로부터 권리를 이전받은 사람은 선악불문 보호받는다.

311 O

312 O : 자주점유는 소유의의사로 점유하는 것, 타주점유는 그 반대이다. 명의신탁의 객관적 법률성격상 수탁자는 소유의 의사로 점유할 수 없다.

313 X : 부동산실명법 적용이 배제되는 구분소유적 공유관계이다.

314 X : 매도인이 명의신탁 사실을 모른 경우(선의) 수탁자는 완전한 소유권을 취득한다. 이 경우 수탁자만이 진정한 권리자이다.

315 X : 원소유자였던 매도인에게 소유권이 복귀한다. 신탁자는 아직 물권자가 아니다.

316 X : 명의신탁은 불법이므로 이를 해지한다는 개념이 없다. 다만 신탁자는 물권자이므로 물권적청구권(방해제거청구권)을 행사하거나 진정명의회복을 위한 등기청구권 행사로 등기를 회복할 수 있다.

317 X : 사실혼배우자는 제외된다.

318 X : 계약명의신탁에서 매도인이 선의인 경우에는 계약이 완전히 유효하므로 매수인이 적법하게 소유권을 취득하므로 이를 처분하더라도 형사책임을 지지 않는다.

제2장 물권각론

[테마 26] 점유/점유권

I 점유

1. 의미 : 물건의 사실상 지배

점유란 반드시 물건을 물리적, 현실적으로 지배하는 것만 의미하는 것이 아니라, 시공관계 및 타인 지배 가능성 등을 고려해 복합적으로 판단한다. 점유에는 점유설정의사가 필요한데 이는 점유라는 상태에 대한 의사이지 어떤 법률효과를 의욕 하는 의사가 아니므로 의사능력이나 행위능력을 요하지 않는다.

2. 점유의 관념화 : 사실성의 예외

가. 점유보조자 - 점유자가 아니다

가사 상, 영업상 기타 유사한 관계에 의하여 타인의 지시를 받아 물건에 대한 사실상의 지배를 하는 때에는 그 타인만을 점유자로 한다. 즉 점유를 지시한 사람만이 점유자이며 점유자의 지시에 따라 현실적으로 점유하고 있는 자(점유보조자)는 법적인 점유자가 아니다.

점유보조자는 점유자가 아니므로 점유보호청구권 즉, 점유권에 기한 물권적 청구권을 행사할 수 없다. 다만 점유침탈 현장에서 즉시 가해자를 배제하거나 추적하여 탈환하는 자력구제권은 행사할 수 있다.

한편 점유보조자는 점유자가 아니므로 점유로 인한 침해자도 되지 못하므로 물권적 청구권의 대상자가 되지 않는다.

나. 간접점유

지상권, 전세권, 질권, 사용대차, 임대차, 임치 기타 관계(점유매개관계)로 타인으로 하여금 물건을 점유하게 한 자는 간접으로 점유권이 있다. 예를 들어 임대차계약에 있어 임차인이 직접점유자라는 점은 분명하고, 이에 더해 임대인도 간접점유권이 있다는 의미이다. 전대차에서는 임대인과 전대인이 간접점유를, 전차인이 직접점유를 한다.

직접점유자와 간접점유자 모두 점유자이므로 점유보호청구권(점유권에 기한 물권적 청구권)이 있다. 이에 더해 직접점유자는 현장에 있기 때문에 점유침탈에 대한 자력구제권도 행사할 수 있다.

3. 점유의 모습

가. 자주점유(추정)와 타주점유

자주점유란 소유의 의사를 가지고 하는 점유를 말하며 그 반대는 타주점유이다. 자주란 소유권에 대한 의사가 아니라 소유자인 것처럼 지배하려는 자연적 의사를 말한다. 예를 들어 절도와 같이 남의 물건을 훔친 사람도 소유에 대한 권리가 없지만 소유의 의사로 점유하는 것이므로 자주점유가 된다.

그런데 자주점유인지 여부에 대한 판단은 내심의 의사가 아닌 외형적 성질에 의해 결정된다. 소유의 의사가 있는지를 사람의 뇌를 열어 확인할 수는 없다는 한계도 있고, 객관화된 판단기준을 마련해야 법적안정성을 유지할 수 있기 때문이다.

예를 들어, 남의 토지 경계를 일부 넘어 점유하는 경우는 자주점유가 가능하지만, 등기된 면적을 상당히 초과하는 토지를 인도받은 경우 당사자가 아무리 초과 부분에 대해 소유의 의사로 점유했다고 해도 이를 그대로 받아들여 자주점유를 인정하는 것은 무리가 따른다. 그렇다면 탐욕과 무지와 오만함이 큰 사람을 오히려 법이 돕는 결과가 될 수도 있다.

자주점유는 추정되므로 이를 깨고 타주점유를 주장하려면 타주점유를 주장하는 사람이 반대 사실을 입증해야 한다. 악의 무단점유(본권이 없음을 알고도 무리하게 타인 물건을 점유하는 경우)는 자주점유의 추정이 깨지고, 진정한 소유자라면 취하지 않을 태도를 보였을 경우(재산세를 납부하지 않거나, 소유자에게 물건을 매도하라고 요구하는 등)에도 자주점유의 추정은 깨어진다.

나. 선의점유(추정)와 악의점유

선의점유란 본권(즉, 점유할 수 있는 실제 권리)이 없음에도 불구하고 있다고 잘못 믿고 하는 점유를 말한다. 악의점유는 본권이 없는지 알고도 점유하는 것을 말한다. 선의점유는 추정되므로 이를 깨려는 자가 반대사실을 증명해야 한다. 다만 선의점유자가 본권에 관한 소에서 패소한 경우에는 그 소가 제기된 때로부터 악의점유로 본다.

선의점유 여부와 점유의 적법여부는 다른 문제이다. 선의점유자라도 타인 소유물을 점유하는 것이 불법행위가 성립할 수 있다. 불법행위가 성립하는 손해배상 책임이 발생한다. 결과적으로 선의점유자는 과실수취권이 있지만 불법점유가 되면 손해배상 의무를 부담할 수 있다.

본권이 있다고 믿는데 고의나 과실이 없으면 무과실 점유라 한다. 무과실점유는 추정되지 않으므로 무과실을 주장하는 쪽이 이를 증명해야 한다.

4. 점유의 효과

가. 점유보호청구권 발생 : 테마 22 참조

나. 점유권의 독립성

• 점유권에 기한 소와 본권에 기한 소는 서로 영향을 미치지 않는다. 즉, 점유권에 기인한 소는 본권에 관한 이유로 재판할 수 없다.
• 점유권은 혼동이나 소멸시효로 소멸하지 않는다.

다. 점유승계

점유자의 승계인은 자기의 점유만을 주장하거나 자기의 점유와 전 점유자의 점유를 아울러 주장할 수 있다(이 경우 하자도 승계). 예를 들어, 1년 동안 점유한 사람으로부터 점유를 승계받아 3년을 점유했다면, 타인에게 3년간 점유를 주장할 수도 있지만 4년의 점유의 효과도 주장할 수 있다. 다만, 4년의 점유를 주장하려면 전 소유자의 1년의 점유의 효력(악의점유, 타주점유 등)도 승계하므로 4년 전체의 점유에 영향을 주게 된다.

단. 상속인은 피상속인의 점유를 법률에 의해 고스란히 승계하므로 피상속인의 점유를 제외하고 자기 고유 점유만 분리하여 주장할 수 없다. 단 새로운 권원(피상속인의 점유가 타주인 경우, 상속인이 별도의 계약으로 점유를 개시한 경우)으로 소유의사로 점유한 경우에는 자기 점유만을 자주점유로 주장할 수 있다.

라. 점유추정

점유는 자주, 선의, 평온, 공연(공공연한 점유), 계속(어느 양 시점에 점유가 있었다면 그 사이 기간은 모두 점유가 계속된 것으로 추정된다), 적법한 것으로 추정되므로 이를 깨려면 반대 사실을 주장하는 사람이 입증책임을 부담한다. 단, 무과실은 추정되지 않으므로 주장하는 사람이 증명해야 한다.

5. 점유자와 회복자의 관계

만약 무권리자가 부동산을 매도하는 등의 문제로 계약이 무효가 되는 경우, 소유자가 점유자에게 물권적청구권을 행사하여 목적물의 반환을 청구할 수 있다. 이때 점유자가 점유 후 반환할 때까지 목적물을 통해 이익(과실)을 얻은 것이 있을 수 있고, 목적물을 훼손했을 수도 있고, 목적물을 고치거나 개량했을 수도 있는데, 이러한 3가지 문제들을 어떻게 정리하는지 민법이 정리해 두고 있다. 여기서 회복자란 소유자 등 회복을 요구하는 당사자를 말한다.

여기서 정리한 내용은 본권이 없이 물건을 점유하는 점유자가 있는 경우에 적용된다. 임차권 등 본권에 의한 점유자의 반환에 대해서는 해당 계약 내용에 따르므로 본 내용은 적용되지 않는다.

가. 선의 점유자의 과실취득

선의, 즉 본권이 있다고 믿은 점유자는 물건의 과실을 취득한다. 선의를 판단하는 기준은 과실에 대해 독립한 소유권이 성립하는 때이다, 즉 천연과실은 원물로부터 분리한 때, 법정과실은 존속한 일수의 비율에 따라 취득한다(테마 3 물건 참조).

악의(폭력, 은비 포함) 점유자는 **과실을 회복자에게 반환**해야 하는데. 만약 소비 또는 잘 못하여 훼손 또는 수취하지 못한 과실은 그 **대가를 보상**해야 한다.

계약해제에서는 민법 제548조가 원상회복의 내용에 관해 규정하고 있으므로 그 규정이 우선 적용된다.

나. 점유자의 잘못으로 목적물이 훼손된 경우 책임

선의이자 동시에 자주점유자는 현존이익의 한도에서 배상책임을 지며, 나머지는 손해 전부에 대한 배상책임을 진다. 점유자의 잘못이 없는 훼손은 당연히 배상책임이 없다.

〈점유태양에 따른 배상의 범위〉

	선의	악의
자주	현존 이익	손해전부
타주	손해전부	손해전부

다. 선악불문 점유자의 비용상환청구권 – 목적물 반환 시

1) 필요비

점유물 보존을 위해 필수적으로 지출한 비용을 회복자에게 청구할 수 있다. 단 점유자가 선의라서 과실을 취득한 경우에는 <u>통상의 필요비</u>는 청구하지 못한다.

2) 유익비

점유물의 가치를 높이기 위해 비용을 지출한 경우, 가액의 증가가 현존하는 한도에서 회복자의 선택에 따라 그 지출금액이나 증가액의 상환을 청구할 수 있다. 필요비와 달리 그 금액이 커서 목적물 반환 즉시 변제하기 어려울 수 있다. 법원은 회복자의 청구에 의해 상당한 상환기간을 허락할 수 있다.

위 비용들은 모두 목적물 자체에 투입되는 비용이므로 유치권이 성립할 수 있다. 다만 유치권은 채권이 변제기에 있어야 하므로 유익비에 있어 법원이 변제기를 연기해 주면 유치권은 소멸된다.

319. 직접점유자의 점유는 자주점유이다.[319]

320. 자주점유는 선의점유와 일치한다.[320]

321. 점유보조자는 점유자가 아니므로 자력구제권이 없다.[321]

322. 점유는 선의, 자주, 평온, 무과실한 것으로 추정된다.[322]

323. 점유자의 회복자에 대한 비용상황청구권은 점유자가 악의인 경우라도 인정된다.[323]

324. 점유자의 잘못으로 목적물이 훼손된 경우 선의점유자는 현존이익만 배상하면 된다.[324]

325. 점유자가 유익비를 지출한 경우 점유자는 지출금액과 가액증가액 중 선택하여 회복자에게 청구할 수 있다.[325]

326. 점유자의 비용상황청구권은 목적물 반환 즉시 청구 가능하지만, 유익비의 경우에는 법원의 허락을 받아 지급기일을 연기할 수 있다.[326]

327. 선의 점유자가 목적물의 과실을 취득한 경우 회복자에 대한 통상의 필요비는 청구할 수 없다.[327]

328. 선의점유자라도 본권에 관한 소에서 패소한 경우 그 판결이 선고된 때부터는 악의 점유자로 간주한다.[328]

329. 점유권은 본권과의 관계에서 혼동으로 소멸하지 않는다.[329]

---

319 X : 직접점유, 간접점유는 임대차 등 점유매개관계에서 발생하는 점유이다. 임대인은 간접점유 임차인은 대표적인 직접점유자이다. 따라서 직접점유자는 간접점유자와 계약관계로 인해 점유할 뿐이므로 본질상 자주점유가 될 수 없다.

320 X : 선의는 본권이 있다고 믿고 하는 점유, 자주는 소유의 의사로 하는 점유이므로 서로 다른 개념이다.

321 X : 점유보조자는 점유자가 아닌 것은 맞다. 그러나 점유주를 위해 침탈현장에서 즉시 탈환을 할 수 있는 자력구제권은 인정된다.

322 X : 무과실은 추정되지 않는다.

323 O : 비용상환청구권은 점유자의 선악을 불문한다.

324 X : 선의이면서 동시에 자주점유인 경우에만 현존이익을 배상하고, 타주점유라면 손해전부를 배상해야 한다.

325 X : 회복자가 선택한다. 점유자가 선택하면 당연히 높은 금액을 청구할 것이며 무리하게 비용을 투입하여 청구금액을 부당하게 높일 여지가 있다. 회복자가 선택하도록 하는 것이 좀 더 합리적 비용에 근접한다.

326 O

327 O

328 X : 소가 제기된 때부터 악의점유자로 간주한다.

329 O : 점유권과 본권은 독립적이다.

330. 매매계약이 해제되면 매수인의 점유는 타주점유로 전환된다.[330]

331. 타인의 부동산임을 알면서 무단으로 점유하고 있는 자의 점유는 타주점유이다.[331]

332. 점유계속의 추정은 동일인이 전후 양 시점에 점유한 것이 증명된 때에 추정된다.[332]

333. 자주점유의 요건인 소유의 의사는 점유권원의 성질에 따라 객관적으로 결정된다.[333]

330　O : 매매계약이 해제되면 반환의무가 발생하므로 더 이상 소유의 의사로 점유하고 있다고 볼 수 없다.

331　O : 악의의 무단점유는 소유의의사로 점유하더라도 타주점유이다.

332　O

333　O

I 소유권이란?

1. 권능

소유권은 물권의 꽃이다. 계약의 꽃이 매매인 것과 대비된다. 세상 모든 사람에게 주장할 수 있는 절대권이자 물건에 대한 직접적 지배를 할 수 있는 권리이다. 소유권은 완전물권으로서 소유물을 사용, 수익, 처분할 권능을 가진다.

> **제211조[소유권의 내용]** 소유자는 법률의 범위 내에서 그 소유물을 사용, 수익, 처분할 권능이 있다.

위 3가지 권능을 모두 갖춘 상태의 소유권을 완전물권이라 표현한다. 또한 이러한 권능은 물권적 청구권에 의해 실현된다. 그런데 이러한 권능은 다른 물권에 의해 제한될 수 있다. 소유권을 제한하는 물권을 제한물권이라 한다. 소유권을 구성하는 사용권능과 수익권능을 제한하는 물권을 용익물권(지상권, 지역권, 전세권)이라 하고 처분권능을 제한하는 물권을 담보물권(유치권, 질권, 저당권)이라 한다.

2. 제한물권과 관계

제한물권에 의해 권능을 제한받은 소유권은 해당 권능에서는 제한물권에 우선할 수 없다. 제한물권자는 해당 권능에서는 소유권자마저 배제할 수 있다. 용익물권자는 소유권자를 배제하고 목적물을 사용, 수익할 수 있다. 소유권자가 방해하면 물권적 청구권을 행사해 소유권자의 방해를 제거할 수 있다. 임대차와 같이 소유자의 배려행위를 요구할 수 있는 채권과의 근본적 차이이다.

구체적으로 설명하면, 임차권은 채권이므로 임차물에 대한 직접지배권이 없고 임대인에게 목적물 사용수익에 관한 지속적 배려를 받아야 한다. 목적물에 하자가 발생하더라도 직접 고칠 수 없고 임대인에게 고쳐 달라고 해야 한다. 만약 임차인이 직접 고치게 되면 그 비용을 임대인에게 청구할 수 있다. 그러나 물권인 전세권은 다르다. 소유자를 배척하고 직접 물건을 지배하는 지배권이므로 목적물사용을 위해 필요한 기초적인 하자는 제한물권자 자신의 비용으로 직접 고쳐야 한다. 즉, 소유권자에 대한 필요비청구권이 없는 것이다.

3. 소유권절대의 원칙과 예외

소유권은 완전물권으로서 세상 그 누구에게도 행사할 수 있는 절대권이며 그 권능의 행사는 아무런 제한을 받지 않는다. 그런데 문제는 소유권과 소유권이 충돌하는 경우이다. 이때는 소유권 상호 간, 확장하면 물권 상호 간의 이해관계를 조율할 필요가 발생한다. 소유권절대원칙의 예외라고 할 수 있는 이러한 조율문제를 우리 민법이 적지 않게 규정하고 있는데 이를 '상린관계'라고 한다. 서로 인접한 소유권자 사이의 이해관계를 정리해 민법에 규정해 놓은 것으로서 결과적으로 법률규정에 의해 소유권이 제한되는 경우이다.

ll   상린관계 : 법률에 의해 소유권 제한

1. 개념

인접 소유권자와 사이에 무한정한 소유권 행사를 조금씩 제한하는 경우를 말한다. 이해를 위한 몇 가지 예만 소개한다.

> **제240조[수지, 목근의 제거권]** ① 인접지의 수목가지가 경계를 넘는 때에는 그 소유자에 대하여 가지의 제거를 청구할 수 있다. ② 전 항의 청구에 응하지 아니한 때에는 청구자가 그 가지를 제거할 수 있다. ③ 인접지의 수목뿌리가 경계를 넘은 때에는 임의로 제거할 수 있다.
>
> **제242조[경계선 부근의 건축]** 건물을 축조함에는 특별한 관습이 없으면 경계로부터 반 미터 이상의 거리를 두어야 한다.
>
> **제243조[차면시설의무]** 경계로부터 2미터 이내의 거리에서 이웃주택의 내부를 관망할 수 있는 창이나 마루를 설치하는 경우에는 적당한 차면시설을 하여야 한다.

상린관계 중에는 현실에 맞지 않은 규정이 많다. 소유권제한에 대한 이해를 위한 범위에서만 공부하는 것을 권장한다. 다만 아래 설명하는 주위토지통행권은 법리적으로도 의미가 있고 실무적으로도 빈번히 문제가 되므로 별도로 설명하고자 한다.

2. 주위토지통행권 - 주로 맹지에서 문제

가. 주위토지통행권

> **제219조[주위토지통행권]** ① 어느 토지와 공로 사이에 그 토지의 용도에 필요한 통로가 없는 경우에 그 토지소유자는 주위의 토지를 통행 또는 통로로 하지 아니하면 공로에 출입할 수 없거나 과다한 비용을 요하는 때에는 그 주위의 토지를 통행할 수 있고 필요한 경우에는 통로를 개설할 수 있다. 그러나 이로 인한 손해가 가장 적은 장소와 방법을 선택하여야 한다. ② 전 항의 통행권자는 통행지소유자의 손해를 보상해야 한다.

도로에 접하지 않은 토지를 맹지라 하는데, 주위토지통행권은 주로 이러한 맹지에서 도로까지 통행하기 위해 맹지를 둘러싼 토지를 통행할 권리를 말한다. 주변 토지 입장에서는 맹지의 통행을 참아줘야 하는 소유권제한을 받게 되는 상린관계의 대표적 예이다. 주로 맹지에서 발생하는 문제이기도 하지만 반드시 맹지가 아니더라도, 즉 이미 통행로가 확보되어 있더라도 통행로의 기능으로 부적합한 경우 추가로 주위토지통행권이 인정될 수 있음을 주의한다(단순히 기존 통행로가 불편하다는 이유만으로 새로운 통행권이 인정되는 것은 아니다). 다만 나중에 충분한 공로가 개설되면 주위토지통행권은 소멸한다.

주위토지통행권은 주위 토지에 대한 통행을 참아주는 소극적 권리이다. 따라서 통행권자가 마치 물권자처럼 소유권자를 배제하고 주위 토지를 배타적으로 점유할 수는 없다. 다만 주위토지통행권을 위해서는 적법하게 설치된 담장의 철거도 청구할 수 있다.

토지이용의 상호조절을 위한 것이므로 소유자, 지상권자, 전세권자 등 적법한 토지사용권자 모두에 적용된다. 또한 통행권자는 토지사용으로 인한 손해(비용)를 주위토지 소유자에게 보상해야 하고, 현재의 토지이용을 위한 것이어야지 장래 이용을 목적으로 미리 통행권을 설정하는 것은 허용되지 않는다.

나. 무상주위토지통행권

주위토지통행권이 인정되는 경우 손해를 보상해야 한다. 다만 같은 소유자의 토지가 분할되거나 같은 소유자의 토지 중 일부가 양도되어 맹지가 된 토지에는 예외적으로 손해를 보상할 필요가 없다. 즉, 무상으로 통행권이 인정된다.

> **제220조[분할, 일부양도와 주위통행권]** ① 분할로 인하여 공로에 통하지 못하는 토지가 있는 때에는 그 토지소유자는 공로에 출입하기 위해 다른 분할자의 토지를 통행할 수 있다. 이 경우에는 보상의 의무가 없다. ② 전 항이 규정은 토지소유자가 그 토지의 일부를 양도한 경우에 준용한다.

이러한 무상주위토지통행권은 직접 분할자 또는 양도당사자 사이에만 적용될 뿐 그로부터 다시 양도된 경우에는 배제됨을 주의하자.

Ⅲ 공동소유

하나의 물건을 2인 이상이 공동으로 소유하는 경우로서, 그 다수인 사이의 인적 결합관계의 정도에 따라 3가지(공유, 합유, 총유)가 있다.

- **공유**는 공유자 사이의 결합력이 제일 약하다. 결합력이 약하다는 의미는 공유지분 자체의 독립성이 강하다는 것이며 지분의 양도성과 재산적 가치가 높다는 의미이다. 공유는 공유자 사이의 약정 또는 법률규정(공동상속 등)에 의해 발생한다.

- **합유**는 공유자 사이의 결합력이 제일 강하다. 결합력이 강하다는 의미는 지분 자체의 독립성은 약하다는 것이며, 양도가 어렵다는 것이다. 합유는 주로 **동업(조합계약) 관계에서 발생**하는 소유형태인데, 공동사업 목적을 중심으로 결합하여 있기 때문에 지분 자체의 양도성은 제한적일 수밖에 없다. 합유지분 양도는 동업관계를 깨는 것이기 때문이다.

- **총유**는 교회, 문중 등 비법인사단이 단체로서 갖는 소유형태이다. 지분은 존재하지 않고 소유의 취지가 사용수익에 집중되어 있으며 집단적인 관리가 그 특징이다.

1. 공유

가. 성격

1) 지분의 독립성과 관념성

공유는 인적 결합관계가 없는 지분형태의 독립된 소유권의 집합이다. 지분은 물리적인 것이 아니라 관념적이다. 따라서 분할을 하더라도 지분정리를 하지 않으면 각 분할된 부동산에 각 지분이 공유형태로 잔존한다. 예를 들어, 공유지분이 1/2씩이라면 해당 부동산에 관념적으로 1/2씩 권리가 섞여 있는 것이다. <u>물리적으로 특정 위치를 1/2씩 나누어 갖는다는 의미가 아니다.</u> 만약 토지를 물리적으로 반으로 나눈다고 하더라도, <u>각각 반으로 나눈 토지에 1/2씩의 지분이 다시 관념적으로 존재할</u> 뿐 공유자에게 단독소유권이 인정되는 것이 아니다.

〈공유관계〉

A지분(1/2), B지분(1/2)

```
ABBABAAAAABBBBAABBABABAABBAAAAB
BAABBBBABABAAABABABABBBAAABABAB
ABBABABABABBAABABABABABABABABABA
BABABABABABABABABABABABABABABBBB
BAAABABABABABABABABABABABABABBBA
BABABABABABABABABABABABAABBBABABAB
ABABABAABABABAABABABAABABABABAB
ABABABABABABABABABABABABABABABAB
ABABABABABABABABABABABABABABABAB
ABABABABABABABABABABABABABABAB
ABABABABABABABABABABABABABABABAB
ABABABABABABABABABABABABABABABAB
AABABABABABABABABABABABABABABABA
```

토지를 물리적으로 아무리 잘게 쪼개어도, 그 조각에 1/2씩의 지분이 다시 관념적으로 존재한다. 마치 자석을 잘게 잘라도 각 조각에 N극과 S극이 있는 것과 유사하다. 지분을 물리적으로 일치시키기 위해서는 지분을 각 구분된 토지로 이동시켜 정리해야 한다.

2) 지분비율 : 균등추정

지분비율에 특별한 정함이 없으면 균등한 것으로 추정된다. 만약 지분율이 다르더라도 지분등기를 하지 않으면 실제 지분을 제3자에게 주장하지 못한다.

3) 지분양도의 자유

지분은 자유롭게 처분할 수 있다. 다른 공유자의 동의는 필요 없다.

4) 지분의 탄력성

공유자가 지분을 포기하거나 상속인 없이 사망한 때에는 그 지분은 다른 공유자에게 각 지분의 비율로 귀속한다.

나. 내부관계

1) 보존행위 : 각자

공유물 전체에 대해 공유자가 각자 보존행위를 할 수 있다. 예를 들면, 공유물 무단 점유자에게 퇴거를 요구하는 소송에 있어 공유자 중 1인이 단독으로 원고가 될 수 있다. 다른 공유자의 동의는 필요 없다. 다른 공유자에게 이익이 될 뿐 손해가 되는 일이 아니기 때문이다.

2) 사용/수익행위 : 지분 비율

공유자는 공유물 전부를 지분의 비율로 사용, 수익할 수 있다. 예를 들어, 임대료 100만 원인 임차물에 대해 공유 지분 1/2을 가진 공유자는 50만 원의 임대료 수입에 대한 권리가 있다.

3) 관리행위 : 지분 과반수

관리행위는 지분의 과반수로써 결정한다. 예를 들어, 공유물 임대의 경우 과반수 지분권자는 단독으로 임대차계약이 가능하다. 과반수 지분권자와 체결한 임대차 계약은 임차물 전부에 대해 유효하다는 의미이다. 다만 임대료는 지분비율로 나눠야 한다. 수익행위에 해당하기 때문이다.

4) 처분/변경 : 공유자 전원 동의

공유자는 다른 공유자의 동의 없이 공유물을 처분하거나 변경할 수 없다. 즉, 처분이나 변경은 공유자 전원의 동의가 필요하다.

5) 비용부담

공유물에 투입되는 비용은 지분의 비율로 부담한다. 위 의무를 1년 이상 지체한 때에는 다른 공유자는 상당한 가액으로 지분매수를 청구할 수 있다. 이 경우 지분매수청구권은 형성권이다.

다. 공유물분할

공유물에 대한 분할청구는 자유이다. 단 공유자들은 5년 이내의 기간으로 분할하지 않을 것을 약정할 수 있다(5년 이내에서 갱신가능). 다만 공용부분이나 경계표에 대해서는 분할이 금지된다. 협의분할이 불가능한 경우 법원에 이를 청구할 수 있다. 공유물분할청구소송은 대표적인 형성소송이며, 그 판결에 따른 물권변동은 등기 없이 이루어진다(제187조). 공유물분할소송에서 분할방법은 현물분할이 원칙이지만 현물분할이 적절치 않은 경우 경매를 하여 그 대금을 분할한다.

라. 구분소유적 공유관계

1) 관념적 지분과 물리적 현황의 관계

앞서 언급했듯이 공유지분이란 물리적인 것이 아니라 관념적이다. 예를 들어 어떤 토지를 A와 B가 1/2 지분씩 공유하고 있다 하더라도 물리적으로 토지를 반씩 나눠 소유하는 것이 아니다. 만약 공유지분에 맞게 물리적으로 토지를 점유하거나 소유하기 위해서는 관념적 형태의 공유지분을 분할의 절차를 거쳐 물리적 상태와 일치시켜야 한다. 그 절차를 대략 설명하면 다음과 같다.

우선 하나의 토지를 지분에 따라 나눈다. 토지에 가상의 선을 그려 필지를 분할하는 것이다. 필지가 분할되면 각 분할된 필지에 따로따로 지번이 부여된다. 하나의 토지가 2개로 나뉜 것이다. 그런데 이렇게 분할된 토지는 각각 다시 1/2 지분의 형태로 공유된다. 이 상태에서 지분정리를 하는데, 분할된 토지의 한쪽에는 A의 지분을 모두 모으고, 다른 토지에는 B의 지분을 모으는 방식이다. 참고로 이렇게 공유지분을 서로 이전하는 의무는 동시이행관계이다.

이러한 절차가 완료되면 A와 B가 1/2씩 관념적으로 공유하던 하나의 토지는 A의 단독소유 토지와 B의 단독소유 토지로 분할된다. 비로소 지분과 물리적 현황이 일치하는 것이다.

2) 구분소유적 공유

위와 같은 분할절차는 매우 간결하기는 하지만 절차가 복잡하고 시간과 비용이 많이 소요된다. 공유관계는 비록 지분이 독립성이 있기는 하지만 공유자는 완전히 무관한 사람보다 서로 친분이 있거나 일정한 연관이 있는 경우가 많다. 따라서 서로 협의하에 토지를 활용하고 분할절차는 처분할 때나 기타 필요한 경우 진행하면 시간과 비용을 절약하고 효율적으로 토지를 이용할 수 있는 것이다.

예를 들어, 형제관계인 A와 B가 토지를 1/2씩 공유하면서 분할절차는 진행하지 않고 그대로 두고, 다만 A와 B 사이의 합의로 토지의 면적과 위치를 특정해 각각 자기 영역에서 건물을 짓거나 농작물을 심는 등 독립적으로 이용하는 것이다.

결국, 각 자기가 점유하는 부분의 법적 소유관계는 1/2씩 지분이 섞여 있는 것이다. 대외적으로는 여전히 토지 전체가 공유이지만 당사자 사이에서는 물리적으로 경계를 지어 이용하는 결과가 된다. 이것을 구분소유적 공유관계라 한다.

결국 법적인 지분관계와 실제 이용관계가 일치하지 않게 되지만 이는 토지의 효율적인 이용을 위한 것이지 토지의 현황과 등기를 불일치 시켜 조세포탈 기타 불법행위를 의도한 것이 아니다. 따라서 구분소유적 공유관계는 부동산실명법 위반(상호명의신탁)이 아니다.

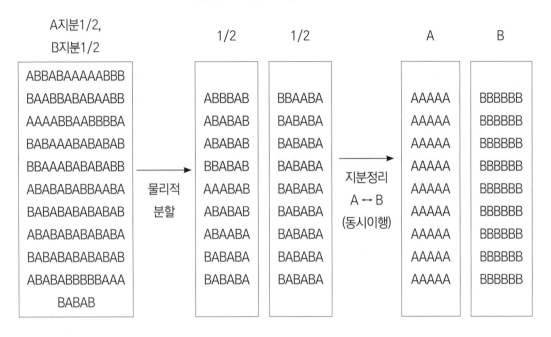

〈공유관계, 분할, 지분정리〉

* 완전히 분할절차를 거치지 않고 당사자 사이의 약정으로 물리적으로 위치와 면적을 정하여 점유하는 경우, 각 위치의 토지는 여전히 관념적으로는 공유관계가 유지된다. 이를 구분소유적 공유관계라 한다. 이때 각 지분에 관하여는 '상호명의신탁' 관계가 성립하는데 세금포탈 등 불법적 목적이 아니므로 부동산실명법에서 금지하는 명의신탁은 아니다[테마 25 참조].

* 구분소유적 공유관계를 정리하여 분할절차를 완료하는 과정에서 각 토지에 있던 지분을 교환(A ↔ B)하는 의무는 각 동시이행관계이다[테마 6 참조].

2. 합유

가. 성격

합유는 동업관계에서의 소유관계를 말한다. 합유도 지분의 개념은 있으나 공유지분과

같이 독립적이지 않고 공동목적을 위해 결합하여 있어 합유자 전원의 동의 없이는 <u>합유처</u>
<u>분의 자유가 없다</u>는 점이 공유지분과 큰 차이점이다.

조합원이 사망한 경우 그 조합원은 탈퇴하고 조합원의 지위는 상속되지 않는다. 동업자
가 사망하면 동업관계는 종료되는 것이지 상속인이 동업관계를 유지하는 것이 아니기 때
문이다. 공유지분이 독립적인 가치를 가지고 상속되는 것과 다르다. 한편 합유자 중 일부
가 사망한 경우 해당 부동산은 잔존 합유자의 합유로 귀속된다.

나. 내부관계

1) 보존행위

보존행위는 합유자 각자 할 수 있다. 공유와 동일하다.

2) 처분/변경

다른 합유자의 동의 없이 합유물을 처분 또는 변경할 수 없다. 즉, 전원의 동의가 있어야
만 합유물을 처분 또는 변경할 수 있다. 이는 공유와 동일하지만 동업관계라는 특성상 그
처분과 변경은 더욱 제약이 크다. 동업이 해소되는 결과까지 감수해야 하기 때문이다.

다. 합유물분할

공유는 분할청구가 자유롭지만 합유물분할은 금지된다. 공동목적을 위한 소유이므로
분할을 청구하는 것 자체가 합유관계를 해소하는 것이기 때문이다. 합유관계를 종료하기
위해서는 조합체를 해산하여(즉, 동업관계를 해소하고) 청산절차를 거쳐야만 한다.

3. 총유

가. 성격

총유는 교회나 종중 등 비법인 사단의 구성원(사원)이 집합체로서 물건을 소유하는 형태이다. 공유나 합유와 달리 지분개념은 존재하지 않는다. 교회 신도가 교회건물에 대해 지분이 없는 것을 생각해 보면 이해가 쉽다.

나. 내부관계

1) 보존행위/관리행위/처분행위 : 사원총회 결의

사원총회 결의에 따른다. 교회는 공동의회, 종중은 종중총회 등이다.

2) 사용/수익 : 각자

정관 기타 규약에 따라 각 사원(구성원)이 자율적으로 한다. 교회 교인이 교회건물이나 교회 재산을 각 지위와 임무에 따라 자유롭게 이용하는 것을 생각하면 이해가 쉽다.

다. 총유분열의 문제

총유관계는 비법인사단의 구성원(사원) 지위에 따라 발생하고 소멸한다. 예를 들어 교회 재산(종중이나, 기타 법인에 이르지 않은 단체)에 대해서는 교인의 지위가 있는 동안 일정한 질서에 따라 자율적으로 이용할 수 있다. 그러나 교회에서 탈퇴하여 교인자격을 잃으면 이러한 지위를 상실하는 것이다. 일부 교인이 탈퇴한 경우 교회재산의 소유관계는 나머지 교인들의 총유가 되는 것이다.

그런데 교인들이 교회를 탈퇴하지 않고 분열이 되었다면 문제는 달라진다. 교인의 지위를 유지한 상태에서는 아무리 교회가 분열되더라도 교회 재산은 모든 교인의 총유가 된다. 소수파와 다수파가 존재하더라도 다수파의 단독소유가 되는 것도 아니다. 여전히 공동의회 등 총회를 통해 재산관리를 해야 하며, 교인들은 단독으로 자율적으로 총유물을 이용할 수 있다. 다수파라 하더라도 다른 교인의 교회 출입을 방해하거나 일부 교인의 사용을 배제할 수 없다.

334. 공유, 합유, 총유는 지분이 있다는 점에서는 동일하다.[334]

335. 합유지분은 함부로 처분할 수 없으나 공유지분은 독자적으로 양도 및 처분이 가능하다.[335]

336. 공유지분은 단독으로 처분이 가능하지만 공유물은 공유자 전원의 동의 없이는 처분할 수 없다.[336]

337. 총유물에 대한 보존행위는 각 구성원이 자율적으로 할 수 있다.[337]

338. 공유물은 분할이 가능하지만 합유물은 합유관계를 청산하지 않고는 분할할 수 없다.[338]

339. 구분소유적공유관계를 정리하기 위해 각 공유자의 지분을 교환하는 의무는 동시이행관계이다.[339]

340. 토지의 공유지분이 각 1/2이라는 의미는 토지의 특정 위치를 1/2씩 공유한다는 의미이다.[340]

341. 3/5지분을 가진 공유자는 목적물 전체를 단독 임대할 수 있다.[341]

342. 인접지의 수목 뿌리가 경계를 넘은 경우 소유자에게 제거를 요구하지 않고 직접 제거해도 된다.[342]

343. 주위토지통행권은 주위 토지 소유자의 권리제한이 되므로 무상 통행권은 인정될 수

---

334 X : 총유는 지분이 없다.

335 O

336 O

337 X : 사원총회 결의에 따른다.

338 O : 합유물은 동업관계 유지를 위한 재산이다. 합유물을 분할한다는 것은 동업을 더 이상 하지 않겠다는 뜻이다.

339 O : [테마 6] 동시이행항변권 참조

340 X : 공유지분은 물리적 개념이 아니라 관념적 개념이다. 화학적으로 각 당사자의 지분이 공유지분의 비율로 혼재되어 있다는 의미이다. 이를 물리적비율과 일치시키기 위해서는 공유물분할절차를 거쳐야 한다. 공유물분할절차를 거치지 않고 당사자가 각 지분에 따른 비율로 물리적으로 위치와 면적을 특정해 사용하는 것을 '구분소유적 공유관계'라 한다.

341 O : 과반수 지분권자는 공유물 전체를 관리할 수 있다. 다만 수익은 지분비율로 취하므로 임대료 중 3/5을 취하고 나머지는 다른 공유자에게 지급해야 한다.

342 O : 제240조. 수목 가지는 소유자에게 제거를 먼저 요청해야 한다.

없다.[343]

344. 만약 맹지에서 공로로 연결된 통행로가 있다면 그 통행로가 통행에 부적합하더라도 다른 통행로를 통한 주위토지통행권을 주장할 수 없다.[344]

345. 주위토지통행권은 인접지 토지를 최소한의 범위에서 이용하는 권리이므로 만약 통행로 상에 담장이 있더라도 이를 철거할 권리는 없다.[345]

346. 주위토지통행권은 현재의 토지이용을 위해 주변토지의 소유권에 최소한의 제한을 두는 권리이므로 미래에 필요한 통행권을 미리 확보하기 위해서는 행사할 수 없다.[346]

---

343 X : 분할과 일부양도로 인해 맹지가 된 경우에는 무상통행권이 인정된다.
344 X : 다른 통행로가 있더라도 그 기능이 충분하지 않다면 주위토지통행권이 인정될 수 있다.
345 X : 통행을 위해 필요하다면 담장을 철거할 수도 있다.
346 O

[테마 28] 지상권

타인의 토지를 이용하는 방법으로는 채권적 방법과 물권적 방법이 있다. 채권적 방법은 계약법상 임대차가 대표적인 예이다. 임대인의 지속적 배려행위를 요구하는 형태로 타인의 토지를 이용하는 것이다. 이와 달리 물권적 방법은 소유권자를 배제하고 직접 물건을 지배하는 방법이다. 물권법상 용익물권(지상권, 지역권, 전세권)이 그것이다. 어떤 방법을 선택할지는 용익의 목적과 내용에 따라 당사자가 선택할 문제이다. 임대차에 대해서는 [테마 13] [테마 14] [테마 15]에서 다루며 여기서는 대표적인 토지 용익물권인 지상권에 대해 다룬다.

I 지상권이란?

제279조[지상권의 내용] 지상권자는 타인의 토지에 건물 기타 공작물이나 수목을 소유하기 위하여 그 토지를 사용하는 권리가 있다.

지상권은 최단기간만 정해 놓았고 그것도 지상목적물에 따라 30년(견고건물, 수목), 15년(일반건물), 5년(공작물) 등 매우 장기간이기 때문에 토지를 매수하지 않고 장기간 건물이나 수목을 소유하기 위한 경우 지상권이 유용하다.

위 제279조에 지료 언급이 없는 것을 통해 알 수 있듯이 지상권 성립에 '지료'는 필수요소가 아니다. 임대차에 있어 임대료, 전세권에 있어 전세금 등이 필수요소인 것과 다른 점이다. 다만 당사자가 지료를 정해 유상으로 지상권을 설정하는 것은 무방하다. 지료를 정한 경우 각 당사자는 세금이나 경제사정 변동으로 지료가 상당하지 않은 경우 상대방에 대해 증액 또는 감액을 청구할 수 있다(제268조).

II 종류

1. 법률행위에 의한 취득(제186조)

지상권설정계약 + 등기

2. 법률규정에 의한 취득(제187조) : 법정지상권

법정지상권은 그 취득에는 등기가 필요 없다(제187조). 다만 처분하려면 반드시 등기해야 한다.

토지와 건물(입목)이 동일 소유자에게 속한 상태에서 아래의 상황이 발생한 경우 법정지상권이 성립한다.

가. 민법 제305조

건물에 대하여만 전세권을 설정한 후 토지소유자가 변경된 때에는 전제권설정자(건물소유자)에게 지상권이 성립한다.

나. 민법 제366조, 가등기담보법 제10조 등

제366조[법정지상권] 저당물의 경매로 인하여 토지와 그 지상건물이 다른 소유자에 속한 경우에는 토지소유자는 건물소유자에 대하여 지상권을 설정한 것으로 본다. 그러나 지료는 당사자의 청구에 의하여 법원이 이를 정한다.

어느 한쪽 또는 양자에 저당권이 설정된 후 그 실행으로 소유자가 달라지는 경우, 건물소유자에게 지상권이 성립한다. 저당권이 가등기담보권, 양도담보권, 매도담보권인 경우도 마찬가지다.

다. 입목법 제6조

경매로 소유자가 다르게 되면 입목 소유자에게 지상권이 성립한다.

3. 관습법상 법정지상권

동일 소유자에 속하는 토지와 건물 중 어느 하나가 처분되어 소유자를 달리하는 경우, 건물 철거 특약이 없는 한 건물소유자가 관습법상 법정지상권을 취득한다. 관습법상 법정지상권은 물권이므로 취득 당시의 토지소유자나 이로부터 소유권을 취득한 전득자에 대해서도 등기 없이 대항할 수 있다.

다만 관습법상 법정지상권을 제3자에게 처분하려면 등기해야 한다. 등기 없이 건물을 처분하면 양수인은 관습법상 법정지상권을 승계하지 못하므로 지상권은 원래 지상권자에게 유보되어 있다. 다만 등기에 의해 건물을 양수받은 자는 종된 권리도 함께 이전하므로 양수인은 등기 없이도 관습법상 법정지상권을 승계하게 된다.

[처분과 관련한 효과 정리]

- **지상물 소유자의 법정지상권 취득** : 등기 없이 취득
- **토지소유자가 변경된 경우** : 변경된 소유자에게 등기 없이 대항
- **지상물의 소유권을 등기 없이 승계** : 지상권은 승계 못함. 따라서 이전 지상권자에게 지상권 유보. 지상권을 승계하려면 이전 소유자가 등기한 후 현재 지상권 승계자에게 이전 등기해야 함.
- **지상물의 소유권을 등기와 함께 승계** : 지상권은 지상물의 종된 권리이므로 등기 없이도 당연히 같이 승계.

4. 특수지상권

가. 분묘기지권 : 다음 경우 타인 토지에 분묘 설치 권리 발생

· 토지소유자 승낙받아 설치한 분묘
· 승낙 없이 분묘 설치 후 20년간 평온,공연히 점유한 경우 시효취득
· 토지 소유자가 분묘 설치 후 토지 처분 시(분묘 이장한다는 특약 없는 경우)

분묘기지권은 지상권과 유사한 관습상이 물권이다. 오지 현존하는 분묘 소유를 위해서만 토지를 사용할 수 있을 뿐 가묘를 위한 분묘기지권은 인정되지 않는다.

분묘기지권은 분묘를 수호하고 봉사하는 데 필요한 범위까지 미치고, 존속기간에 약정이 없으면 수호와 봉사를 계속하는 한 분묘기지권은 존속한다. 분묘기지권에 관한 지료도 특약이 없으면 인정되지 않는다.

나. 구분지상권

건물 기타 공작물을 소유하기 위해 타인의 토지의 지하 또는 지상의 공간을 그 상하의 범위를 정하여 사용하는 권리를 말한다.

III 존속기간

1. 최단존속기간만 있다(영구 지상권 가능)

- 견고한 건물이나 수목 : 30년
- 기타 건물, 공작물의 종류나 구조가 정해지지 않은 경우 : 15년
- 건물 이외 공작물 : 5년

2. 존속기간 정하지 않더라도 위 최단기간이 보장된다

3. 존속기간 만료 시

가. 계약갱신청구권

지상권이 존속기간 만료로 종료하였는데 지상물이 현존한다면 지상권자는 지상권설정자에 대해 지상권 계약갱신을 청구할 수 있다. 이러한 계약갱신청구권은 형성권이 아니다. 즉, 지상권설정자는 계약갱신을 거부할 수 있다. 계약이 갱신되면 지상권의 최단존속기간이 보장된다.

나. 지상물매수청구권

소유자가 계약갱신을 거부하는 경우 지상권자는 지상권설정자에 대해 지상물매수청구권을 행사할 수 있다. 지상물매수청구권은 형성권이다. 즉, 행사 즉시 지상물에 대한 매매계약이 성립한다. 지상물매수청구권은 계약기간 종료 시 계약갱신이 거부되었을 때 행사하는 권리이므로, 지상권이 2년간 지료지급을 지체하거나 기타 채무불이행으로 해지된 경우에는 행사할 수 없다. 지상물매수청구권은 강행규정으로서 이를 배제하거나 지상권자에게 불리한 내용의 특약을 하더라도 지상권자가 무효를 주장할 수 있다.

IV 지상권 소멸

1. 지료 미지급에 의한 소멸청구

제287조[지상권소멸청구권] 지상권자가 2년 이상의 지료를 지급하지 아니한 때에는 설정자는 지상권소멸을 청구할 수 있다.

제288조[지상권소멸청구와 저당권자에 대한 통지] 지상권이 저당권의 목적인 때 또는 그 토지에 건물, 수목이 저당권의 목적이 된 때에는 지상권 소멸청구권은 저당권자에게 통지한 후 상당한 기간이 경과함으로써 그 효력이 생긴다.

소멸청구 대상이 되는 2년 이상의 지료는 체납된 지료액이 통산하여 2년분 이상이라는 뜻이지 연속하여 2기라는 뜻은 아니다. 그런데 만약 지상권이 존속하고 있는 상태에서 토지 소유자가 변경된 경우, 전체 체납된 지료가 2년 이상이지만 새로운 소유자에 대해서는 2년분에 해당하지 않은 경우에는 지상권소멸청구권을 행사할 수 없다. 새로운 소유자에 대해 전체 체납지료가 2년분 이상이어야 한다.

2. 지상물수거의무와 매수청구권

> **제285조[수거의무, 매수청구권]** ① 지상권이 소멸한 때에는 지상권자는 건물 기타 공작물이나 수목을 수거하여 토지를 <u>원상에 회복하여야</u> 한다. ② 전 항의 경우에 지상권설정자가 상당한 가액을 제공하여 그 <u>공작물이나 수목의 매수를</u> 청구한 때에는 지상권자는 정당한 이유 없이 이를 거절하지 못한다.

3. 유익비상환청구권

지상권은 물권이므로 필요비는 직접 부담한다. 그러나 유익비는 토지소유자에게 부당이득이 되므로 지상권자가 그 반환을 요구할 수 있다.

347. 지상권은 최장존속기간의 제한만 있다.[347]

348. 2년 이상의 지료가 연체된 경우 지상권설정자는 지상권 소멸을 통고할 수 있는데 이 경우 지상권자의 지상물매수청구권은 인정되지 않는다.[348]

349. 지상권의 존속기간을 정하지 않은 경우에는 영구지상권이 성립한다.[349]

350. 토지와 건물이 동일 소유자에게 속하는 경우 건물에 대하여만 전세권을 설정한 후 토지소유자가 변경된 때에는 전세권설정자에게 지상권이 성립한다.[350]

351. 지료지급은 지상권의 성립요건이 아니다.[351]

352. 지상권설정 당시 지상에 건물 기타 공작물이 없더라도 지상권 성립에는 영향이 없다.[352]

353. 지상권자가 지료를 1년 동안 연체한 상태에서 토지의 소유권이 양도된 경우, 지상권자가 새로운 소유자에게 다시 지료를 1년 연체하면 새로운 소유자는 지상권의 소멸을 청구할 수 있다.[353]

354. 지상권자의 계약갱신청구권과 지상물매수청구권은 형성권이다.[354]

355. 지상권이 소멸한 경우 지상권자는 토지를 원상회복해야 하는데 이때 지상권설정자가 상당한 가액을 제공하여 그 공작물이나 수목의 매수를 청구하는 경우 지상권자는 정당한 이유 없이 거절하지 못한다.[355]

---

347 X : 최단존속기간만 있다. 최장기간 제한이 없어 영구지상권도 가능하다. 따라서 지상물을 소유하기 위한 토지용역관계에 있어 장기간 이용에 유익하다.

348 O : 지상물매수청구권을 행사하려면 계약갱신권을 행사한 후 거절된 경우라야 하는데, 2년 이상 지료연체를 한 경우에는 계약갱신청구권 행사를 할 수 없으므로 지상물매수청구권을 행사할 여지가 없다.

349 X : 존속기간을 정하지 않은 경우 법이 정한 최단기간(5년, 15년, 30년)이 적용된다.

350 O : 305조에 의한 법정지상권

351 O : 무상지상권이 가능하다.

352 O

353 X : 현재의 소유자에 대해 2년간 지료를 연체해야 한다.

354 X : 계약갱신청구권은 형성권이 아니다. 따라서 지상권자의 계약갱신청구권에 대해 소유자는 거절할 수 있다. 이렇게 거절당한 경우 지상권자는 지상물매수청구권을 행사할 수 있고 이는 형성권이므로 청구권 행사 즉시 지상물매매계약이 체결되어 버리고 소유자는 이를 거절할 아무런 권리가 없다.

355 O

356. 지상권자는 지상권설정자에 대해 자신이 지출한 필요비를 청구할 수 있다.[356]

357. 타인의 토지에 승낙 없이 분묘를 설치한 후 20년간 평온, 공연히 점유한 경우에는 분묘기지권을 시효로 취득한다.[357]

358. 지상의 공간은 상하의 범위를 정하여 공작물을 소유하기 위한 지상권의 목적으로 할 수 있다.[358]

359. 지료가 등기되지 않은 약정지상권이 타인에게 매도되어 이전등기된 경우 지료증액청구권이 발생하지 않는다.[359]

360. 법정지상권자는 그 지상권을 등기하여야 지상권을 취득한 당시의 토지소유자로부터 토지를 양수한 제3자에게 대항할 수 있다.[360]

361. 동일인 소유의 건물과 토지가 매매로 인하여 서로 소유자가 다르게 되었으나 당사자가 그 건물을 철거하기로 합의한 때에는 관습법상 법정지상권이 성립하지 않는다.[361]

362. 무허가 건물이나 미등기건물을 위해서도 관습법상 법정지상권이 인정될 수 있다.[362]

363. 분묘기지권을 시효로 취득한 경우 시효취득자는 토지소유자에게 지료를 지급해야 한다.[363]

364. 지상권이 설정된 토지를 양수한 자는 지상권자에게 그 토지의 인도를 청구할 수 없다.[364]

365. 건물을 위한 법정지상권이 성립한 경우 그 건물에 대한 저당권이 실행되면 경락인은 등기해야 법정지상권을 취득한다.[365]

---

356 X : 지상권은 물권이며 소유자도 배제하고 직접 물건을 지배한다. 따라서 필요비는 물권자가 지출해야 하며 이를 소유자에게 지급해 달라고 할 수 없다. 이와 달리 유익비는 소유자의 입장에서는 부당이득이 되므로 이를 청구할 권리가 있다.

357 O

358 O : 구분지상권

359 O : 지상권성립에 지료는 요건이 아니다. 지료약정은 등기해야 지상권양수인에게 주장할 수 있다.

360 X : 법정지상권을 취득한 경우 이는 물권이므로 등기 없이 모든 사람에게 주장할 수 있고, 토지소유자가 변경되든 말든 그 효력은 아무런 영향이 없다. 법정지상권을 등기해야 하는 것은 이를 양도할 때 양도등기를 위해 우선 등기가 필요한 것이다.

361 O : 관습법상 법정지상권은 건물 철거 합의가 없는 경우 성립한다.

362 O

363 X : 특별한 약정이 없는 한 분묘기지권에 지료가 인정되는 것은 아니다.

364 O

365 X : 건물의 소유권을 취득하는 즉시 종된 권리는 지상권도 당연히 취득한다.

366. 법정지상권자가 지상건물을 제3자에게 양도한 경우 제3자는 그 건물과 함께 법정지상권도 당연히 취득한다.[366]

367. 법정지상권이나 관습법상 법정지상권이 성립한 후에 건물을 개축 또는 증축하는 경우는 물론 건물이 멸실되거나 철거된 후에 신축하는 경우에도 법정지상권은 성립하지만 그 범위는 구건물을 기준으로 한다.[367]

368. 관습법상 법정지상권이 있는 건물을 등기 없이 처분하였다면 건물의 양수인은 관습법상 법정지상권을 승계하지 못하므로 대지 소유자에게 관습법상 법정지상권을 주장할 수 없다.[368]

369. 저당권설정자가 담보가치의 하락을 막기 위해 저당권자에게 지상권을 설정해 준 경우 피담보채권이 소멸하면 그 지상권도 소멸한다.[369]

---

366 X : 법정지상권자는 이를 등기한 후 양도해야 한다.
367 O
368 O
369 O

용익물권 3가지(지상권, 지역권, 전세권) 중 지역권은 시험에도 종종 출제되지만 현실에서 이용되는 예가 드물어 과감히 배제하였다. 전세권도 과거에는 채권인 임대차의 한계로 인해 중요한 지위를 누리고 있었지만, 채권이 물권화되는 과정에서 특별히 보호가 필요한 주택과 상가건물임대차가 특별법에 의해 물권보다 더욱더 강하게 보호되고 있어 전세권의 실무적 중요성은 매우 줄어들었다. 그래서 전세권을 과연 학습범위에 포함할지 고민이 많았다.

그런데 전세권은 비록 용익물권이지만, 전세금의 우선변제권이라는 특성으로 인해 담보물권적 성격을 겸하고 있으며, 재산권을 이해하는 데 있어 법리적 중요성은 더욱더 깊어진 것이 사실이다. 그래서 전세권은 실무적 활용도와 무관하게 학습범위에 포함시켰다. 다만 이를 현실에 이용한다기보다 민법을 이해하는 범위에서 또는 용익물권과 담보물권의 기수지역에 있는 권리로서의 의미에 집중하면 학습실익이 높을 것으로 보인다. 이러한 범위에서 테마에 포함시켰다.

I 용어의 정리

우리는 '전세'라는 용어에 익숙해 있다. 타인 소유 주택에 세 들어 사는 것을 우리는 오랜 기간 '전세'라는 표현을 사용해 왔다. 그러나 이는 법률용어와 차이가 있다. 우리가 일상에서 사용하는 '전세'라는 말을 대부분 물권인 '전세권'이 아니라 채권인 '임대차'이다. 전세권이 아닌 이상 전세금이라고 지급하는 돈은 전세금이 아니라 보증금이다.

전세권을 물권이므로 반드시 전세약정 + **전세금** 교부 + 전세권 **등기**를 갖춰야 한다. 특히 물권은 공시되어야 하므로 전세권이 성립하려면 전세권 등기가 되어야 한다. 등기가 되지 않으면 전세권이 아니라 임대차이다. 별도의 월세(차임) 없이 전세금만 지급되었다 하더라도 전세권 등기가 되지 않으면 전세가 아니라 임대차이며 전세금이 아니라 보증금이다. 이를 '채권전세'라고 표현하기도 하지만 법적 본질은 그냥 임대차이다.

우리나라에 전세라는 독특한 제도가 존재하게 된 이유는(다른 나라에서는 전세제도를 찾아보기 힘들다) 과거 높았던 은행이자의 영향으로 보인다. 고액의 전세금을 소유자에게 지급하면 소유자는 이를 은행에 예금하여 그 이자수입을 얻는다. 그 이자수입이 고율이므로 이를 부동산의 사용료로 갈음해도 충분하였다. 이렇게 임대인은 전세금으로 인한 이자수입을 얻어 이를 부동산의 사용료로 갈음하는 것이 가능했던 것이다. 은행이자가 낮은 현재 전세의 이용이 낮아진 이유이기도 하다.

한편, 이러한 이유로 전세금은 매우 고액이 될 수밖에 없었다. 의미 있는 이자가 발생하기 위한 금액이 되어야 하므로 부동산 시세에 육박하는 경우도 있었다. 따라서 전세권자의 입장에서는 고액의 전세금을 돌려받을 수 있는지가 중요한 관심사가 되어야 했고, 이를 물권적으로 보장하기 위해 전세권이 물권으로 자리잡은 것이다.

제303조[전세권의 내용] ① 전세권자는 전세금을 지급하고 타인의 부동산을 점유하여 그 부동산의 용도에 좇아 사용수익하며, 그 부동산 전부에 대하여 후순위 권리자 기타 채권자보다 전세금의 우선변제를 받을 권리가 있다.

이러한 이유로 전세권은 용익물권이지만 담보물권적 성격을 겸하게 되었다. 전세권자는 다른 물권과의 성립순서에 따른 우선변제권을 갖고, 전세금을 받지 못하면 경매청구권도 있다(제318조).

제318조[전세권자의 경매청구권] 전세권자가 전세금의 반환을 지체한 때에는 전세권자는 민사집행법의 정한바에 의하여 전세권의 목적물의 경매를 청구할 수 있다.

전세권은 물권으로서 전세금의 지급만 있으면 소유자에 대해 배타적 권리를 갖는다. 담보권적 성격을 겸하는바 굳이 부동산을 인도해야 하는 것은 아니다. 따라서 당장 목적물을 인도하여 이용하지 않더라도 전세권 효력에는 아무런 문제가 되지 않는다. 비록 용익물권이지만 담보권적 성격을 겸하는 것이 현대에서는 더욱 의미가 있다.

‖ 전세금

전세금은 전세권 설정의 핵심요소이다. 전세권은 물권이므로 전세금요건 자체도 물권법정주의상 변경할 수 없다. 즉 전세권을 배제하는 특약은 무효이다. 전세권은 물권이므로 등기해야 하며 전세금도 등기사항이다. 등기된 금액에 대해 우선변제권과 제3자에 대한 대항력이 인정된다. 다만 전세금은 현실적으로 금전을 수수하지 않고 기존의 채권으로 갈음할 수도 있다.

전세금은 반드시 돈(金)으로 지급되어야 하며 전세권자의 손해배상의무 등에 대한 담보적 성격을 갖는다. 한편 전세금의 이자는 사용대가로서 차임에 충당된다.

전세금이 세금이나 경제 사정 변동으로 상당하지 않게 된 경우 각 당사자는 상대방에 대해 전세금의 증액 또는 감액을 청구할 수 있다(제312조의2).

1. 전세권 설정 기한의 상한 및 하한

> **제312조(전세권의 존속기간)** ① 전세권의 존속기간은 10년을 넘지 못한다. 당사자의 약정기간이 10년을 넘는 때에는 이를 10년으로 단축한다. ② 건물에 대한 존속기간을 1년 미만으로 정한 때에는 이를 1년으로 한다. ③ 전세권의 설정은 이를 갱신할 수 있다. 그 기간은 갱신할 날부터 10년을 넘지 못한다. ④ 건물의 전세권설정자가 전세권 존속기간 만료 전 6월부터 1월까지 사이에 전세권자에 대하여 갱신거절의 통지 또는 조건을 변경하지 아니하면 갱신하지 아니한다는 뜻의 통지를 하지 아니한 경우에는 그 기간이 만료된 때에 전전세권과 동일한 조건으로 다시 전세권을 설정한 것으로 본다. 이 경우 전세권의 존속기간은 그 정함이 없는 것으로 본다.

전세권은 최장기간이 규정되어 있고 이는 10년이다. 건물 전세권은 최단기간인 1년이 규정되어 있다. 하한은 건물의 전세권에만 있다는 점을 유의해야 한다.

2. 법정갱신(자동갱신)

전세권은 법정갱신이 적용되는데 존속기간 만료 전 6월부터 1월 사이에 갱신거절 통지가 없으면 자동갱신된다. 자동갱신된 경우 전세권의 존속기간은 없는 것으로 한다. 이러한 법정갱신의 내용은 임대차를 물권화한 특별법(주택임대차보호법, 상가건물임대차보호법)에도 동일하게 규정되어 있다[테마 14, 테마 15].

존속기간의 약정이 없는 경우 각 당사자는 상대방에 대해 전세권의 소멸을 통고할 수 있다. 상대방이 통고를 받은 후 6개월이 지나면 전세권은 소멸한다. 단 건물의 경우에는 1년의 최단기간이 적용된다.

전세권은 물권이므로 전세권자와 전세권설정자의 지위가 동일하다. 따라서 소멸통고 후 전세권 소멸기간(6개월)에 차등이 없다. 그러나 전세권의 물권적 효력을 임차인을 위해 도입한 특별법(주택임대차, 상가건물임대차)에서는 임차인의 경우에는 임차인 측에서 최소한의 임대차 기간과 법정갱신을 주장할 수 있다.

IV 전세권의 재산적 가치 및 담보적 성격

1. 양도, 임대 등

전세권은 전세금에 대한 우선변제권이 있으므로 재산적 가치가 있다. 따라서 전세권은 그 자체로 양도나 처분의 대상이 될 수 있고, 저당권의 담보목적물이 될 수도 있다. 다만, 이를 금지하는 특약이 가능하다.

> **제306조(전세권의 양도, 임대 등)** 전세권자는 전세권을 타인에게 양도 또는 담보로 제공할 수 있고, 그 존속기간 내에서 그 목적물을 타인에게 전전세 또는 임대할 수 있다. 그러나 설정행위로 이를 금지한 때에는 그러하지 아니하다.

전세권이 저당권의 목적이 된 경우에 저당권자의 동의 없이 전세권을 소멸시킬 수 없다. 저당권자는 피담보채권의 변제기 후에 전세권 자체를 경매신청 할 수 있고, 전세금반환채권에 대해 직접 채권집행의 방법으로 전세금반환을 청구할 수 있다. 그런데 만약 전세권이 존속기간만료로 소멸하는 경우 저당권자는 더 이상 전세권자체에 대한 저당권을 실행할 수는 없고, 전세권 설정자는 전세권자에게 전세금을 반환해야 한다. 저당권자는 물상대위를 통해 전세금반환채권에 압류 등 강제집행 또는 다른 강제집행 절차에서 배당요구를 할 수 있다.

2. 전세권과 전세금반환채권의 분리 여부

가. 원칙

전세권은 물권이기는 하지만 전세금반환채권과 전세권을 분리할 수는 없다. 용익물권이기는 하지만 담보물권적 성격도 있으므로 피담보채권과 전세권을 분리할 수 없는 것이 원칙이다.

> **〈관련 판례 : 전세권 분리 금지〉**
>
> 전세권은 전세금을 지급하고 타인의 부동산을 그 용도에 따라 사용, 수익하는 권리로서 전세금의 지급이 없으면 전세권은 성립하지 않는 등으로 전세금은 전세권과 분리될 수 없는 요소일 뿐 아니라, 전세권에서는 그 설정행위에서 금지하지 않는 한 전세권자는 전세권 자체를 처분하여 전세금으로 지출한 자본을 회수할 수 있게 되어 있으므로, 전세권이 존속하는 동안은 전세권을 존속시키기로 하면서 전세금반환채권만을 전세권과 분리하여 확정적으로 양도하는 것은 허용되지 않는 것이며, 다만 전세권 존속 중에는 장래에 그 전세권이 소멸하는 경우에 전세금반환채권이 발생하는 것을 조건으로 그 장래의 조건부채권을 양도할 수 있을 뿐이다(대법원 2002. 8. 23. 2001다69122).

나. 예외

전세권이 기간 만료로 종료한 경우 또는 전세계약이 합의해제된 경우에는 전세권의 용익물권적 권능은 소멸하기 때문에 그 전세권은 담보물권적 성격만을 갖는다. 이때는 전세금반환청구권을 전세권과 분리하여 양도할 수 있다.

전세권설정계약이 존속기간의 만료나 합의해지 등으로 종료된 경우에도 전세권설정등기는 전세금반환채권을 담보하는 효력은 있지만, 그 후 당사자 사이의 약정에 의하여 전세권의 처분에 따르지 않는 전세금반환채권만의 분리양도가 이루어진 경우에는 양수인은 유효하게 전세금반환채권을 양수한다(대법원 2006. 7. 28. 2005다49638). 이 경우 담보물권이 없는 무담보의 채권을 양수한 것이므로 이 경우 양수인은 우선변제권이 없을 뿐아니라 별도의 집행력 있는 정본 등에 의하여 배당요구하지 않으면 배동 자체를 받을 수 없다.

V 전세권자의 경매신청권과 우선변제권

제318조(전세권자의 경매청구권) 전세권설정자가 전세금의 반환을 지체한 때에는 전세권자는 민사집행법의 정한 바에 의하여 전세권의 목적물 경매를 청구할 수 있다.

건물의 일부에 대하여 전세권이 설정된 경우 그 전세권자는 그 건물 전부에 대하여 후순위 권리자 기타 채권자보다 전세금의 우선변세를 받을 권리가 있다. 이것이 물권인 전세권의 힘이다. 채권인 임대차에서는 반드시 소송 등을 통한 집행권원을 얻어야만 경매를 청구할 수 있다는 점과 다르다. 다만 전세권 목적물이 아닌 나머지 건물 부분에 대하여는 우선변제권은 있지만 경매신청권은 없다.

VI 기타효과

1. 유익비상환청구권 : 물권이므로 필요비청구권은 없다

제310조(전세권자의 상환청구권) ① 전세권자가 목적물을 개량하기 위하여 지출한 금액 기타 유익비에 관하여는 그 가액의 증가가 현존한 경우에 한하여 소유자의 선택에 좇아 그 지출액이나 증가액의 상환을 청구할 수 있다. ② 전 항의 경우에 법원은 소유자의 청구에 의하여 상당한 상환기간을 허여할 수 있다.

2. 원상회복의무, 부속물수거권, 부속물매수청구권

제316조(원상회복의무, 매수청구권) ① 전세권이 그 존속기간 만료로 인하여 소멸한 때에는 전세권자는 그 목적물을 원상에 회복하여야 하며, 그 목적물에 부속시킨 물건은 수거할 수 있다. 그러나 전세권설정자가 그 부속물건의 매수를 청구한 때에는 전세권자는 정당한 이유 없이 거절하지 못한다. ② 전 항의 경우에 그 부속물건이 전세권설정자의 동의를 얻어 부속시킨 것인 때에는 전세권자는 전세권설정자에 대하여 그 부속물건의 매수를 청구할 수 있다. 그 부속물건이 전세권설정자로부터 매수한 것인 때에도 같다.

3. 토지전세권자의 지상물매수청구권

전세권자에 대한 지상물매수청구권은 명문규정이 없다. 다만 토지 임차권과 동일한 갱신청구권과 지상물매수청구권을 인정하는 것이 우리 법원의 입장이다.

370. 전세권의 존속기간은 1년 이상 10년 이하이다.[370]

371. 전세금은 반드시 금전일 필요는 없다.[371]

372. 전세권자는 소유자에 대해 필요비를 청구할 수 없다.[372]

373. 전세권이 법정갱신이 된 경우 존속기간은 2년 이상으로 한다.[373]

374. 전세권 소멸 시 전세권자는 목적물을 원상에 회복해야 하나 설정자가 부속물의 매수를 청구한 때에는 정당한 이유 없이 거절하지 못한다.[374]

375. 전세권 소멸 시 목적물의 인도 및 말소등기서류의 교부는 전세금반환의무와 동시이행관계에 있다.[375]

376. 전세권이 성립된 후 목적물의 소유권이 이전된 경우, 종전 소유지는 원칙적으로 전세권설정자의 지위를 상실하여 전세금반환의무를 면한다.[376]

377. 전세권은 물권이므로 양도금지특약이 금지된다.[377]

378. 건물 일부에 대한 전세권자는 건물 전체에 대해 경매를 신청할 수 있다.[378]

379. 전세권에 대한 저당권자는 전세권이 존속기간 만료로 소멸하기 전에는 전세권 자체를 경매할 수 있다.[379]

---

370 X : 1년 하한은 '건물' 전세권에만 적용된다.

371 X : 전세금의 '금(金)'은 금전을 말한다. 민법에서 '금'으로 끝나는 것은 모두 금전, 즉 돈을 말한다.

372 O : 전세권은 물권이므로 소유자를 배제하고 배타적으로 물건을 사용할 수 있다. 따라서 필요비는 전세권자가 직접 지출하는 것으로서 소유권자에게 청구할 것이 아니다. 다만 유익비는 부당이득의 성격이 있으므로 그 반환을 청구할 수 있다.

373 X : 기간 정함이 없는 것으로 한다.

374 O

375 O

376 O

377 X : 물권에 대한 양도금지특약은 무효지만(물권법정주의) 예외적으로 전세권의 양도금지특약은 가능하다(제306조).

378 X : 건물전부에 대한 우선변제권은 변론으로 하고 건물 전부에 대한 경매신청권은 인정되지 않는다.

379 O : 전세권도 재산권이며 경매가 가능하다.

[테마 30] 유치권

I 개념

　유치권은 물건 자체에 투입된 비용을 회수하기 위해 그 물건 자체를 점유히는 법정 담보물권을 말한다. 예를 들어, 시계를 수리하여 수리비가 발생했는데 시계 주인이 수리비를 나중에 주겠다며 시계를 먼저 달라고 하는 경우, 수리비를 줄 때까지 시계를 점유할 수 있어야 부당한 상황이 발생하지 않을 것이다. 건물 건축에서도 마찬가지다. 공사비를 받지 못한 상황에서 건물을 인도해야 한다면 공사비를 받기 어려운 위험을 떠안아야 하고 이는 부당하다. 따라서 공사비를 받을 때까지 건물을 점거할 권리를 인정하는 것이다. 이와 같이 유치권은 현실적 점유 또는 점거를 통해 물건 자체에 투입된 비용회수를 강제하는 것이므로 부동산이라도 등기가 아닌 점유가 공시방법이자 성립요건임을 주의할 필요가 있다.

> **제320조[유치권의 내용]** 타인의 물건 또는 유가증권을 점유한 자는 그 물건이나 유가증권에 관하여 생긴 채권이 변제기에 있는 경우에는 변제를 받을 때까지 그 물건 또는 유가증권을 유치할 권리가 있다.

II 성격

1. 법정담보물권

물건에서 파생된 채권이 변제기에 있는 경우, 물건을 점유하는 순간 법률규정에 의해 유치권이 성립한다. 즉 유치권은 당사자의 합의에 의해 성립하는 것이 아니라 일정한 요건 하에 목적물을 점유하면 법률규정에 의해 성립한다.

2. 공시방법 : 점유

유치권은 동산과 부동산에 모두 성립하고, 부동산의 경우에도 점유가 요건임을 주의한다(유치권을 등기할 방법도 없다).

점유가 필수요건이므로 점유를 잃으면 유치권은 당연히 상실한다. 다만 위법하게 점유를 침탈당한 경우에는 점유권에 기한 물권적 청구권(점유보호청구권)을 행사할 수 있고 이에 따라 점유를 회복하면 유치권도 회복된다. 점유보호 청구권을 적용하면 되므로 유치권에 기한 물권적 청구권은 별도로 규정하고 있지 않다.

3. 담보물권의 성격

가. 부종성

부종성이란 담보물권의 운명은 피담보채권에 달려 있다는 의미이다. 피담보채권이 소멸하면 담보물권(유치권, 질권, 저당권)은 당연히 소멸한다.

유치권을 주장하는 사람은 점유하는 것에 집중한 나머지 유치권의 부종성에 대해 소홀하기 쉽다. 유치권은 엄연히 담보물권이므로 다른 요건이 모두 충족되었다 하더라도 피담보채권이 소멸하면 유치권도 소멸한다. 피담보채권 소멸과 관련해서 주의할 것은 소멸시효이다.

점유를 하는 동안에도 채권의 소멸시효는 진행된다는 점을 간과하면 안 된다. 공사대금 채권의 소멸시효는 공사대금채권이 발생한 때부터 3년이다. 유치권을 행사하는 경우를 보면 대개 공사대금 채권을 한동안 받지 못한 상태에서 점유를 개시하는 경우가 많다. 이미 채권의 시효가 상당 부분 진행된 경우가 많다는 것이다. 또한 목적물을 점유하고 있더라도 시효는 중단되지 않고, 공사기간과 금액을 고려할 때 3년이라는 시간은 그리 긴 시간이 아니다. 따라서 소멸시효가 완성되어 공사대금 채권이 소멸하는지도 모르고 유치권을 행사할 수 있는데, 이는 권리행사가 아니라 불법점유가 되어 오히려 손해배상채무를 져야 할지도 모른다. 따라서 피담보채권의 시효를 검토하여 시효중단 또는 소송 등 집행권원 확보를 해야 한다.

나. 수반성

수반성이란 피담보채권이 이전하면 담보물권도 이전한다는 의미이다. 유치권도 담보물권이므로 피담보채권이 이전하면 유치권도 이전한다. 다만 유치권은 점유를 필수요건으로 하므로 점유도 같이 이전해야 한다.

다. 불가분성

불가분성이란 채권을 모두 변제받을 때까지 **목적물 전체**에 담보물권이 유지된다는 의미이다. 유치권도 담보물권이므로 비록 채권 대부분을 변제받고 일부만 남았다 하더라도 물건 전체에 대한 유치권을 행사할 수 있다. 변제된 금액에 비례해 물건의 일부에만 유치권이 조정되는 것이 아니라는 의미이다.

라. 대세효

유치권은 물권이며 제한물권 중 담보물권이다. 소유권자를 비롯해 모든 사람에 관해 주장할 수 있고 심지어 경매에 있어 낙찰자에게도 주장할 수 있다.

Ⅲ 성립요건

1. 물건에 관하여 생긴 채권 : 물건과 채권의 견련성

채권이 물건에 관하여 생긴 채권이어야 한다. 물건 자체에 투입된 비용으로 보면 이해가 쉽다. 이에 해당하는 예를 다음과 같다.

① 공사대금 채권 : 건축물 자체에 투입된 비용

② 임차인의 비용(필요비, 유익비) 청구권 : 임차물 자체에 투입된 비용

③ 점유권자의 비용(필요비, 유익비) 청구권 : 점유물 자체에 투입된 비용

④ 지상권자, 전세권자의 비용(유익비) 청구권 : 목적물 자체에 투입된 비용

⑤ 세탁소 세탁비용 채권 : 세탁물 자체에 투입된 비용

⑥ 컴퓨터 수리비 등 각종 수리비 : 물건 자체를 수리한 비용

물건에 관하여 생긴 채권이 아닌 경우. 즉, 유치권이 성립하지 않는 예

① 건설자재대금 채권 : 건설자재의 구입비용 또는 교환비용이지 건설자재 자체에 투입된 비용이 아니다.

② 보증금 반환 청구권 : 물건에 투입된 비용이 아니라 임차인의 장래 금전지급의무를 담보하기 위해 지급한 돈이다. 따라서 보증금을 반환받지 못했다고 하여 임차물 자체를 점유해 유치권을 행사할 수는 없다. 보증금 보호는 다른 법리에 따라 해결한다.

③ 권리금 반환 청구권 : 물건에 투입된 비용이 아니라 임차물에 대한 무형의 가치에 대한 대가이다.

2. 목적물 인도의무와 동일한 사실관계에서 발생한 채권

부동산매매계약이 취소된 경우 매수인의 대금반환채권과 목적물반환의무는 매매취소라는 동일한 사실관계에서 발생한 것이므로 견련성이 인정되어 유치권이 성립한다.

3. 타인의 물건에만 성립한다

유치권은 타인에 대한 나의 채권을 담보하기 위한 권리이므로 타인의 물건에만 성립한다. 내 물건을 유치한다고 하여 유치권이 성립하는 것이 아니다. 달리 설명하자면 내 물건에 대해서는 굳이 유치권을 주장할 필요가 없는 것이다. 직접 지배권과 처분권을 갖기 때문에 이를 처분해 채권에 충당하면 되기 때문이다.

공사 수급인이 자신의 재료와 노력으로 건축한 건물의 소유권은 공사 수급인에게 귀속된다. 이 경우 공사수급인이 공사대금을 받지 못했다는 이유로 건물을 점유하더라도 유치권은 성립하지 않는다.

4. 채권의 변제기

채권의 변제기가 도래해야 한다. 따라서 유익비청구권의 경우 법원이 그 지급기간을 연장해 줄 수 있는데, 이 경우에는 유치권이 인정되지 않는다.

5. 점유

가. 적법한 점유

점유는 적법해야 한다. 따라서 불법행위로 인한 점유는 유치권이 성립하지 않는다.

나. 점유와 채권의 시기상 견련관계

점유는 채권의 성립과 반드시 일치해야 하는 것은 아니다. 즉, 채권이 발생한 후에 점유를 취득해도 되고 이미 점유하는 중에 채권이 성립해도 유치권은 성립한다.

다. 점유의 태양

점유는 직접점유든 간접점유든 무방하다. 즉, 유치권자가 임대차계약 등으로 타인을 매개로 점유하며 유치권을 주장할 수 있다. 다만 여기에는 3가지 주의할 것이 있다.

· 채무자를 직접점유자로 하여 채권자가 간접점유하는 경우에는 유치권이 성립하지 않는다.

예를 들어, 유치권자가 채무자 소유 건물을 점유하는 방법으로 대신 점유할 사람을 고용해 목적물을 점유하는 것은 가능하다. 즉 간접점유도 유치권 성립에 필요한 점유에 해당한다. 그러나 다른 사람이 아니라 채무자에게 목적물을 사용하도록 허락한 경우에는 유치권이 성립하지 않는다.

· 채무자의 승낙 없는 임대차는 민법에 의해 금지되므로 이러한 점유로 매수인에게 대항할 수 없다.

· 강제경매개시결정의 기입등기가 경료되어 압류의 효력이 발생한 이후에는 압류의 처분금지효가 발생하는데, 이때 유치권을 위한 점유를 허용하면 목적물의 교환가치를 감소시킬 우려가 있어 허용되지 않는다(매수인에게 대항할 수 없다).

6. 유치권 배제 특약이 없어야 한다

사전에 유치권을 배제하는 특약이 있다면 이러한 특약에 따른다. 대표적인 유치권 배제 특약이 있는데 바로 임차인의 임대차관계 종료 시 원상회복 특약이 그것이다. 우리 판례는 이를 유치권 포기 특약으로 간주한다.

부동산임대차 계약은 주로 중개업자를 통해 이루어지는데, 중개업자가 사용하는 표준 계약서에는 부동문자로 이러한 임차인의 원상회복 의무가 기재되어 있다. 이 계약서를 사용하는 한 임차인은 항상 유치권을 포기하는 결과가 되는 것이다. 따라서 임차인이 필요비나 유익비를 지출했다 하더라도 위 특약으로 인해 유치권행사는 불가능하다.

IV 유치권자의 권리

1. 유치할 권리는 있으나 청구할 권리는 없다

채권을 변제받을 때까지 유치물의 인도를 거부할 수 있다. 거부할 수 있을 뿐이지 채권변제를 청구할 수 있는 것은 아니다. 유치권은 채권을 변제받기 위한 간접적 압박 수단이다.

2. 유치물을 점유할 뿐 사용수익할 수 없다

유치권은 유치물을 사용, 수익할 권리까지 있는 것은 아니다. 만약 임차인이 비용상환청구권을 근거로 유치권을 행사한다면 종전대로 유치물을 사용할 수 있지만 이 경우에도 사용한 만큼의 부당이득(차임 상당액)을 반환해야 한다.

3. 경매신청권과 간이변제충당

유치권자는 채무자에게 채권변제를 청구할 수는 없다. 다만 목적물을 경매하여 자기 채권으로 배당에 참여할 수 있다. 이때 주의할 것은 유치권자는 경매신청권은 있지만 우선변제권은 없다는 것이다.

유치권자는 법원의 허가를 받아 채권에 갈음해 목적물의 소유권을 취득할 수 있는데 이때는 감정평가를 통해 정당한 가액을 산정해야 하고 채무자에게 통지해야 한다.

> **제322조[경매, 간이변제충당]** 유치권자는 채권을 변제받기 위하여 유치물을 경매할 수 있고, 정당한 이유 있는 때에는 유치권자는 감정인의 평가에 의하여 유치물로 직접 변제에 충당할 것을 법원에 청구할 수 있다. 이 경우 유치권자는 채무자에게 통지하여야 한다.

4. 유치권자의 과실수취권

> **제323조[과실수취권]** 유치권자는 유치물의 과실을 수취하여 다른 채권보다 먼저 그 채권의 변제에 충당할 수 있다. 그러나 과실이 금전이 아닌 때에는 경매하여야 한다.

5. 비용상환청구권 : 점유권과 동일

유치권자는 소유자에 대해 필요비, 유익비 청구권이 있다. 다만 유익비에 대해서는 그 가액의 증가가 현존하는 경우 소유자의 선택에 따라 그 지출금액이나 증가액을 청구할 수 있는데, 법원은 소유자의 청구에 의해 유익비 상환기간을 유예해 줄 수 있다.

유치권자가 자신의 채권 만족을 얻었더라도 위 비용상환청구권을 근거로 다시 유치권을 행사할 수 있다. 다만 유익비에 대해 상환기간 유예가 있으면 변제기 요건 미비로 유치권은 성립하지 않는다.

6. 물권적청구권

유치권은 점유를 성립요건으로 하므로 점유에 따른 물권적 청구권이 적용된다. 따라서 별도로 유치권에 기한 물권적 청구권은 규정되어 있지 않다.

V   유치권자의 의무

유치권자는 유치물을 선량한 관리자의 주의로 점유해야 한다. 조심해서 다루라는 의미이다. 한편 유치권자는 채무자의 승낙 없이 유치물의 사용, 대여 또는 담보제공을 하지 못한다. 그러나 유치물의 보존에 필요한 사항은 그러하지 아니하다(공사대금채권에 기한 유치권자가 유치물에 거주하는 것은 보존행위에 속한다. 다만 차임상당의 이득을 소유자에게 지급해야 한다).

유치권자가 위 의무를 위반한 경우 채무자는 유치권의 소멸을 청구할 수 있는데, 이러한 소멸청구권은 형성권이므로 행사 즉시 유치권은 소멸한다.

〈참고 : 유치권과 동시이행항변권의 비교〉

물권인 유치권과 쌍무계약의 대표적 성격인 동시이행항변권이 외관상 유사할 수 있어 이를 정리해 보았다.

가. 거절하는 내용 : 동시이행항변권은 계약상 모든 종류의 채무이행을 거절할 수 있는 권리인 데 반하여, 유치권은 인도거절권이다.

나. 요구하는 내용 : 동시이행항변권은 쌍무계약상 채권의 이행을 그 목적으로 하는 데 한정되지만, 유치권은 그 물건에 관한 일체의 채권 변제를 확보할 것을 목적으로 한다.

다. 행사기간 : 동시이행항변권은 이행의 제공이 되면 깨지지만, 유치권은 실제 변제를 받을 때까지 행사할 수 있다.

라. 불가분성 : 동시이행항변권은 상대방이 일부 제공을 한 때에는 나머지 부분에 항변권이 존속하나, 유치권은 불가분성으로 인해 모두 변제받을 때까지 유치물 전부에 대해 행사한다.

마. 담보제공 후 소멸청구 : 유치권은 상당한 담보를 제공하고 소멸청구가 가능하지만, 동시이행항변권은 이러한 기능이 없다.

380. 유치권의 객체는 동산, 부동산, 유가증권 등이다.[380]

381. 부동산에 유치권이 설정된 경우 등기를 해야 제3자에게 대항할 수 있다.[381]

382. 피담보채무가 줄어드는 비율에 따라 유치권의 효력은 비례해 감소한다.[382]

383. 유치권자가 제3자와의 점유매매관계에 의해 유치물을 간접점유하는 경우 유치권은 성립하지 않는다.[383]

384. 채권은 이미 성립되어 있고 나중에 점유가 개시된 경우에는 유치권이 성립할 수 없다.[384]

385. 유치권을 행사하면 피담보채무의 소멸시효는 중단된다.[385]

386. 유치권자에게는 경매신청권은 인정되지만 우선변제권은 인정되지 않는다.[386]

387. 유치권은 자기의 물건에는 성립하지 않는다.[387]

388. 유치권자는 유치물의 과실을 수취하여 다른 채권보다 먼저 그 채권의 변제에 충당할 수 있다.[388]

389. 목적물이 경매되는 경우 경락인에 대해서는 유치권을 주장할 수 없다.[389]

390. 공사수급인이 자신의 재료와 노력으로 건축한 건물의 공사대금을 이유로 유치권을 행사할 수 없다.[390]

---

380 O

381 X : 유치권은 점유로 성립하는 법정담보물권이다. 부동산을 점유하여 유치권이 성립하는 경우에도 유치권을 등기할 방법은 없다.

382 X : 채무 전액이 변제되기 전에 유치권은 전체에 대해 유지된다(불가분성).

383 X : 간접점유로 인한 점유도 유치권의 성립요건인 점유에 해당한다.

384 X : 점유시기와 채권의 성립 사이에는 견련관계가 필요 없다.

385 X : 소멸시효를 중단시키려면 채권을 행사해야 한다. 그러나 유치권의 행사는 채권행사가 아니므로 피담보채권의 소멸시효는 중단되지 않고 그대로 흘러간다. 특히 3년의 단기시효가 적용되는 공사대금의 경우에는 유치권자가 각별히 조심해야 한다.

386 O

387 O

388 O : 323조. 단 금전 이외의 과실은 경매해야 한다.

389 X : 그 누구에게든 점유를 통해 주장할 수 있다.

390 O : 자기 물건에 대한 유치권은 성립할 수 없다. 공사수급인이 자신의 재료와 노력으로 건축한 건물은 수급인이 원시취득하므로 수급인 소유이다. 따라서 유치권은 성립하지 않는다. 정확히 말하자면 유치권을 굳이 주장할 필요가 없다

391. 유치권에 기한 반환청구권은 별도로 규정되어 있지 않다.[391]

392. 채무자를 직접점유자로 하여 채권자가 간접점유하는 경우에는 유치권이 성립하지 않는다.[392]

393. 경매신청에 따라 압류의 효력이 발생한 이후에 건물을 점유한 경우 유치권은 성립하지 않는다.[393]

는 표현이 맞을 것이다.

391 O : 유치권은 점유를 필수요건으로 하므로 점유보호청구권이 당연히 적용된다. 따라서 유치권에 기한 물권적 청구권은 별도로 규정되어 있지 않다.

392 O

393 O

[테마 31] 저당권

대표적인 담보물권으로서 부동산에 저당권등기를 하여 그 순위에 따라 우선변제권을 갖는다. 저당권은 부동산 이외에도 부동산 물권인 지상권, 전세권에 대해서도 부기등기의 형식으로 설정할 수 있다.

> **제356조[저당권의 내용]** 저당권자는 채무자 또는 제3자가 점유를 이전하지 아니하고 채무의 담보로 제공한 부동산에 대하여 다른 채권자보다 자기채권의 우선변제를 받을 권리가 있다.

저당권은 담보물권이면서 점유를 이전하지 않기 때문에 그 존재를 명확히 공시할 수 있는 부동산과 준부동산에 적용된다. 또한 점유를 이전하지 않기 때문에 비록 물권이지만 반환청구권은 인정되지 않는다.

I 저당권 성립

저당권도 일반 물권의 성립과 마찬가지로 법률행위에 의한 성립(등기필요)과 법률규정에 의한 성립(등기불필요)으로 구분될 수 있다. 법률행위에 의한 저당권설정이 실무상 압도적으로 많다. 법률규정에 의한 저당권(법정저당권)은 법규정을 확인하는 정도로 정리하면 된다.

1. 법률행위에 의한 성립 : 계약 + 등기

가. 계약

계약당사자는 저당권설정자(채무자 또는 물상보증인)와 저당권자이다. 물상보증인이란 다른 사람의 채무에 대한 담보를 제공한 사람이다.

나. 등기

1) 등기사항

채권자, 채무자, 채권액, 변제기, 이자 등

2) 성립요건

저당권이 불법 말소되었더라도 저당권은 유효하다. 등기는 저당권의 성립요건이지 존속요건이 아니기 때문이다.

3) 등기유용

무효인 등기를 유용하는 것은 이해관계자가 없으면 가능하다. 만약 채무자가 1억 원을 은행에서 빌리면서 저당권을 설정한 경우, 1억 원을 모두 변제하면 저당권은 당연히 소멸한다. 다만 그 말소 절차가 진행되기 전에 다시 1억 원을 빌린 경우 소멸하였으나 등기만 있던 저당권을 재활용하는 것을 등기유용이라 한다. 저당권은 등기설정 순위에 따른 우선변제권이 있기 때문에 만약 후순위 권리가 있다면 새로 빌린 1억에 대한 저당권은 그 이후 순위로 밀려나야 하므로 기존 등기를 유용하면 부당하게 우선순위를 가로채는 결과가 된다. 따라서 이러한 후순위 권리자 등 이해관계인이 있으면 등기 유용은 금지된다.

II 저당권 객체 : 부동산(토지, 건물), 지상권, 전세권

지상권과 전세권의 경우 해당 등기의 부기등기 형식으로 설정이 가능하다. 즉 지상권과 전세권도 그 재산적 가치를 담보로 제공하여 금전을 차용할 수 있다(민법 제371조). 이 경우 저당권설정자는 저당권자의 동의 없이 지상권 또는 전세권을 소멸하게 하는 행위를 하지 못한다.

III 피담보채권

1. 금전채권 등

금전채권이 가능함은 당연하고, 손해배상 채권으로 변경될 수 있는 비금전채권도 피담보채권으로 삼을 수 있다.

2. 특정성

피담보채권은 저당권설정 당시 반드시 특정될 필요는 없고 장래 특정할 수 있을 정도의 기준만 확정되어 있으면 된다. 따라서 조건부 채권, 기한부 채권도 가능하다. 심지어 장래에 증감하는 다수의 채권에 대해 최고액만 한정하여 설정하는 것도 가능한데 그것이 바로 근저당권이며 실무상 저당권의 기본적 형태로 자리잡았다. 저당권의 기본내용을 정리한 후 근저당권과의 차이점을 구별할 필요가 있다. 실무상 저당권이라 하면 근저당권을 지칭하는 경우가 많기 때문이다.

1. 저당권의 범위

> **제358조[저당권의 효력의 범위]** 저당권의 효력은 저당부동산에 부합된 물건과 종물에 미친다. 그러나 다른 법률규정 또는 다른 약정이 있으면 그러하지 않다.

저당권의 효력범위란, 저당권을 실행하여 담보물을 경매에 넘길 경우 저당권이 설정된 부동산 이외에 부합 또는 종물도 별도 절차 없이 당연히 경매대상에 포함되는 범위를 말한다. 부합된 물건과 종물은 당연히 경매에 포함된다는 것이 위 규정의 취지이다. 또한 반드시 저당권 설정 당시가 아니라 나중에 부합되거나 종물이 된 경우도 포함된다.

가. 부합된 물건

건물에 저당권을 설정한 후 건물을 증축한 경우, 증축 부분도 저당권의 효력이 미친다.

나. 종된 권리

건물 저당권은 건물의 임차권에도 효력이 미친다.

다. 일괄경매신청권

토지에 저당권 설정 후 건물을 지은 경우에, 건물은 별개 물건이므로 저당권 효력은 미치지 못하지만 일괄경매 신청은 가능하다. 만약 토지 저당권 설정 당시 건물이 존재했다면 토지가 경매로 인한 소유자가 달라져도 건물에는 법정지상권이 성립하므로 건물이 철거될 일이 없지만, 토지 저당권 설정 후 지어진 지상 건물은 토지의 경매로 인해 철거대상이 된다. 이는 사유재산은 물론 사회적인 손실이기도 하므로 토지와 건물이 동일한 사람에게 낙찰되어 그 효용 가치를 살리기 위해 일괄경매신청권이 보장되는 것이다. 다만 낙찰대금 중 토지분에 대해서만 우선변제권이 인정된다.

라. 과실수취권과의 관계

> **제359조[과실에 대한 효력]** 저당권의 효력은 저당부동산에 대한 압류가 있은 후에 저당권설정자가 그 부동산으로부터 수취한 또는 수취할 수 있는 과실에 미친다. 그러나 저당권자가 그 부동산에 대하여 소유권, 지상권 또는 전세권을 취득한 제3자에 대하여는 압류의 사실을 통지한 후가 아니면 이로써 대항하지 못한다.

예를 들어, 과수원의 나무들을 입목법에 의해 등기하고 저당권을 설정한 경우 그 나무들에서 나는 과일들도 저당권자가 경매할 수 있는지 문제된다. 그런데 과실(열매)은 수취권자가 수취하면(제102조) 저당권의 효력은 없게 된다. 그렇지만 저당권자가 미리 압류해 두면 저당권의 효력이 미치게 된다.

2. 물상대위

저당권자는 저당물의 멸실, 훼손 또는 공용징수로 인해 저당권설정자가 받을 금전 기타 물건(화재보험금, 강제수용에 의한 수용보상금, 손해배상금)에 대하여 행사할 수 있다. 단, 그 인도 또는 지급 전에 압류해야 한다.

만약 주택에 대해 1억 원의 저당권을 설정하고 채무를 부담한 상태에서 그 주택이 화재로 소실된 경우, 마침 화재보험에 가입하여 보험금이 발생하였다면 그 보험금에 관해 저당권자의 권리를 행사하여 주택 소유자가 갚지 못한 채무에 관해 청구권이 발생한다. 다만 보험금이 지급되기 전에 압류절차를 거쳐 묶어 둘 필요가 있다. 때를 놓쳐 이미 주택소유자에게 지급되면 물상대위권을 행사할 수 없다.

3. 피담보채권의 범위

제360조[피담보채권의 범위] 저당권은 원본, (약정)이자, 위약금(등기된 경우만), 채무불이행으로 인한 손해배상 및 저당권의 실행비용을 담보한다. 그러나 지연배상에 대하여는 원본의 이행기일을 경과한 후의 1년분에 한하여 저당권을 행사할 수 있다.

담보되는 범위란 최우선으로 변제받을 수 있는 범위를 말한다. 외부에 공시된 저당권이 어떤 범위까지 변제를 보장해 주는가에 대한 것인데, 제3자에게 미치는 효력 때문에 다른 사람의 예측 범위 내에서만 보장이 되어야 한다. 원본, 이자, 위약금, 손해배상, 담보실행비용은 어느 정도 예측이 가능하지만 지연배상에 대해서는 그 범위를 제한하지 않는다면 저당권자가 일부러 채권추심을 게을리하는 방법으로 액수를 증가시키는 꼼수를 부려 이를 악용할 소지가 있다. 따라서 지연배상에 대해서는 1년분으로 담보제한을 두고 있다(근저당에는 채권최고액의 개념에 포함되므로 이러한 제한이 없다). 이러한 담보범위로 인해 다른 사람들은 저당권이 설정된 물건에 대해 그 가치를 평가할 수 있고 거래여부에 대한 의사결정에 참작할 수 있게 된다.

4. 유저당계약

저당권설정이나 변제기도래 전의 특약으로, 채무자가 변제기에 변제를 하지 않는 경우 저당목적물의 소유권을 저당권자가 그대로 취득하거나(대물변제 약정) 임의의 방법으로 저당목적물을 처분하여 환가하기로 한 약정을 유저당 계약이라 한다. 이에 대해 금지하는 규정이 없어 유효한 것으로 해석되는데 다만 채무잔액과 목적물의 가액에 차이가 있는 경우 이를 반환하는 형태로 청산절차를 거쳐야 한다.

5. 우선적 효력

가. 일반채권자에 대해 언제나 우선

저당권은 물권이므로 일반채권보다 언제나 우선한다. 다만 이에 대해 중대한 예외가 있는데 주택임대차보호법/상가건물임대차보호법에 따라 우선변제권을 갖는 경우가 그것이다. 위 법에 따라 대항력을 갖춘 보증금반환채권은 저당권과의 설정선후에 따르고, 소액최우선보증금은 설정선후 불문하고 항상 저당권에 우선한다. 근로자의 최종 3개월 임금과 재해보상금도 저당권보다 우선한다.

나. 저당권 상호 간에는 설정 등기 순

다. 전세권과의 관계

설정 등기 순에 따르지만, 전세권이 선순위인 경우 저당권이 실행되어도 전세권은 소멸하지 않는다. 전세권은 용익물권적 성격이 있으므로 선순위 전세권자가 목적물을 계속 이용하겠다고 하면 소멸하지 않는 것이다. 다만 선순위 전세권자가 배당요구를 하면 일반 담보물권처럼 우선변제권에 따라 배당에 참여한다.

라. 세금

• 당해세우선 : 재산세 등 목적물 자체에 부과되는 세금(당해세)은 무조건 저당권에 우선한다.
• 기타 세금 : 당해세가 아닌 사람에 대해 부과되는 세금은 체납세 법정기일(신고일, 납세고지서 발행일)과 저당권의 설정등기 선후에 따라 우선권을 정한다.

6. 즉시변제청구권(기한이익 상실)

채무자의 잘못으로 담보물 손상한 경우 저당권자는 즉시 변제청구가 가능하고, 잔존가치에 저당권을 실행시킬 수 있다.

7. 담보물보충청구권

저당권설정자의 잘못으로 저당물 가액이 현저히 감소한 때에는 저당권자는 저당권설정자에 대하여 그 원상회복 또는 상당한 담보제공을 청구할 수 있다.

8. 순위승진의 원칙

저당권은 그 순위를 다르게 하여 여러 개가 설정될 수 있는데 만약 1번 저당권이 변제 등으로 소멸한 경우 2번 저당권은 1번 저당권으로 순위상승이 된다. 우리나라는 이와 같은 순위승진의 원칙을 인정하고 있는데 이는 2번 저당권자에게는 큰 이득이 된다. 이러한 이득이 저당권설정자에게 손해가 되는 경우에는 허용하지 않도록 하는데, 1번 저당권자가 설정자를 상속하여도 1번 저당권은 혼동으로 소멸하지 않는 이유가 그것이다. 이를 혼동으로 소멸시키면 2순위 저당권자의 순위가 상승해 훨씬 우월한 담보가치를 누리고 상속권자의 권리가 침해되기 때문이다.

Ⅴ 저당권의 성격 – 피담보채권과 운명공동체

1. 부종성

피담보채권이 소멸하면 저당권도 당연히 소멸한다. 특수저당 중 근저당권은 이러한 부종성의 예외이다. 즉, 피담보채권(채무)가 일시적으로 '0'이 되더라도 근저당권은 소멸하지 않는다. 이는 부종성의 예외이지만 실무적으로는 근저당권의 이용 빈도가 월등히 높다. 일반 저당권과 근저당권을 잘 구별해야 한다. 실무에서 일반적으로 저당권이라 호칭하는 것이 근저당권인 경우가 많기 때문이다.

2. 수반성

저당권은 피담보채권과 분리해서 타인에게 양도하거나 다른 채권의 담보로 하지 못한다.

Ⅵ 제3취득자 보호

제3취득자란 저당권이 설정된 담보물에 대해 소유권을 취득하거나 지상권, 전세권 등을 설정받은 사람을 말한다. 제3취득자는 채무자가 채무를 변제하지 않았을 경우 목적물에 대한 경매절차가 진행되어 자신의 권리를 상실할 수 있는 불안정한 지위에 있다. 이러한 제3취득자의 불안한 지위를 일정부분 해소해 주기 위해 몇 가지 보호장치가 마련되어 있다.

1. 경매인 지위 보장

저당물의 소유권을 취득한 제3자도 경매인이 될 수 있다. 즉, 경매에 참여하여 목적물을 낙찰받을 수 있다. 채무자가 경매인이 될 수 없는 것과 대비된다.

2. 변제 후 말소청구권

저당부동산에 소유권, 지상권, 전세권을 취득한 자는 담보채권 변제 후 저당권 말소를 청구할 수 있다. 타인의 채무도 함부로 대신 변제할 수 없는데 제3취득자는 자신의 이해관계가 중대하므로 대신 변제 후 저당권의 말소를 청구할 권리를 주는 것이다.

3. 비용상환청구권

저당물의 제3취득자가 그 부동산의 보존, 개량을 위해 필요비 또는 유익비를 지출한 때에는 경매에서 우선상환 받을 수 있다.

VII 특수저당

1. 공동저당

가. 개념

동일한 피담보채권에 수개의 저당권이 있는 경우를 말한다. 예를 들어, 은행에서 1억 원을 빌리면서 주택과 임야에 저당권을 설정하는 경우를 말한다. 주로 부동산의 담보가치가 채무에 미달하는 경우에 공동저당을 이용한다.

나. 문제점

공동저당은 여러 개의 부동산에 하나의 저당권이 설정되는 것을 말하는데, 각 부동산의 등기부 등본에 모두 동일한 채권액으로 저당권이 설정된다. 만약 1억 원을 빌리면서 토지와 주택에 공동저당을 설정하는 경우, 토지 등기부에도 채권액 1억 원의 저당권이 설정되고 주택의 등기부에도 채권액 1억 원의 저당권이 설정된다. 각 부동산에서는 공동저당권이 독립된 저당권으로서의 효력이 있다.

따라서 채권자가 저당권을 실행함에 있어 공동저당권을 동시에 실행할 수도 있지만(이 경우에는 각 부동산의 경매가의 비율로 배당된다.) 각 부동산에 있는 일부 저당권만 먼저 실행하는 것도 가능하다. 즉, 위 예에서 토지의 저당권은 그대로 두고 주택에 있는 저당권만 실행하여 1억 원의 범위에서 우선변제를 받을 수 있는 것이다.

그런데 이 경우 각 부동산의 후순위 권리자에게는 다음과 같은 문제가 발생한다.

만약 주택에 있는 후순위 물권자의 입장에서는 만약 모든 부동산에 대해 동시에 경매가 진행되어 동시배당을 받는 경우에는 부동산의 가액에 비례해 배당되므로 토지와 주택에서의 배당금이 분산되는 효과가 있다. 그러나 채권자가 주택이나 토지 중 하나만 선택하여 경매절차를 진행하는 경우, 채권액 전체범위에서 우선변제를 받으므로 먼저 경매가 진행된 부동산의 후순위 권리자로서는 배당받는 금액이 줄어드는 효과가 있다. 이러한 배당금의 차이는 채권자의 선택에 따라 동시배당 되는지 이시배당(異時配當) 되는지의 우연한 사정 때문에 발생한다. 이러한 우연한 사정에 법률효과를 의존하는 것은 채권자의 선택에 따른 악용가능성도 있고, 공평의 원칙에 위배될 소지도 있다.

다. 배당방법

따라서 우리 민법은 이시배당 시 손해가 발생한 후순위권리자에게 동시배당과 대비한 차액에 대해 다른 저당권의 권리를 대위행사 할 수 있도록 하여 균형을 유지하고 있다.

- **동시배당 시** : 각 부동산의 경매가에 비례하여 배당
- **이시배당 시** : 먼저 배당되는 부동산에서 채권액 전부를 배당할 수 있고, 이로 인해 차순위자의 권리가 줄어든 만큼 공동저당자의 다른 저당권의 권리를 대위행사 할 수 있다.

라. 추가문제 : 물상보증인의 변제자대위권과 충돌

위에 살펴본 바와 같이 이시배당 시 후순위 저당권자는 공동저당권자의 다른 저당권의 권리를 대위행사 할 수 있다. 그런데 공동저당권의 대상물 일부가 다른 사람의 물건인 경우, 즉 물상보증인의 물건이 포함된 경우에는 문제가 더욱 복잡하다. 이른바 물상보증인은 대신 변제한 사람으로서 변제받은 사람을 대위할 권리(제481조, 제482조)가 있다. 그렇다면 이시배당에서 어떤 부동산이 먼저 배당되는지에 따라 후순위 권리자의 대위권과 물상보증인의 변제자 대위권이 충돌할 수 있다.

결론적으로, 이 경우에는 물상보증인의 대위권이 우선한다. 공동저당권의 후순위 권리자는 이시배당의 가능성을 어느 정도 감수했다고 볼 수 있는데, 물상보증인은 자신의 물건을 담보로 제공했을 뿐 타인의 채무에 대해 직접 관여하거나 그 상황을 알 수 없어 선의의 피해를 볼 수 있다. 그래서 물상보증인의 권리를 보호할 필요가 있는 것이다.

〈연습 사례〉

[물상보증인이 없는 경우]

김변은 주택1채와 임야 1필지를 가지고 있다. 자금이 필요하여 이들 부동산을 담보로 우리은행에서 공동저당을 설정하고 9천만 원 대출을 받았다. 그 후 신한은행에서 임야를 담보로 5천만 원을 빌렸다.

문 1) 김변이 돈을 못 갚아 우리은행이 저당권을 실행하였는데, 주택은 1억 8,000만 원 임야는 9,000만 원에 낙찰되었다. 동시배당의 경우 각 채권자가 각 부동산에서 배당받는 금액은 얼마인가?

→ 주택과 임야는 1억 8천만 원 : 9천만 원, 즉 2:1의 비율로 낙찰되었다. 따라서 9천만 원 대출금에 대해 2:1의 비율로 배당되므로 주택에서 6천만 원, 임야에서 3천만 원이 배당된다.

	주택	임야
1순위	9천(우리은행, 공동저당)	9천(우리은행, 공동저당)
2순위		5천(신한은행)
낙찰금액(비율)	1억 8천(2/3)	9천(1/3)
1순위 배당	6천(우리은행)	3천(우리은행)
배당잔여	1억 2천	6천
2순위 배당		5천(신한은행)

임야의 경우 9천만 원 낙찰대금 중 3천만 원이 우리은행에 배당되었으므로 6천만 원이 남게 되고, 후순위인 신한은행은 자신의 채권 5천만 원을 여기서 배당받게 된다.

문 2) 임야가 먼저 낙찰되어 배당된 경우 각 채권자가 각 부동산에서 배당받는 금액은 얼마인가?

→ 이시배당의 문제이다.

임야의 낙찰대금 9천만 원은 모두 우리은행의 채무 9천만 원에 배당된다. 동시배당 시 우리은행에서 배당받았을 6천만 원을 임야에서 몰아서 배당받은 결과이다. 따라서 임야의 후순위인 신한은행이 임야에서 배당받을 금액은 없다.

(이시배당)

	주택	임야
1순위	9천(우리은행, 공동저당)	9천(우리은행, 공동저당)
2순위		5천(신한은행)
낙찰금액	1억 8천	9천

1순위 배당		9천(우리은행)
배당잔여		없음
1순위 배당	5천(신한은행)	

　신한은행은 대신 우리은행이 주택에서 배당받았을 6천만 원의 권리를 대신 행사할 수 있는바, 그 권리의 범위에서 자신의 채권인 5천만 원을 배당받게 된다.

[물상보증인이 있는 경우]

　문 3) 김변은 우리은행에서 9천만 원을 대출받으며 자신의 주택, 임야는 물론 김변 서당 회원인 김영숙에게 부탁하여 김영숙의 주택까지 공동저당권을 설정하였다. 그 후 김변은 다시 돈이 필요해 신한은행에서 임야를 담보로 5천만 원을 빌렸다. 이 경우 김영숙의 주택에 대해 먼저 경매가 진행되어 5천만 원에 낙찰되고, 그 후 임야가 5천만 원에 낙찰되고, 그 후 김변의 주택이 5천만 원에 순차적으로 낙찰되었다. 이 경우 김변 주택의 5천만 원의 배당금에 대해서는 김영숙과 신한은행 중 누가 우선권을 갖는가?

　→ 김 변의 채무에 대해 임야의 후순위 근저당권자인 신한은행과, 자신의 주택을 담보로 제공한 물상보증인 김영숙이 이시배당에 있어 우리은행의 권리를 대위행사 할 경우 누가 우선하는지 묻는 문제이다.

(이시배당)

	주택(김변)	임야(김변)	주택(김영숙)
1순위	9천 (우리은행, 공동저당)	9천 (우리은행, 공동저당)	9천 (우리은행, 공동저당)

2순위		5천(신한은행)	
낙찰금액	**5천**	**5천**	**5천**
1순위 배당			5천(우리은행)
1순위 배당		4천(우리은행)	잔여 없음
2순위 배당		1천(신한은행)	
충돌	<u>신한은행</u> (이시배당에 의해 손해 입은 금액 내위) ↔ <u>김영숙</u> (물상보증인 대위변제자의 구상권 행사)	잔여 없음	

* 이시배당 시 경매 순서에 따른 배당현황

- 김영숙 주택 : 5천만 원 전액 우리은행 배당, 김영숙은 5천만 원에 대해 김변에게 청구 가능(구상권 취득).

- 김변 임야 : 5천만 원 중 4천만 원 우리은행에 배당, 이로써 우리은행은 9천만 원 전액 만족. 남은 1천만 원은 후순위 권리자인 신한은행이 배당.

- 김변 주택 : 5천만 원, 이 금액에 대해서는 누가 배당받을 것인지 문제된다.

김변 임야의 후순위 저당권자인 신한은행은 이시배당에 의해 애초 동시배당 시 받을 수 있었던 2천만 원 중 1천만 원을 배당받지 못했다. 따라서 이 배당받지 못한 1천만 원에 대해서 당초 우리은행이 김변 주택에서 배당받았을 3천만 원의 범위에서 대위행사를 할 수 있다.

한편, 김영숙은 김변 대신 5천만 원의 손해를 입었으므로 이를 변제자로서 대위권을 행사할 권리가 있는데, 이 또한 애초 우리은행이 김변에게 보유하고 있던 주택의 저당권을 대위하는 방법으로 행사한다.

따라서 김변 주택에 신한은행과 김영숙의 권리가 충돌하는데, 우리 판례는 물상보증인의 우선권을 인정한다. 따라서 김변 주택에 있던 우리은행의 저당권은 김영숙이 신한은행보다 우선하여 행사할 수 있다.

2. 근저당권 – 부종성 완화

제357조[근저당] 저당권은 그 담보할 채무의 최고액(이자 포함)만을 정하고 채무의 확정을 장래에 보류하여 이를 설정할 수 있다. 이 경우에는 그 확정될 때까지의 채무의 소멸 또는 이전은 저당권에 영향을 미치지 않는다.

저당권은 담보물권이다. 피담보채권이 소멸하면 비록 등기가 남아 있더라도 자동으로 소멸하고, 등기는 말소대상이다. 이것을 담보물권의 부종성이라 한다. 담보물권은 피담보채권과 운명을 같이 하는 것이다.

그런데, 변동하는 피담보채권에도 불구하고, 심지어 일시적으로 피담보채권이 모두 변제되어 소멸하더라도 저당권이 소멸하지 않고 뿌리를 지키고 있는 형태가 있는데 이를 근저당권이라 한다. 근저당권의 '근(根)'은 뿌리를 말한다. 뿌리만 있다면 지상의 가지나 잎은 일시적으로 사라지더라도 다시 기후가 맞으면 자랄 수 있다. 근저당권은 채권최고액의 범위만 정하고 그 범위에서 피담보채권이 등락을 거듭(심지어 소멸 포함)되다가 일정한 조건하에 채무가 특정되어 일반 저당권이 된 후 소멸(저당권 실행 또는 채무변제로 소멸)한다.

따라서 근저당권의 등기는 근저당이라는 취지, 채권최고액, 채무자가 특정되어야 한다. 근저당 존속기간이나 결산기를 정해도 되지만 반드시 정할 필요는 없다. 피담보채권이 등락하다가 일정한 조건하에 특정되면 일반 저당권으로 변동된다. 이러한 피담보채권의 확정시가 존속기간이 되는 것이다.

가. 채권최고액

근저당권은 일반 저당권과 달리 채권최고액을 정해야 하는데, 채권최고액이란 우선변제권이 인정되는 최고 범위를 말한다. 채권최고액의 범위에서는 이자, 지연이자 등이 제한 없이 담보된다. 저당권과 달리 지연손해에 대해 1년의 제한도 없다. 어차피 최고액이 정해져 있으니 굳이 기간의 제한을 두지 않더라도 다른 채권자를 부당하게 해하지 않는다. 후순위 권리자들은 채권최고액을 제외한 나머지 담보가치를 기준으로 거래를 하면 되기 때문이다.

<u>채권최고액에 경매실행비용은 포함되지 않고 별도로 우선 배당된다.</u>

나. 피담보채무의 확정 → 일반저당권으로 변신

근저당권은 피담보채권이 등락을 거듭하다가 그 운명을 다하게 되면 채무가 확정되어 일반 저당권으로 확정된다. 그 후 확정된 채무가 변제 또는 경매절차로 인해 소멸하면서 정리된다. 채무가 확정되는 경우는 다음과 같다.

- 존속기간이나 결산기를 정한 경우에는 그 <u>기간 도래 시</u>
- 근저당권 계약 <u>해지 시</u>
- 저당권을 바탕으로 한 거래가 종료되어 원본채무 발생 가능성이 없는 경우
- <u>파산</u>선고 시
- <u>근저당권자의 경매신청 시</u>(경매 취하되더라도 채무확정의 효력은 유지된다)
- 후순위 근저당권자가 경매를 신청한 경우에는 매수인이 <u>매각대금을 완납</u>한 경우

다. 확정된 채무액이 채권최고액을 넘는 경우

확정된 채무액이 채권최고액을 넘는 경우가 발생할 수 있다. 근저당권은 원금의 130% 정도로 여분의 한도를 두고 설정하는 것이 일반이다. 지연손해 등이 발생할 것을 예정하여 넉넉히 설정해 두는 것이다. 채권최고액은 채무액 자체가 아니다. 대외적으로 해당 저당권의 담보되는 최고한도를 설정한 것이다. 실제 채무가 채권최고액에 미치지 않을 수 있고, 초과할 수도 있는 것이다. 이 경우 채권최고액이 당사자에게 갖는 의미는 다음과 같다.

1) 근저당권자

근저당권자가 갖는 채권은 채무액 전액이다. 다만, 우선변제권을 갖는 범위는 채권최고액까지이며 나머지 금액은 담보채권이 아닌 일반채권이 되어 후순위로 행사할 수 있다.

예를 들어, 1억 원을 빌려주면서 채권최고액 1억 3천만 원의 근저당권을 설정했는데, 이자가 늘어나 실제 채무가 1억 5천만 원이 된 경우, 근저당권자는 채권최고액인 1억 3천만 원까지는 담보물권에 의한 우선변제권이 인정되며, 나머지 2천만 원은 무담보 채권이 되어 다른 물권보다 후순위로 행사해야 한다.

2) 채무자

근저당권 설정자는 채권최고액과 무관하게 실제 채무 전부를 변제해야만 근저당권의 말소청구를 할 수 있다.

3) 제3취득자, 물상보증인

이들은 채무자가 아니며 단지 담보물을 취득하거나 제공한 자들이다. 이들의 입장에서는 공시된 채권최고액에 대해서만 담보물로 책임을 진다. 채무 전액을 변제해야 하는 채무자와 입장이 다르다. 따라서 채권최고액까지만 대신 변제하면 근저당권말소를 청구할 수 있다.

394. 저당권은 목적물을 점유하지 않으므로 목적물반환청구권은 발생할 여지가 없다.[394]

395. 저당권은 원본, 이자, 위약금, 채무불이행으로 인한 손해배상 및 저당권의 실행비용을 담보한다.[395]

396. 근저당권의 채권최고액은 저당권의 실행비용을 포함한다.[396]

397. 근저당권에 의해 담보되는 지연이자는 1년분에 한한다.[397]

398. 저당권 설정 시가 아니라 나중에 부합되거나 종물이 된 물건도 저당권의 효력이 미친다.[398]

399. 동산인 천연과실이 수취 된 경우 저당권의 효력은 미치지 않는다.[399]

400. 저당권이 설정되지 않은 타인의 물건에 대해 경매를 청구할 수 있는 방법도 있다.[400]

401. 근저당에서 채권최고액, 존속기간은 필수적 등기사항이다.[401]

402. 동일한 채권의 담보로 공동저당권을 설정한 경우에 동시배당 때는 각 부동산의 경매 대가에 비례하여 채권분담을 정한다.[402]

403. 피담보채권은 금전채권에 한한다.[403]

404. 저당권은 부동산 이외에 권리를 목적으로도 설정할 수 있다.[404]

405. 채무액이 채권최고액을 초과하는 경우에 물상보증인이나 제3취득자는 채권최고액까

---

394 O

395 O : 제360조

396 X : 경매실행비용은 포함되지 않고 별도로 우선변제권이 있다.

397 X : 저당권과 달리 근저당권은 채권최고액이 설정되므로 굳이 지연이자를 1년분으로 제한할 필요가 없다. 저당권의 경우 지연이자의 제한을 두지 않으면 저당권자가 그 추심을 게을리하는 방법으로 채무액을 증가시킬 우려가 있다.

398 O

399 X : 수취되기 전에 미리 압류를 하면 저당권의 효력이 유지된다.

400 O : 토지에 저당권이 설정된 이후 지상 건물이 신축된 경우, 건물이 철거되는 손실을 방지하기 위해 토지와 건물의 일괄 경매청구권이 인정된다. 같은 소유자에게 낙찰되어 부동산 효율적 이용이 보장되는 효과가 있다. 다만 토지 대금에서만 우선변제권이 인정된다.

401 X : 존속기간은 필수사항이 아니다.

402 O : 공동저당의 개념이다.

403 X : 금전채권으로 변경될 수 있으면 된다. 반드시 처음부터 금전채권일 필요는 없다.

404 O : 민법 제371조. 지상권과 전세권을 객체로 하는 저당권설정이 가능하다.

지만 변제하고 근저당권 말소를 청구할 수 있다.[405]

406. 채무자인 근저당권설정자는 채무가 채권최고액을 초과하더라도 채권최고액만 변제하면 근저당권의 말소를 청구할 수 있다.[406]

407. 근저당권자가 피담보채무의 불이행을 이유로 경매신청을 하여 경매개시결정이 있은 후에 경매신청이 취하된 경우에는 채무확정의 효과가 번복된다.[407]

408. 확정된 채무액이 채권최고액을 넘는 경우 근저당권자는 최고액까지만 우선변제 받고 나머지는 일반채권으로 행사해야 한다.[408]

409. 근저당권은 담보물권 부종성의 예외이다.[409]

410. 저당권등기가 불법말소 되었더라도 저당권은 유효하다.[410]

411. 후순위 근저당권자가 경매를 신청하는 경우 선순위 근저당권이 그 즉시 확정되는 것은 아니다.[411]

412. 근저당권자가 경매신청을 하면 근저당은 확정된다.[412]

413. 공동저당의 후순위 변제자와 물상보증인의 구상권이 충돌하는 경우 물상보증인의 구상권이 우선한다.[413]

414. 제3취득자는 이해관계인이므로 경매인의 자격을 가질 수 없다.[414]

415. 제3취득자는 경매물에 투입한 비용에 대해 경매에서 우선 배당을 받을 수 있다.[415]

416. 저당권자가 물상대위권을 행사하려면 사전에 압류해야 한다.[416]

---

405 O
406 X : 채무자는 채무 전액을 변제해야 근저당권 말소를 청구할 수 있다.
407 X : 경매신청으로 근저당권이 일단 확정되면 일반 저당권으로 변경되며 경매신청이 취하되더라도 이는 번복되지 않는다.
408 O
409 O : 채무가 전혀 없더라도 근저당권은 소멸하지 않는다.
410 O : 저당권 등기는 성립요건이지 존속요건이 아니다.
411 O : 후순위 경매에서 경락대금 납부 시에 선순위 근저당권이 확정된다.
412 O
413 O
414 X : 경매물을 낙찰 받을 수 있다. 경매인이 될 수 없는 채무자와의 차이이다.
415 O
416 O : 대상물의 인도 또는 지급전에 압류해야 한다.

제5편

공부방법론

자격증 시험이 단순한 학문연구와 근본적으로 다른 점은 시간에 있다.

학문은 평생을 들여 어떤 분야에 대해 깊이를 더하고 새로운 이론을 창조하고 여러 의견을 교류하며 사회적 현상과 실무를 선도하는 역할을 한다. 그러나 자격증 시험은 시험이라는 한정된 장에서 한정된 시간 안에 정해진 합격점을 넘어야 하는 기록경기와 같다. 지식이 많다고 그 기준을 넘는 것두 아니고, 공부가 부족해도 합격할 수 있는 것은 이렇게 단순히 시간의 변수 없는 지식을 논하는 자리가 아니기 때문이다. 학문은 그 나름대로 의미가 있다. 그러나 자격증을 획득하겠다고 나선 수험생이 학자가 보여야 할 태도를 보이는 것은 의미가 다르다. 자신이 선택한 길이 무엇인지 냉철하게 정립하고 그에 맞는 접근을 해야 할 것이다. 그것은 효율성과 실전훈련의 비중이다. 정작 합격을 위해 쏟아야 할 노력은 하지 않아 소중한 시간을 쏟고도 실패하는 경우가 많다. 특히 법은 이런 실패의 길로 들어서기 좋은 분야이다. 실무와 학문의 경계를 구별하기가 쉽지 않기 때문이다. 그래서 안내자의 역할이 중요하다.

지면의 한계로 최소한의 등대가 될 수 있는 내용을 담았다. 하지 않는 것보다는 도움이 될 수 있겠으나 수업이나 적절한 방법으로 보완의 기회가 있을 것이다.

Ⅱ   시간배분의 문제

공인중개사 시험은 과목당 40문제이며, 1차 2과목(민법, 부동산학개론)에 부여되는 시간은 100분이다(부동산학개론 : 1번~40번, 민법 및 민사특별법 41번~80번). 답안지 마킹이나 기타 변수를 10분 정도 고려하면 90분에 80문제를 풀어야 한다. 편의상 1문제당 1분이 부여된다는 의미이다. 이러한 상황을 냉정히 분석해 보자.

40문제 모두를 1분씩 배분하는 것은 어리석다. 1분 안에 문제를 읽고 답을 선택할 수 있는 문제도 있지만, 문제를 읽는 데만 1분이 넘거나 읽은 후 해석하는데 1분으로 부족하거나 1번만 읽어서는 답을 고를 수 없는 경우가 섞여 있기 때문이다. 따라서 단순히 문제당 1분을 배분한다는 접근은 현실과 거리가 멀다.

따라서 문제의 유형에 대한 분석이 필요하다. 5분을 투입해도 풀기 어려운 문제도 있고, 기본기만 있으면 5초~10초에 답을 고를 수 있는 문제도 있다. 이 정도의 분석은 시험 전에 반드시 마치고 훈련을 해야 한다.

공인중개사 1차 시험은 시간과의 전쟁이다. 대부분 문제를 틀려서 불합격하는 것이 아니라 문제를 풀지 못하는 경우가 많다. 10분 전 시험 종료를 알리는 방송이 나올 때 문제의 절반 이상이 남는 경우는 희귀한 경우가 아니다. 이는 평소 시험 자체에 대한 훈련이 되어 있지 않기 때문이며, 학습과 실전연습에 대한 시간 배분의 중요성을 간과하고 있기 때문이다. 즉 학습에 있어 시간 배분에 실패했고 실전까지 영향을 준 것이다. 자격증 공부는 처음부터 끝까지 시간 싸움이다. 한정된 시간을 어떻게 효율적으로 사용하는지에 대한 고민은 합격의 지름길이자 실패의 가능성을 줄여주는 열쇠이다.

Ⅲ   기본에 충실해야 하는 이유

이러한 시간문제를 해결해 주는 것이 기본기이다. 기본기는 학습의 양에 대한 것이 아니라 질에 대한 것이다. 많은 수험생이 학습대상의 양을 실력으로 착각하는 경향이 있다. 두루두루 많이 공부했다는 것은 아무것도 공부하지 않은 것과 같다. 적어도 정확한 답을 짧은 시간에 찾아내야 하는 자격증 시험에서는 더욱더 그렇다. 학습의 양이 많은 것은 소중한 시간을 모두 허비한 것이다. 양을 줄이고 질에 집중하면 학습의 시간도 줄이지만 실전에서 답을 찾을 때 드는 시간과 에너지를 효과적으로 절약할 수 있다. 공부의 양에 현혹되지 않는 것이 기본기 향상의 시작이다.

본 교재는 학습에 있어 효율 낮은 부분을 과감히 배제하고 테마별로 구성하여 집중도를 높였다. 모르는 문제에 직면했을 때 해당 테마를 찾아 반복하면 각 테마에 대한 깊이가 더해질 것이다. 이로 인해 테마에서 배제된 내용이 시험에 나오면 당황할 수도 있겠으나 첫째는 이를 과감히 넘겨 버리라고 조언하고 싶다. 당당히 틀려야 목표하는 점수가 선명해진다. 물론 시간이 넉넉하게 주어진다면 본 교재로 훈련된 법적사고로 얼마든 도전해 보는 것을 권장한다. 고기 잡는 법을 배우면 고기의 종류는 큰 난관은 아니다. 다만 지금은 한정된 시간을 변수로 두고 설명하고 있을 뿐이다.

민법의 기본기는 무엇보다 공부 범위를 줄이고 반복을 높이는 것으로 완성된다. 호기심 또는 성취감 기타 그 어떤 이유에서든지 공부의 범위를 늘이는 잘못을 범하지 않기 바란다. 선명한 기본기는 실전에서 선명한 정답을 짧은 시간에 찾아내는 도구가 된다.

Ⅳ 문제풀이 기법

1. 대상 문제의 정리

우선 실전에서 모르는 문제가 나오면 풀려고 덤비지 말고 과감히 넘기길 바란다. 또한 배운 부분이지만 난이도를 높게 만든 문제, 즉 1~2번 읽어도 문제 파악이 되지 않거나 풀수는 있겠으나 시간이 조금 필요한 부분은 보류하기 바란다. 그렇게 확보된 시간과 기본에 충실해 짧은 시간에 문제를 풀어 확보된 시간을 기본형 문제들에 시간당 최소 3분 정도 투입하여 정확도를 높이는 것이다. 모든 문제를 모두 읽고 모두 생각하고 매달리는 순간 점수는 저공비행이 될 수밖에 없다.

점수를 주려고 낸 문제도 있다. 5초 내지 10초면 풀리는 문제가 있다. 기본개념만 묻는 문제, 조건과 기한처럼 기계적이고 도식적인 문제 등은 매년 일정 부분 점수를 확보해 주고 있다. 이러한 문제에 시간을 추가로 투입하는 것은 어리석은 것이다. 이런 문제에서 확보된 시간을 기본형 문제(약 3분 정도 배분할 문제)에 투입해 정답률을 높여야 한다.

결국 풀지 않고 넘기는 문제에서 확보된 시간, 답이 간단해 짧게 풀고 확보한 시간을 합쳐 중간 단계 문제에 문제당 3분 정도 투입하면 적절한 배분이 될 것이다. 자체적으로 분석한 자세한 문제분포는 오해의 소지가 있을 수 있어 본 지면에는 언급하지 않는다. 본 교재로 같이 학습하는 기회가 있으면 상세히 안내할 예정이다.

2. 모든 지문을 읽을 필요가 없다

기본이 충실한 상태에서 많은 문제는 답이 선명하다. 이렇게 선명하게 답이 나온 문제는 다시 읽을 필요 없다. 한번 문제를 읽을 때 정확히 읽어 답을 고르면 그대로 넘어가야 한다. 기본에 충실하고 문제풀이 훈련이 되었을 때 얼마든지 가능하다.

또한 만약 지문을 위에서부터 읽어 나가다가 답이 나오면 나머지 지문은 읽지 않아도 된다. 예를 들어 답이 2번에 확실히 나왔다면 3, 4, 5번 지문을 읽지 않고 그 시간을 다른 문제에 투입하는 것이다. 물론 답을 검증하는 차원에서 나머지 지문과 대비해야 할 경우도 있겠지만 확실한 것까지 습관적으로 모든 지문을 읽는 것은 어리석은 일이다.

이는 문제의 구조와도 연관되어 있다. 여러 형태가 있을 수 있지만 기출문제를 분석해 보면 모든 지문을 다 알아야 문제를 풀 수 있는 문제도 있겠지만 그렇지 않은 경우도 많고, 모든 지문이 공부 범위 내에서 의미 있는 내용으로 구성된 것이 아닌 경우도 있다. 이러한 경우에는 답을 제외한 나머지 지문은 읽지 않는 것이 유익할 수 있다. 왜냐하면 기본기가 완성되지 않은 상태에서는 나머지 지문에 대해 아래와 같은 착각을 하기 쉽기 때문이다.

그리고 이러한 착각은 결과에 있어 매우 해롭다.

"내가 공부를 못한 부분이 나왔네.""저거 나만 모르는 내용인가?"

"저것이 답일 수 있지 않을까?""공부 더 열심히 할걸."

[참고로, 출제 문제는 말미마다 "(다툼이 있으면 판례에 의한다)"라고 되어 판례 공부를 많이 해야 하는지 고민할 수도 있겠다. 위 문구를 넣는 이유는 판례를 출제한다는 의미가 아니라 정답 시비를 대비한 기준을 명시한 것뿐이다. 어차피 정확한 기본기로 문제를 푸는 입장에서는 판례까지 동원해 이중정답을 주장할 일은 없을 테니 신경 쓰지 말자.]

다음 예를 보자. 내용만 다를 뿐 실제 문제의 원리를 그대로 가져왔다.

(문제) 다음 중 계절에 대한 설명 중 옳은 것은?
① 우리나라 여름은 고온다습하다.
② 우리 집 강아지는 복슬강아지
③ 영희야 안녕.
④ 우리 집에 황금 송아지 있다.
⑤ 고추는 비타민C가 많이 들어 있다.

공부가 어중간하게 되어 있으면 저 위의 지문을 모두 일일이 읽으면서 옳은지 틀렸는지에 대해 고민하면서 시간을 보낸다. 그러나 기본기가 선명하면 그냥 전체 지문을 훑어보는 것으로 답이 나온다. 고추에 비타민C가 많이 들었는지 알 필요가 없다. 계절에 대한 이야기가 아니기 때문이다. 처음 보는 지문, 처음 보는 내용이 들어 있는 문제를 보면서 내가 공부가 부족해서 이것을 모른다고 생각할 필요가 없다. 몰라도 되고 몰라야 할 수도 있다. 아는 것만 확실히 알면 된다. 특히 모르는 판례가 등장할 수도 있다. 내가 판례 공부가 부족하다고 자책할 것이 아니다. 몰라도 문제 푸는 데 영향이 없는 경우가 많다.

모든 지문을 읽지 않아도 또는 문제 자체를 읽지 않아도 답을 고를 수 있는 경우가 있다. 문제의 대부분은 틀린 것을 고르거나 맞는 것을 고르기 때문에 선명한 답 하나를 알면 나머지는 문제 푸는 데 영향을 주지 않기 때문이다.

다음의 예를 보자.

> **(문제) 다음 설명 중 옳은 것은?**
> ① 2019년도 우리나라 1인당 국민소득은 5만 불이다.
> ② 형사재판은 변론주의가 적용된다.
> ③ 코로나바이러스는 고온다습한 기후를 좋아한다.
> ④ 얼음이 녹으면 물이 된다.
> ⑤ 꽃등심이란 소의 척추 등뼈 3번에서 8번까지 붙어 있는 근육이다.

답은 명백하다. 얼음이 녹으면 물이 된다. 답이 명백하므로 다른 지문이 옳은지 틀린지는 신경 쓸 필요가 없다. 혹시 다른 지문에 또 옳은 것이 있으면 어떤지 고민하는 것은 어리석다. 복수정답은 될 수 있어도 얼음이 녹으면 물이 된다는 지문이 달라지는 것이 아니기 때문이다. 즉 내가 얻은 점수에 다른 지문은 아무런 영향이 없다.

여러분은 우리나라 1인당 국민소득을 알 필요도 없고, 변론주의니 처분권주의니 하는 복잡한 법리도 알 필요가 없다. 코로나를 몰라도 되고(손 씻고 마스크 쓰는 것을 알면 된다) 꽃등심의 척추 번호를 모른다고 고민할 필요고 없다(그냥 합격하고 기분 좋게 사 먹으면 된다). 시험에 나온 지문이 모두 여러분이 공부해야 하거나 여러분이 알아야 할 내용으로 구성되는 것이 아니다. 공부할 것만 공부하고 알아야 할 것만 알아도 답을 고르는 데 대부분 장애가 없다는 것이다. 저런 지문을 읽느라고 시간을 허비할 필요도, 내 공부가 부족한지 고민할 필요도 없다. 내가 가진 실력으로 현장에서 진검승부를 보면 된다. 시험에 출제된 모든 지문이 의미가 있거나 공부와 관련이 있을 거라는 생각은 모두 버리자.

실제 기출문제를 보자.

(기출문제) 다음 중 <u>위험부담</u>의 법리가 적용되지 않는 경우는?

① 교환계약의 일방 당사자의 채무이행이 그에게 책임 있는 사유로 불가능하게 된 경우

② 교환계약의 일방 당사자의 채무이행이 상대방의 수령지체 중에 당사자 쌍방에 책임 없는 사유로 불가능하게 된 경우

③ 소유권유보부 매매로 인도받은 동산이 제3자의 방화로 소실된 경우

④ 부담부증여계약 체결 후 정부의 수입금지조치로 증여자가 목적물을 입수할 수 없게 된 경우

⑤ 매매계약 체결 후 천재지변으로 목적물인 건물이 멸실한 경우

위 문제를 모두 읽어 정답을 찾으려면 1분으로 부족하다. 그러나 위험부담이 쌍방 무과실의 후불적 이행불능에 대한 것이라는 기초 중의 기초법리를 기억한다면 10초 이내에 답을 고를 수 있다. 1번 지문에 보면 **'책임 있는 사유'**라는 표현이 있다. 위험부담은 그 누구의 책임도 없는 경우에 적용되므로 명백히 틀린 지문이며 답이다. 나머지 지문은 읽을 필요가 없다. 공부하고 싶거나 호기심이 있는 내용이면 시험 끝나고 집에 가서 하면 되지만(시험지는 가져갈 수 있다), 그럴 가치도 없는 지문으로 보인다. 그 시간에 동료들과 맥주 한 잔하는 것이 미래를 위해 더 유익할 수 있다. 시험은 공부하는 현장이 아니라 수확하는 자리다. 쓸데없이 낯선 지문을 읽는 데 시간을 허비하지 말아야 한다.

3. 문제의 외모에 현혹될 필요가 없다

> (기출문제) 갑은 을 소유의 토지를 사고 싶어 을에게 이러한 내용을 담은 편지를 2017년 4월 5일 발송하면서, 4월 20일까지 답장을 요구하였다. 4월 7일 편지를 받은 을은 갑이 제시하는 가격에 토지를 팔겠다는 편지를 4월 12일 발송하였다. 그런데 우체국의 잘못으로 을의 편지는 4월 22일에 도착하였고, 갑은 이러한 연착에 대한 통지를 하지 않았다. 매매계약이 성립한 때는?
>
> ① 2017년 4월 5일
> ② 2017년 4월 7일
> ③ 2017년 4월 12일
> ④ 2017년 4월 20일
> ⑤ 2017년 4월 22일

위 문제는 매우 길고 어려워 보이나 난이도 최하이다. 문제는 계약의 성립 시기를 묻고 있다. 계약의 성립은 '승낙발송 시'다[테마 4]. 위 문제에서 승낙발송 시만 찾으면 되는데 "4월 12일" 승낙을 발송했다고 문제에 쓰여 있다. 문제에 답을 써 놓고 병풍만 가득 세워 놓은 문제이다. 답은 ③번이다. 위 문제는 아래와 같은 문제다.

> (문제) 계약은 언제 성립하는가?
> ① 청약 시
> ② 청약 도달 시
> ③ 승낙발송 시
> ④ 승낙적격 시
> ⑤ 승낙도달 시

5초 안에 푸는 문제이다. 문제가 길고 사례처럼 보여 부담스럽더라도 기본기만 있으면 달리 보인다. 실전에서 이런 문제만 놓치지 않아도 기본점수는 얻는다.

4. 당당하게 틀려라

그래도 공부가 부족해 틀리는 문제가 있을 수 있다.

그렇다면 당당히 틀려라. 자기 자신을 믿지 못해 문제 앞에 방황하고 나약해지는 것보다 훨씬 의미가 있다. 틀린 것을 당당히 틀리고, 아는 것으로 승부를 보겠다는 다짐이 필요하다. 잘 틀려야 발전이 있다. 내가 가진 무기가 무엇인지, 내가 약한 부분이 무엇인지 파악하는 것은 시간과 에너지를 상당히 절약해 준다. 내가 강점을 가지지 않은 것에 미련을 두고 자원을 소모할 필요가 없다. 내가 가진 무기를 활용하거나 내가 익숙한 환경으로 구도를 바꾸어 접근하는 훈련이 필요하다.

모르는 것은 당당히 틀려라. 그것이 우리 공부 범위에 있는 것이면 학습의 질을 높여 보강하고, 공부 범위 밖이면 과감히 버려라. 자칫 공부 범위가 늘어나지 않도록 철저히 영역을 나누고 차별적으로 대해야 한다.

Ⅴ 학습과 실전훈련의 비중

다시 상기하자면, 우리의 공부는 학문탐구가 아니라 자격증 취득이다. 법학은 끊임없이 수험자를 이론의 바다로 유도하는 경향이 있다. 이러한 관성을 계속 깨고 이겨 내야 한다. 그러기 위해서는 이것을 기억해야 한다.

이론학습에 치우치지 마라.

전쟁터에 나가면서 사격을 책으로만 배우고 총을 쏠 수 있을까? 자격증 시험은 전쟁을 치르는 것과 같다. 순화하자면 운동경기를 하는 것과 같다. 축구선수가 책상에서 이론으로 축구를 배우고 월드컵에 출전할 수 있겠는가? 이론은 실습을 위한 도구일 뿐 결국 실전에서 결과를 가르는 것은 훈련이다. 자격증 시험에서 실전훈련은 문제 풀이다. 당연히 이론학습보다 문제 풀이에 비중을 두어야 한다.

문제 풀이 훈련을 하되, 학습범위 이외에는 과감히 배제하여 실전에서 시간을 확보하는 훈련을 겸하기 바란다. 시험장에서의 태도는 평소 훈련이 그대로 반영되는 것이다. 그렇지 않으면 문제 하나 붙잡고 아까운 시간을 허비할 것이다. 기억하자. 많은 수험들이 문제를 틀려서가 시간 부족으로 탈락한다는 것을. 절반도 풀지 못하고 시험장을 나서는 사람들이 많다는 현실을 직시해야 한다.

일단 시험장에 들어간 이상 내가 공부를 얼마나 했고, 어떤 책을 봤으며, 어느 정도의 실력을 갖췄는지는 아무런 의미가 없다. 눈앞에 있는 문제를 풀고 그 결과를 받아 볼 뿐이다. 내가 들고 들어간 자원을 기반으로 최대의 결과를 내고 돌아와야 하는 현장이다. 내 실력이 겨우 70점 정도라고 아쉬워할 것이 아니다. 70점의 실력을 갖추고 들어가 50점만 받아 나오는 것이 문제다. 내가 가진 것이 중요한 것이 아니다. 내가 받아서 나오는 결과가 전부다. 공인중개사 시험의 합격점은 과목당 60점이다. 냉정하게 현실을 보고 현명하게 공부하며 실속 있게 합격하자.

VI 기출문제 훈련

이론학습을 위한 것이 아니라 문제 풀이 과정을 설명하기 위한 목적으로 기출문제 설명을 포함시켰다. 이론학습과 실전 문제 풀이는 전혀 다른 차원의 문제다. 시험장은 학원이나 공부방이 아니고, 시험지는 학습교재가 아니다. 한정된 시간에 어떻게든 정해진 결과를 만들어 내야 하는 현장이다.

따라서 아래 문제 풀이 과정을 공부의 연속으로 삼지 말고 실전 감각을 느끼는 기회로 활용하기 바란다. 문제에 따라 어떤 생각으로 접근해서 어떻게 시간을 배분하고 어떻게 처리하는지에 대한 감각을 익혀 보기 바란다.

최근 기출문제 중 20문제를 선별해 실전처럼 풀이 과정을 설명한다.

1. 무효인 법률행위에 해당하는 것은?(2018년도 기출)
① 착오로 체결한 매매계약
② 기망행위로 체결한 교환계약
③ 대리인의 사기에 의한 법률행위
④ 사회질서에 위반한 조건이 붙은 법률행위
⑤ 상대방이 유발한 착오에 의한 임대차계약

[풀이]

대표적인 <u>취소</u> 사유는, 착오(109조)/사기(기망), 강박(110조)/무능력자 법률행위이다. 대표적인 <u>무효</u> 사유는, 비진의(107조)/통정허위(108조)/반사회질서(103조)/폭리행위(104조)이다. [테마 20] 무효와 취소에서 정리한 것이며 기초법리에 속한다.

위 문제는 기초공부만 되었다면 아래와 같이 스크린되어 보일 것이다.

1. 무효인 법률행위에 해당하는 것은?(2018년도 기출)
① **착오**로 체결한 매매계약
② **기망**행위로 체결한 교환계약
③ 대리인의 **사기**에 의한 법률행위
④ **사회질서에 위반**한 조건이 붙은 법률행위

⑤ 상대방이 유발한 **착오**에 의한 임대차계약

착오, 사기(기망)은 취소 사유이므로 제외하면 답은 ④번이다. 이론의 여지도 없고 문제 풀이에 약 15초 정도만 사용하면 된다. ④번 지문을 몰라도 답을 고를 수 있으나, 다른 것을 몰라도 ④번 지문이 103조 위반으로 무효이므로 바로 ④번 지문을 고르고 나머지 지문을 읽지 않는다면 위 문제에 소요되는 시간은 더욱 단축된다.

2. 점유권에 관한 설명으로 틀린 것은?(2017년도 기출)

① 점유권에 기인한 소는 본권에 관한 이유로 재판할 수 있다.
② 점유자는 소유의 의사로 선의, 평온 및 공연하게 점유한 것으로 추정한다.
③ 전후양시에 점유한 사실이 있는 때에는 그 점유는 계속한 것으로 추정한다.
④ 점유자가 점유물에 대하여 행사하는 권리는 적법하게 보유한 것으로 추정한다.
⑤ 전세권, 임대차, 기타의 관계로 타인으로 하여금 물건을 점유하게 한 자는 간접으로 점유권이 있다.

[풀이]

[테마 26] 점유권 관련 문제이다.

점유권과 본권은 독립적이므로 서로 영향을 주지 않는다는 것은 점유권의 가장 기초적 성질이다. 따라서 점유권에 기인한 소는 본권에 관한 이유로 재판하지 못한다. 따라서 답은 ①번이다.

그런데 여기서 중요한 설명을 한다.

①번은 명백한 답이다. **따라서, 나머지** ②, ③, ④, ⑤ 지문은 절대로 읽지 말라. 이것이 이론학습과 실전이 다른 지점이다. 나머지 지문을 읽지 않아도 된다는 것이 아니라 읽지 말라는 것이다. 그 시간을 절약해 다른 문제에 투입해야 한다. 답이 분명한 문제에 나머지 지문을 읽기 위해 단 몇 초라도 소비할 여유가 없다. 나머지 지문은 궁금해하지도 말라. 없

다고 생각하고 다음 문제로 넘어가라. 그렇다면 위 문제는 10초 미만의 시간으로 해결할 수 있고, 여기서 절약한 시간은 곧 다음 문제 해결을 위한 현찰이다. 명백한 답이 ①번 지문에 배치된 문제는 귀하게 생각하고 시간 확보의 기회로 삼아야 한다.

3. 후순위 근저당권자의 신청으로 담보권실행을 위한 경매가 이루어진 경우, 확정되지 않은 선순위 근저당권의 피담보채권이 확정되는 시기는?(2017년도 기출)

① 경매개시결정이 있는 때
② 매수인이 매가대금을 완납한 때
③ 경매법원의 매각허가결정이 있는 때
④ 후순위 근저당권자가 경매를 신청한 때
⑤ 선순위 근저당권자가 경매 개시된 사실을 알게 된 때

[풀이]

[테마 31] 저당권 참조

이 문제는 문제를 읽은 다음에 지문을 읽으면 안 된다. 왜냐하면 문제 자체에서 답이 바로 특정되어 있기 때문이다. 후순위 저당권자의 담보실행 시에는 매각대금 완납 시 선순위 근저당이 확정된다. 따라서, 먼저 머리에 답을 '매각대금 완납 시'로 떠올린 다음에 그걸 찾는 것이다. 따라서 지문 중에 답을 고르는 것이 아니라 답을 정해 놓고 그 위치를 찾는 것이다.

본 문제에서는 ②번 지문에 있다. 위에부터 읽어 내려간다면 부득이 ①번 지문은 읽을 수밖에 없을 수 있지만 답을 찾고도 나머지 ③, ④, ⑤ 지문을 읽는 것은 절대 해서는 안 되는 어리석은 행동이다. 나머지 지문은 학문적으로도 실리적으로도 아무런 가치가 없다. 이미 답은 정해져 있고 그 위치만 찾는 문제이므로 나머지 지문은 그냥 의미 없는 허상에 불과하다.

문제 풀이 소요 시간은 20초 정도면 충분하다.

4. 청약과 승낙에 의한 계약 성립에 관한 설명으로 틀린 것은?(2016년도 기출)

① 청약과 승낙의 주관적, 객관적 합치에 의해 계약이 성립한다.

② 승낙 기간을 정한 계약의 청약은 청약자가 그 기간 내에 승낙의 통지를 받지 못한 때에는 원칙적으로 그 효력을 잃는다.

③ 계약의 본질적인 내용에 대하여 무의식적 불합의가 있는 경우, 계약을 취소할 수 있다.

④ 불특정 다수인에 대하여도 청약이 가능하다.

⑤ 격지자 간의 계약에서 청약은 그 통지가 상대방에게 도달한 때에 효력이 발생한다.

[풀이]

[테마 4] 계약의 성립 참

답 자체는 너무 쉽다. 격지자 간의 계약 성립은 승낙 '발송 시'라는 점은 귀가 따가울 정도로 반복하는 것이므로 이것을 틀린 가능성은 없다.

다만 본 문제의 특징은 명백한 답이 마지막 ⑤번 지문에 배치되어 있다는 것이다. 따라서 부득이 앞의 4개 지문을 모두 읽어야 한다. 물론 앞의 지문이 애매하고 고민을 줄 수는 있겠으나 본 문제처럼 답 자체는 비교적 선명한 경우가 많다. 왜냐하면 시험은 학문을 논하는 자리가 아니고 객관적인 기준으로 선별하는 제도이므로 정답 시비가 발생하지 않도록 출제에 신경을 쓰기 때문이다. 따라서 답 자체는 선명하고 나머지 지문을 혼란스럽게 구성하는 경우가 많은 것이다. 답 자체는 선명하지만 모든 지문을 읽어야 하는 특성상 문제 풀이에 1분 정도 소요된다.

5. 법률행위의 대리에 관한 설명으로 틀린 것은?(2018년도 기출)

① 임의대리인은 원칙적으로 복임권이 없다.

② 복대리인은 그 권한 내에서 대리인을 대리한다.

③ 대리인이 다수인 경우에 원칙적으로 각자가 본인을 대리한다.

④ 대리권의 범위를 정하지 않은 경우, 대리인은 보존행위를 할 수 있다.

⑤ 제한능력자인 대리인이 법정대리인의 동의 없이 대리행위를 하더라도 법정대리인은 그 대리행위를 취소할 수 없다.

[풀이]

[데미 19] 대리

위 문제도 답 자체가 선명하고 지문이 앞쪽에 배치되어서 짧은 시간에 해결할 수 있는 문제다. 기초가 잡혀 있으면 위 문제는 아래와 같이 보일 것이다. 위에서부터 읽어 가는 동태적 과정을 형상화 한 것이다.

5. 법률행위의 대리에 관한 설명으로 틀린 것은?(2019년도 기출)

① 임의대리인은 원칙적으로 복임권이 없다.

② 복대리인은 그 권한 내에서 **대리인(X)을 대리**한다. → 밑에는 눈길 주지 말고 다음 문제로!

③

④

⑤

복대리인은 '본인'을 대리하는 것이지 대리인의 대리인이 아니다. ①번 지문은 먼저 읽어야 하므로 존재감이 있지만, ②번이 명백한 답이므로 나머지 지문은 읽을 필요가 없다. 눈길도 주지 말고 다음 문제로 넘어간다. 나머지 지문은 없는 것이며, 궁금해하지도 말고 무시하라. 시간이 곧 점수다.

6. 집합건물의 소유 및 관리에 관한 법률에 관한 설명으로 틀린 것은?(2018년도 기출)

① 관리인의 대표권 제한은 선의의 제3자에게 대항할 수 없다.

② 구조상의 공용부분에 관한 물권의 득실변경은 등기하여야 효력이 생긴다.

③ 관리인은 매년 회계연도 종료 후 3개월 이내에 정기 관리단 집회를 소집하여야 한다.

④ 일부의 구분소유자만이 공용하도록 제공되는 것임이 명백한 공용부분은 그들 구분소유자의 공유에 속한다.

⑤ 공유자가 공용부분에 관하여 다른 공유자에 대하여 가지는 채권은 그 특별승계인에 대하여도 행사할 수 있다.

[풀이]

집합건물법은 본 교재에서 다루지 않는다. 학습 가성비가 낮다고 판단하여 배제하였다. 따라서 이러한 문제가 나오면 풀지 말고 그 시간을 다른 문제에 투입할 것을 권한다. 물론 답을 공백으로 둘 필요는 없고 상대적으로 답이 적은 지문(예를 들어 모든 문제를 풀어본 결과 ③번이 정답인 문제가 유독 적다면 그 ③번)을 선택하는 것도 하나의 방법이다. 테마에서 배제한 이론에 대해서는 본 교재의 내용을 모두 습득한 뒤에 여전히 공부에 대한 갈증이 있다면 공부해도 된다. 다만 그러한 여유가 쉽게 허락되지 않는 것이 현실이다.

위 문제는 아래와 같이 보여야 한다. 여기서 확보한 최소 1분의 시간은 다른 문제의 정답 가능성을 높이는 소중한 재료이다.

6. 집합건물의 소유 및 관리 …〈시간 허비 말고 다음 문제로〉

① … ② … ③ … ④ … ⑤ …

7. 미성년자 갑은 법정대리인 병의 동의 없이 자신의 토지를 갑이 미성년자임을 안 을에게 매도하고 대금 수령과 동시에 소유권이전등기를 해 주었는데, 병이 갑의 미성년임을 이유로 계약을 적법하게 취소하였다. 다음 설명 중 틀린 것은?(2015년도 기출)

① 계약은 소급적으로 무효가 된다.

② 갑이 미성년자임을 을이 몰랐더라도 병은 계약을 취소할 수 있다.

③ 갑과 을의 반환 의무는 서로 동시이행관계에 있다.

④ 갑이 대금을 모두 생활비로 사용한 경우 대금전액을 반환해야 한다.

⑤ 만약에 을이 선의의 정에게 매도하고 이전등기하였다면 병이 취소하였더라도 정은 소유권을 취득한다.

[풀이]

[테마 2] 사람, [테마 6] 동시이행항변, [테마 20] 무효와 취소

문제가 길다. 답은 간단하다. 무능력자(주로 미성년자)의 법률행위는 취소할 수 있고, 취소하면 무효가 되어 이미 받은 것은 부당이득으로 반환해야 하는데, 각 반환의무는 동시이행 관계이며 다만 반환 범위에서는 무능력자에게 막강한 혜택을 부여하는데 그것은 선악불문 현존이익만 반환한다는 것이다. 한편 무능력자의 취소는 제3자 보호 규정이 없는 절대적 취소 사유이다. 따라서 답은 ⑤번이다. 제3자 정은 보호되지 못하고 소유권을 잃게 된다.

문제도 길고 답이 마지막인 ⑤번에 있어 시간 소모가 많은 문제다. 또한 정답 앞에 있는 ④번이 함정의 역할을 한다. 난이도가 높은 문제는 아니지만 약간의 함정과 시간 소요가 많은 문제에 속한다. 득점이 가능하므로 포기할 문제도 아니다. 따라서 다른 문제에서 확보한 시간을 이런 문제에 투입할 필요가 있다. 2분 정도 투입하면 답을 고를 수 있다.

8. 조건과 기한에 관한 설명으로 옳은 것은?(2019년도 기출)

① 해제 조건 있는 법률행위는 조건이 성취한 때부터 효력이 발생한다.

② 기한이익 상실특약은 특별한 사정이 없는 한 정지조건부 기한이익 상실특약으로 추정한다.

③ 조건이 법률행위 당시에 이미 성취할 수 없는 것인 경우, 그 조건이 정지조건이면 그 법률행위는 무효로 한다.

④ 불확정한 사실의 발생 시기를 이행로 정한 경우, 그 사실의 발생이 불가능하게 되었

다고 하여 기한이 도래한 것으로 볼 수는 없다.

⑤ 상계의 의사표시에는 시기를 붙일 수 있다.

[풀이]

[테마 21] 조건과 기한 참조

조건과 기한 테마에서 내는 문제는 기계적인 경향이 짙다. 마치 수학 공식처럼 정형화되어 있다. 그래서 조건과 기한 테마는 점수를 쉽게 챙겨 가는 테마로 인식되고 있다. 대표적인 것이 정지조건/해제조건, 기성조건/불능조건의 교차에 관한 것이다.

- 정지조건이 기성조건이면? → 조건 없는 법률행위
- 정지조건이 불능조건이면? → 무효
- 해제조건이 기성조건이면? → 무효
- 해제조건이 불능조건이면? → 조건 없는 법률행위

2019년도 30회 문제도 어김없이 점수를 주는 문제로 출제되었다. 답은 ③번. 정지조건이 불능조건이므로 무효가 맞다. 부득이 ①, ②번 지문은 읽어야 하지만, 나머지 ④ ,⑤번 지문은 눈길 주지 말고 다음 문제로 넘어가도 좋다. 지문 읽는 몇 초의 시간도 아껴 다른 문제에 투입할 필요가 있다.

9. 매매계약에 관한 설명으로 틀린 것은?(2019년도 기출)

① 매매계약은 요물계약이다.

② 매매계약은 유상쌍무계약이다.

③ 매도인의 담보책임은 무과실책임이다.

④ 타인의 권리도 매매의 대상으로 될 수 있다.

⑤ 매매계약에 관한 비용은 특별한 사정이 없는 한 당사자 쌍방이 균분하여 부담한다.

[테마 10] 매매 참조

답을 고르는 데 채 5초가 걸리지 않는 문제다. 매매계약은 낙성계약이다. ①번이 명백히 틀렸고 답이다. 참고로 전형계약 중 요물계약은 현상광고가 유일하다. 답을 제외한 나머지 지문은 읽지 말고 다음 문제로 넘어가야 한다. ①번에 선명한 정답이 있어 잔여 시간이 확보되는 이런 문제는 매우 귀하다. 최소한의 시간으로 점수를 획득하고 그 남는 시간을 다른 문제에 투입할 수 있기 때문이다.

공부를 조금만 해도 위 문제는 아래와 같이 보일 것이다.

9. 매매계약에 관한 설명으로 <u>틀린</u> 것은?

① 매매계약은 **요물계약**이다. → 명백히 정답. 정답 체크하고 다음 문제로! 밑에 지문은
　눈길도 주지 말 것! 궁금해하지도 말 것!

② …

③ …

④ …

⑤ …

10. X부동산을 매수하고자 하는 갑은 을과 명의신탁약정을 하고 을 명의로 소유권이 전등기를 하기로 하였다. 그 후 갑은 병에게서 그 소유의 X부동산을 매수하고 대금을 지급하였으며, 병은 갑의 부탁에 따라 을 앞으로 이전등기를 해 주었다. 다음 설명 중 틀린 것은?(2019년도 기출)

　① 갑과 을 사이의 명의신탁 약정은 무효이다.

　② 갑은 을을 상대로 부당이득 반환을 원인으로 한 소유권 이전등기를 구할 수 있다.

　③ 갑은 병을 상대로 소유권이전등기청구를 할 수 있다.

　④ 갑은 병을 대위하여 을 명의 등기의 말소를 구할 수 있다.

⑤ 갑과 을 간의 명의신탁 약정 사실을 알고 있는 정이 을로부터 X부동산을 매수하고 이전등기를 마쳤다면, 정은 특별한 사정이 없는 한 그 소유권을 취득한다.

[풀이]

[테마 25] 부동산실명법 참조

중간생략형 명의신탁의 효과에 대한 내용이다. 명의신탁의 내용이 복잡해 보이기는 하지만 각 법률효과를 분리해 간결하게 만들어 접근하면 쉽게 문제를 해결할 수 있다.

명의신탁은 부동산실명법에 의해 무효이고(①번 지문), 이로 인한 법률효과도 무효이므로 소유권은 원래 권리자(매도인)에게 복귀한다. 위탁자가 수탁자에게 직접 소유권을 달라고 할 근거는 없다. 소유권은 매도인에게 복귀되었고, 위탁자와 수탁자 사이에 매매계약은 존재하지 않기 때문이다. 따라서 위 문제의 답은 ②번이다. 나머지 지문은 읽지 말고 넘어가면 된다. 명의신탁의 개념을 이해하면, 비록 어렵게 느껴지는 문제라도 답은 의외로 쉽게 선택할 수 있다. 문제와 ②번 지문까지 읽어서 답을 선택하는 데 1분 정도면 충분하다.

11. 계약금에 관한 설명으로 옳은 것을 모두 고른 것은?(2019년도 기출)

ㄱ. 계약금은 별도의 약정이 없는 한 해약금의 성격을 가진다.

ㄴ. 매수인이 이행기 전에 중도금을 지급한 경우, 매도인은 특별한 사정이 없는 한 계약금의 배액을 상환하여 계약을 해제할 수 없다.

ㄷ. 매도인이 계약금의 배액을 상환하여 계약을 해제하는 경우, 그 이행의 제공을 하면 족하고 매수인이 이를 수령하지 않더라도 공탁까지 할 필요는 없다.

① ㄱ ② ㄱ, ㄴ ③ ㄱ, ㄷ ④ ㄴ, ㄷ ⑤ ㄱ, ㄴ, ㄷ

[테마 11] 계약금 참조

박스의 보기를 조합한 것을 찾는 문제는 경우의 수를 줄일 수 있는 경우가 많아 일반 문제보다 해결이 쉬울 수 있다. 위 문제만 하더라도 3개 지문의 O, X 문제를 푸는 것과 같다. 보기 하나씩 O, X를 가려 아래 지문에서 지워 나가면 답을 찾는 속도가 빨라지기도 한다. 하나씩 보자.

ㄱ. 계약금은 해약금의 성격을 갖는다(565조). 맞는 지문이므로 ㄱ.이 빠진 ④번 지문은 제거힌다.

ㄴ. 해약금(565조)은 이행의 착수가 없는 경우에만 적용되므로, 중도금이 지급되었으면 더 이상 해약금으로 해약할 수 없다. 맞는 지문이므로 ㄴ.이 빠진 ①과 ③도 지워 버린다.

ㄷ. 해약금을 공탁할 필요는 없다. 이행의 제공만 하면 된다. 따라서 맞는 지문이므로 결국 모두 포함된 ⑤번이 답이다.

박스형은 만약 아래 지문에서 하나씩 제거해 나가다가 일찍 답이 결정되면 박스 안의 보기를 모두 읽을 필요는 없지만, 그런 경우가 아니라면 박스 보기는 모두 읽어야 한다. 따라서 투입 시간이 일정하지 않을 수 있어 이를 고려해 시간을 할당할 필요가 있다. 모든 보기를 다 읽어야 한다는 전제를 두고 시간을 안배한다.

12. 취소권은 법률행위를 한 날부터 (ㄱ) 이내에, 추인할 수 있는 날부터 (ㄴ) 이내에 행사하여야 한다. (   )에 들어갈 것은?(2018년도 기출)

① ㄱ : 1년, ㄴ : 5년

② ㄱ : 3년, ㄴ : 5년

③ ㄱ : 3년, ㄴ : 10년

④ ㄱ : 5년, ㄴ : 1년

⑤ ㄱ : 10년, ㄴ : 3년

[테마 20] 무효와 취소 참조

거저 주는 문제다. 10초 이내에 풀 수 있다.

아래 지문을 볼 필요가 없이 문제 자체에 답을 기재하고 아래에서 그 위치만 찾는다. 나름 시간을 허비시키기 위해 ⑤번에 답을 배치했지만 ①번부터 읽어 내려가는 것이 아니라 이미 찾은 답의 위치만 확인하는 것이므로 마지막에 답을 위치시켰다고 하여 시간이 추가로 소요되는 것은 아니다.

다만 문제에서 "추인할 수 있는 날과 법률행위를 한 날"의 순서를 바꾸어 물을 수 있으므로, 이것만 주의하면 된다.

13. 임의대리에 관한 설명으로 틀린 것을 모두 고른 것은?(2019년도 기출)

ㄱ. 대리인이 여러 명인 때에는 공동대리가 원칙이다.

ㄴ. 권한을 정하지 아니한 대리인은 보존행위만을 할 수 있다.

ㄷ. 유권대리에 관한 주장 속에는 표현대리의 주장이 포함되어 있다.

① ㄱ ② ㄴ ③ ㄱ, ㄷ ④ ㄴ, ㄷ ⑤ ㄱ, ㄴ, ㄷ

[풀이]

[테마 19] 대리 참조

박스 안의 보기를 하나씩 O, X로 풀면서 아래 지문을 제거해 보자.

ㄱ. 수인의 대리인은 각자대리가 원칙이다. 공동대리는 특약이나 법 규정이 있어야 한다. 틀린 내용이고 틀린 것을 모두 골라야 하므로 ㄱ.이 포함되지 않은 ②, ④번은 제거한다.

ㄴ. 권한을 정하지 아니한 대리인은 보존행위는 물론 성질을 변하지 않는 선에서 이용개

량이 가능하다(118조). 틀린 내용이므로 ㄴ.이 포함되지 않은 ①, ③번도 제거한다.

결국 남은 ⑤번이 정답이 될 수밖에 없다.

결국 ㄷ.을 확인하지 않고도 답이 결정되었다. 30초를 넘지 않고 답을 고를 수 있는 문제다. 박스형 문제는 이러한 형태로 시간 절약이 가능하다.

14. 지역권에 관한 설명으로 틀린 것은?(2019년도 기출)

① 요역지는 1필의 토지여야 한다.
② 요역지의 지상권자는 자신의 용익권 범위 내에서 지역권을 행사할 수 있다.
③ 공유자 중 1인이 지역권을 취득한 때에는 다른 공유자도 지역권을 취득한다.
④ 요역지의 불법점유자는 통행지역권을 시효 취득할 수 없다.
⑤ 통행지역권을 시효 취득하였다면, 특별한 사정이 없는 한 요역지 소유자는 도로 설치로 인해 승역지 소유자가 입은 손실을 보상하지 않아도 된다.

[풀이]

풀지 않고 과감히 다음 문제로 넘어간다.

지역권은 본 교재의 공부 범위에 포함하지 않았다.

시험에는 종종 출제되지만 실무상 이용 빈도가 낮아서이다. 자격증 공부에서 실무적 가치를 무시할 수 없다. 지역권 공부에 투입할 시간을 절약해 다른 유용한 테마에 집중하기를 희망한다.

본 교재 내용을 모두 숙달한 후 여전히 공부에 대한 갈증이 있다면 지역권을 별도로 공부하는 것을 막지는 않는다.

15. 갑은 을 소유의 X토지를 임차하여 사용하던 중 이를 매수하기로 을과 합의하였으

나 계약서에는 Y토지로 잘못 기재하였다. 다음 설명 중 옳은 것은?(2018년도 기출)

① 매매계약은 X토지에 대하여 유효하게 성립한다.

② 매매계약은 Y토지에 대하여 유효하게 성립한다.

③ X토지에 대하여 매매계약이 성립하지만, 당사자는 착오를 이유로 취소할 수 있다.

④ Y토지에 대하여 매매계약이 성립하지만, 당사자는 착오를 이유로 취소할 수 있다.

⑤ X와 Y 어느 토지에 대해서도 매매계약이 성립하지 않는다.

[풀이]

[테마 18] 의사표시 하자 중 착오 참조

'오표시무해원칙'은 표시행위의 착오가 법률행위에 아무런 영향을 미치지 않는 것을 말한다. 표시와 무관하게 X토지에 대해 완전한 합의가 이루어졌으므로(매매성립), 계약서에 Y로 표시된 것은 계약 성립에 아무런 영향을 미치지 않는다(그냥 지우고 고치면 된다).

답은 ①번이다. 나머지 지문은 읽지 말고 다음 문제로 넘어갈 것. 무의미한 내용이며 시간 낭비다. 개념만 이해하면 15초 안에 풀 수 있는 문제다.

16. 착오에 관한 설명으로 옳은 것은?(2015년도 기출)

① 매도인이 계약을 적법하게 해제한 후에도 매수인은 계약해제에 따른 불이익을 면하기 위하여 중요 부분의 착오를 이유로 취소권을 행사하여 계약 전체를 무효로 할 수 있다.

② 표의자가 착오를 이유로 의사표시를 취소한 경우, 취소된 의사표시로 인해 손해를 입은 상대방은 불법행위를 이유로 손해배상을 청구할 수 있다.

③ 착오에 의한 의사표시로 표의자가 경제적 불이익을 입지 않더라도 착오를 이유로 그 의사표시를 취소할 수 있다.

④ 착오가 표의자의 중대한 과실로 인한 경우에는 상대방이 표의자의 착오를 알고 이용하더라도 표의자는 의사표시를 취소할 수 없다.

⑤ 표의자의 중대한 과실 유무는 착오에 의한 의사표시의 효력을 부인하는 자가 증명하여야 한다.

[풀이]

[테마 18] 의사표시 하자 참조

권리자는 각자 자신의 권리를 행사할 수 있다. 한쪽이 칼을 쓰고 상대방이 총을 쏘는 것이 가능한 것이다. 해제권을 가진 한쪽이 해제권을 행사하고 취소권을 가진 상대방이 취소권을 행사하는 것은 가자 자신의 형성권을 행사하는 것으로서 문제될 것이 없다.

그래서 답은 ①번이다. 나머지 지문은 읽지 않고 넘어간다. 시험장에서 나머지 지문을 읽는 것은 어리석은 일이다. 눈길도 주지 말라. ①번 지문이 정답인 문제는 시간 확보를 할 수 있는 귀한 선물이다. 기회를 놓치지 말고 소중한 시간을 확보해 다른 문제에 투입하라.

17. 갑은 을에 대한 3억 원의 채권을 담보하기 위하여 을 소유의 X토지와 Y건물에 각각 1번 공동저당권을 취득하고, 병은 X토지에 피담보채권 2억 4천만 원의 2번 저당권을, 정은 Y건물에 피담보채권 1억 6천만 원의 2번 저당권을 취득하였다. X토지와 Y건물이 모두 경매되어 X토지의 경매대가 4억 원과 Y건물의 경매대가 2억 원이 동시에 배당되는 경우, 정이 Y건물의 경매대가에서 배당받을 수 있는 금액은?(2016년도 기출)

① 0원 ② 4천만 원 ③ 6천만 원 ④ 1억 원 ⑤ 1억 6천만 원

[풀이]

[테마 31] 저당권 참조

문제를 읽고 사안을 정리하는 데 시간이 다소 소요된다. 지문은 의미는 없다. 문제에서 답을 도출한 다음 해당하는 지문을 찾는 구조이기 때문이다. 부동산별로 순위에 따른 권리관계를 그려본다.

	X토지(4억 낙찰)	Y건물(2억 낙찰)
1순위	3억(갑, 공동저당)	3억(갑, 공동저당)
2순위	2억 4천(병)	1억 6천(정)

공동저당 중 동시배당 사례이고, 낙찰가 비율이 2:1 (= 4억 : 2억)이므로 1순위 공동저당권자 갑은 자신의 채권 3억 원을 2:1의 비율로 즉 2억 원(X) : 1억 원(Y)으로 배당받는다. 각 낙찰대금에서 1순위 갑의 배당금을 제외한 나머지 금액을 2순위 저당권자가 배당받는다.

	X토지(4억 낙찰)	Y건물(2억 낙찰)
1순위 배당금	2억(갑)	1억(갑)
2순위 배당금	2억(병)	1억(정)

문제에서 묻고 있는 '정'의 배당금은 1억이다. 따라서, 정답은 ④번이다.

18. 법정추인이 인정되는 경우가 아닌 것은? 단, 취소권자는 취소의 원인을 벗은 상태이며 행위자가 취소할 수 있는 법률행위에 관하여 이의보류 없이 한 행위임을 전제한다.(2019년도 기출)

① 취소권자가 상대방에게 채무를 이행한 경우

② 취소권자가 상대방에게 담보를 제공한 경우

③ 상대방이 취소권자에게 이행을 청구한 경우

④ 취소할 수 있는 행위로 취득한 권리를 취소권자가 타인에게 양도한 경우

⑤ 취소권자가 상대방과 경개계약을 체결한 경우

[풀이]

[테마 20] 무효와 취소 참조

법정추인은 취소권자의 행위가 취소권 포기에 준하는 경우에 적용된다. 취소권자가 한 행위가 아니라 취소권자의 상대방이 한 행위에 대해서는 취소권자에게 불이익을 줄 수 없

다. 추인은 취소권을 포기하는 행위로서 취소권자에게 불이익이 되기 때문이다.

③번은 취소권자의 행위가 아니다. 나머지는 모두 취소권자의 행위다. 따라서 답은 ③번이다. 법정추인 사유는 법이 정한 사유를 암기해야 함이 원칙이지만, 그 내용을 이해하면 굳이 암기를 하지 않아도 문제를 풀 수 있다. 취소권자에게 취소권 포기로 해석할 만한 행위가 있었는지 여부만 체크하면 된다.

19. 저당권에 관한 설명으로 틀린 것은?(2017년도 기출)

① 지상권은 저당권의 객체가 될 수 있다.
② 저당권은 그 담보한 채권과 분리하여 타인에게 양도할 수 있다.
③ 저당권으로 담보한 채권이 시효완성으로 소멸하면 저당권도 소멸한다.
④ 저당권의 효력은 특별한 사정이 없는 한 저당부동산의 종물에도 미친다.
⑤ 저당물의 제3취득자가 그 부동산에 유익비를 지출할 경우, 저당물의 경매대가에서 우선상환을 받을 수 있다.

[풀이]

[테마 30] 유치권, [테마 31] 저당권 참조

저당권에 대한 문제라기보다 담보물권의 기본적 성격에 대한 이해를 묻는 문제다.

담보물권의 대표적인 성격은 [테마 30] 유치권에서도 설명하였는데, 부종성, 수반성, 불가분성 등이 있다. 담보물권은 피담보채권과 분리할 수 없다. 이를 부종성이라 한다. 담보물권과 피담보채권은 운명공동체이며 살과 피부 같은 존재다. 따라서, ②번 지문이 명백히 틀렸다.

역시나 나머지 지문은 읽지 말고 시간을 확보한다.

20. 민법상 계약 성립에 관한 설명으로 틀린 것은?(2018년도 기출)

① 청약은 불특정 다수인을 상대로 할 수 있다.

② 청약은 특별한 사정이 없는 한 철회하지 못한다.

③ 격지자 간의 계약은 다른 의사표시가 없으면 승낙의 통지를 발송한 때에 성립한다.

④ 청약자가 청약의 의사표시를 발송한 후 제한능력자가 되어도 청약의 효력에 영향을 주지 않는다.

⑤ 청약자가 청약에 "일정 기간 내에 이의를 제기하지 않으면 승낙한 것으로 본다."는 뜻을 표시한 경우, 이의 없이 그 기간이 지나면 당연히 그 계약은 성립한다.

[풀이]

[테마 4] 계약의 성립 참조

① O

② O

③ O

④ O

위 4개의 지문이 모두 옳은 것이므로 마지막 ⑤번이 답이다.

이런 경우 굳이 ⑤번이 답이 맞는지 즉 틀린 부분을 확인하려고 이를 읽을 필요가 없다. 공부가 정확히 되었다면 4개의 지문을 읽는 것으로 충분하다. 하나의 지문을 읽지 않고 확보한 몇 초의 시간은 다른 간단한 문제를 하나 더 풀기에 충분한 시간이다.